일러두기

- 어휘 해설은 국립국어원을 참고했습니다.
- 2025년에 알아야 할 주요 사건에 대한 기사로 '올해'는 2025년입니다.
  기사의 기준 시점은 2025년 10월 15일입니다.
- 기업명, 브랜드 등 고유명사는 해당 기업이 사용하는 한글 표기를 따랐습니다.
- 책, 음악 앨범은 《 》, 미술이나 음악 작품, 잡지나 프로그램 명에는 〈 〉 표기를 사용했습니다.
- 본문에 실린 이미지는 저작권자의 허락을 받았으며 출처를 표기했습니다.
  별도의 출처 표기가 없는 이미지는 셔터스톡 에디토리얼 계약에 따라 사용했습니다.
  공공저작물은 공공누리 규정에 따랐습니다.

올해의 시사 토픽 100

공부가 쉬워지는 비문학 읽기의 힘
기적의 초등신문 2026

강버들, 민경원, 이유정, 채윤경, 임소연 지음

왜 이 책이 탄생하게 되었나요?

세상을 이해하는 눈이 자라요

세계는 매우 커요. 그래서 모든 것을 직접 눈으로 보고 느낄 수는 없답니다. 우리를 둘러싼 세상은 서로 연결되어 있어서, 어떤 사건은 모두가 알아 두어야 할 필요가 있어요. 예를 들어 우크라이나와 러시아는 우리나라와 멀리 떨어져 있어서 안 가 본 한국인이 더 많지만, 두 나라 사이에 전쟁이 시작되자 세계 곳곳의 물가가 치솟았어요. 에너지, 원자재, 농산물 수출입 등 영향을 미친 범위도 넓어서 결국 우리 집 생활비도 올라갔답니다.

우리의 생활을 바꾸는 사건은 전쟁처럼 긴급하고 심각한 사건일 수도 있지만, 챗GPT처럼 놀라운 기술 발전일 수도 있어요. 새로운 기술은 오늘 당장 영향은 없어도, 우리가 살아갈 세상을 크게 변화시킬 수 있기 때문에 모두가 알아야 할 중요한 소식이에요.

이처럼 우리 삶에 필요한 새로운 소식을 모두에게 알리기 위해 기자라는 직업이 존재해요. 기자는 세상에서 벌어진 사건이나 새로운 발견 중에서, 사람들이 반드시 알아야 할 소식을 빠르고 정확하게 전달하는 역할을 합니다.

그중에서도 새로운 소식을 글로 정리해 전달해 주는 매체가 '신문'이에요. 어른들이 보는 신문은 경제·국제·사회·과학·문화·환경 등 다양한 분야로 나누어서 최근의 사건을 소개해요. 신문을 읽으면 우리를 둘러싼 세상의 변화를 보다 선명하게 입체적으로 이해할 수 있어요. 세상의 변화를 읽는 눈이 자라는 것이죠.

다양한 분야의 글을 읽으면, 지식이 융합되고 어휘력이 확장돼요

특별히 좋아하는 종류의 책이 있나요? 좋아하는 분야의 글을 읽으며 내 관심사를 깊이 파고드는 것도 매우 좋아요. 그게 바로 공부지요! 그러나 좋아하는 글만 읽다 보면 다양한 주제의 글을 접할 기회가 적어져요. 신문은 다양한 분야의 글을 다루고 있어서, 신문을 펼치면 평소에 관심이 없던 주제도 접할 수 있어요.

새로운 글을 읽다가 나의 새로운 흥미를 발견할 수도 있어요. 세상은 연결되어 있기 때문에 새로 알게 된 지식이 내가 이미 알고 있던 지식과 결합되는 즐거움도 느낄 수 있답니다. 다른 분야의 글은 사용하는 단어도 각기 다를 수 있지요. 낯선 단어를 발견하고 활용하는 과정은 보물찾기처럼 흥미로울 수 있어요. 어휘력과 문해력도 쑥쑥 자라요.

생생한 이야기로 비문학 읽기와 친해져요

문학은 감정이나 생각을 표현한 예술 작품이에요. 소설·시·수필 등이 문학에 속해요. 그림책과 동화책은 어린이들이 가장 많이 접하는 문학 작품이지요. 비문학은 문학이 아닌 글을 말해요. 객관적 사실에 근거해서 쓴 글로 신문 기사·칼럼·보고서 등이 비문학이랍니다.

과학·사회·역사 등을 다룬 비문학 글은 사실 우리가 살아가는 데 꼭 필요한 정보가 담긴 이야기랍니다. 사람들은 이런 글을 읽고 새로운 지식을 쌓고 세상에 대한 이해의 폭을 넓혀요. 특히 나를 둘러싼 세상의 이야기는 쉽게 이해할 수 있고, 재미있게 느껴져요. 신문 기사는 내가 사는 세상에서 지금 벌어지고 있는 중요한 사건들을 이야기해 줘요. 기사를 읽으며 세계 곳곳에서 일어나는 일을 알아가다 보면, 비문학 읽기가 쉬워질 뿐 아니라 세상의 변화도 알 수 있고, 그 안에서 내 꿈도 찾을 수 있답니다.

좋은 정보를 보는 능력을 키워요

정보가 넘치는 시대예요. 우리는 터치 한 번으로 셀 수 없이 많은 흥미로운 영상과 글을 볼 수 있어요. 그런데 그중에는 거짓 정보도 많아요. 가짜 뉴스는 자극적이고 흥미로운 주제를 다루어서 사람들의 이목을 끌어요. 많은 사람이 볼수록 이익이기 때문에 정말 정교하게 만들어서, 어른들조차 깜빡 속는 경우가 많아요. 이 정보들은 때로는 누군가에게 피해를 입히기도 해요. 그래서 좋은 정보를 보는 눈이 필요해요.

정확한 정보를 알리는 게 중요한 신문 기사는 분명한 사실에 근거해서 작성합니다. 또한 어느 한쪽 입장에 치우쳐 쓰지 않아요. 누가 봐도 오해가 없어야 하기 때문에 간결하고 이해하기 쉽게 쓴다는 특징도 있습니다. 그래서 신문 기사를 자주 읽으면 정확한 근거에 입각한 글을 알아보는 능력이 자라요.

비문학 시험 문제 풀이가 쉬워져요

　대학에 들어가기 위해 치르는 수학능력시험(수능), 왠지 어렵게 느껴지고 지금으로서는 먼 미래 같기도 해요. 그런데 지금 내가 알고 있는 것이 수능 문제에 등장한다면 그 문제가 쉽게 느껴질까요? 어렵게 느껴질까요? 수능에 나오는 문제는 새로워야 하기 때문에 최근에 일어나는 이야기들을 상당수 다뤄요.

　수능 영어 문제를 푼다고 생각해 보세요. 글 속에 'Rebound Effect(리바운드 효과)'라는 단어가 등장했어요. 무슨 말인지 한번에 와닿지 않지만 생각보다 재미있는 환경 용어예요.(저희 책 '환경 013' 기사를 읽어 보세요!) 이 단어의 의미를 평소에 알고 있었다면 문제를 쉽게 풀 수 있겠죠? 반면 이 단어를 처음 접했다면 이 문제가 어렵게 느껴질지도 몰라요. 요즘 사회의 화두를 다루고 있는 점에서 신문은 매우 유용하답니다. 특히 이 책은 그중에서도 초등학생들이 꼭 알아야 할 기사 100개를 선별했어요. 하루 1장, 하루 10분이면 충분해요!

지식이 쑥쑥 자라는 5단계 활용법

Step 1. 제목부터 읽고 어떤 기사일지 생각해 봐요

기사 제목은 한 문장으로 이뤄져 있습니다. 제목만 보고도 무슨 이야기인지 짐작할 수 있도록 고심해서 정해요. 본문을 읽기 전에 제목을 읽고 무슨 이야기일지 생각해 보세요.

Step 2. 모르는 단어가 나오면 밑줄 또는 동그라미를 쳐요

새로운 단어를 차곡차곡 쌓아 보세요. 단어를 많이 알게 되면 어려운 책도 쉽게 읽을 수 있어요. 나중에 이 책을 전부 다 읽고 가장 처음 읽었던 기사를 다시 읽어 보세요. 동그라미 쳤던 단어가 쉽게 느껴질 거예요. 나만의 단어장을 만들어 일상에서 사용해 보는 것도 좋겠죠?

Step 3. 각 문단의 중심 문장에 밑줄을 그어 봐요

각 기사는 3~6개 문단으로 이루어져 있어요. 기사를 읽으면서 각 문단의 중심 문장에 밑줄을 그어 봐요. 기사를 전부 읽은 후 밑줄 그은 문장만 다시 보면 전체의 흐름이 한눈에 보인답니다. 친구나 부모님은 어디에 밑줄을 그었는지 비교하고 이야기 나눠 봐도 좋아요.

Step 4. 배경 지식을 읽고 한 단계 깊이 배워요

각 기사마다 배경 지식을 수록했어요. 기사에서 다룬 내용에서 한 걸음 더 확장된 이야기예요. 보다 깊이 있는 지식을 쌓을 수 있어요.

Step 5. 독후 활동을 통해 더 깊이 배워요

각각 기사에는 독후 활동 페이지를 넣었어요. 기사를 잘 이해했는지 알아보는 활동뿐 아니라 기사를 읽은 뒤 내 생각을 확장할 수 있는 질문도 수록했어요. 배운 것에 내 생각을 더해 응용하면 더 깊이 배울 수 있답니다.

Step Up. 다른 사람과 함께 읽고 이야기해 봐요

많은 지식을 아는 것도 중요하지만 활용하는 것도 중요해요. 기사를 읽고 알게 된 것을 토대로 내 생각을 펼쳐 보는 연습을 해 보아요. 부모님이나 친구와 함께 기사를 읽고 이야기 나누면 생각이 쑥쑥 자랄 거예요.

함께 나누기 좋은 질문들

이런 질문들이 보다 다양한 이야기로 이끌어 줄 거예요.
'이 기사를 한 문장으로 이야기한다면?'
'이 기사가 흥미로웠나? 어떤 부분이 흥미로웠을까?'
'비슷한 경험 또는 생각을 한 적 있을까?'
'이 기사를 읽고 무슨 생각이 들었나?'
'이 기사를 통해 변화시키고 싶은 게 있다면?'
'새롭게 알게 된 단어가 있을까? 비슷한 단어, 반대의 단어는 무엇일까?'

차례

시작하며 왜 이 책이 탄생하게 되었나요? ········ 004

지식이 쑥쑥 자라는 5단계 활용법 ········ 008

Section 01 경제

	경제 기사 읽을 때 필수 어휘 15	018
경제 001	테슬라 꺾은 중국 전기차의 비밀은?	020
경제 002	석유값은 왜 매일 달라질까요?	022
경제 003	2026년 최저임금은 얼마일까요?	024
경제 004	나도 세금을 낸다고요?	026
경제 005	'민생 회복 소비 쿠폰' 우리도 받았어요!	028
경제 006	동네에서만 쓸 수 있는 화폐가 있다?	030
경제 007	은행이 사라지고 있어요!	032
경제 008	스마트폰, 혹시 내 얘기 듣고 있니?	034
경제 009	SKT, 내 유심 정보가 유출됐어요!	036
경제 010	비트코인 1개가 1억 7000만 원?	038
경제 011	만 원으로 점심을 못 먹는대요!	040
경제 012	순살 치킨이 비싸질 거라고요?	042
경제 013	다이소 화장품, 왜 인기 많을까요?	044
경제 014	망고 빙수, 비싸도 잘 팔려요	046
경제 015	나도 '당근' 할 수 있나요?	048
경제 016	왜 배민과 티빙이 손을 잡았을까요?	050
경제 017	폭염 속, 몰캉스가 떴다!	052

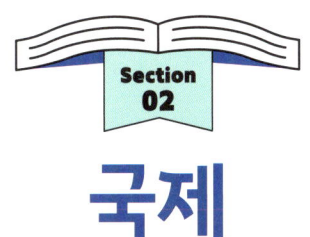

Section 02 국제

국제 기사 읽기 전 알아두기 - 나라 10		**056**
국제 001	우리나라는 과연 선진국일까요?	058
국제 002	전 세계에서 불티나게 팔리는 불닭볶음면!	060
국제 003	러시아-우크라이나 전쟁, 3년째 접어들어	062
국제 004	세계에서 무기를 가장 많이 파는 나라는?	064
국제 005	이란 핵 시설 제거한 트럼프	066
국제 006	다시 살아나는 아르헨티나 경제	068
국제 007	관광객들로 몸살 앓는 일본	070
국제 008	중국, 공무원도 허리띠를 졸라매고 있어요	072
국제 009	트럼프 관세 전쟁, 어디까지일까요?	074
국제 010	APEC, 경주에 특별한 사람들이 모인대요	076
국제 011	위기의 하버드 유학생들	078
국제 012	미국 공식 언어, 영어가 아니었어요?	080
국제 013	새로운 교황이 탄생했어요	082
국제 014	개를 호랑이처럼 염색했다고요?	084
국제 015	구글 지도, 우리나라 길은 왜 헤맬까?	086
국제 016	미국 Z세대는 팁에 돈을 덜 쓴다?	088

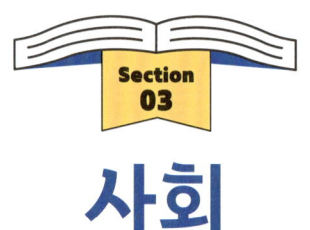

Section 03 사회

사회 기사 읽을 때 필수 어휘 15		**092**
사회 001	비상계엄이 뭐예요?	094
사회 002	헌법재판소, 대통령 탄핵 결정!	096
사회 003	나라마다 대통령 뽑는 방법이 달라요	098
사회 004	대통령은 어디에서 일하나요?	100
사회 005	포괄적 차별금지법, 18년 만에 제정될까?	102
사회 006	'쉬었음' 청년이 늘고 있어요	104
사회 007	미래 직업, '네오 블루칼라'가 인기예요	106
사회 008	고교학점제가 전면 시행됐어요	108
사회 009	이제 학교에서 휴대전화를 못 쓴다고요?	110
사회 010	브레이크 없는 자전거가 있다고요?	112
사회 011	한밤중에는 스쿨존에서 과속해도 될까요?	114
사회 012	인형 뽑기, 너도 해 봤니?	116
사회 013	요즘 10대들, 외모가 고민이에요	118
사회 014	우리나라는 부유한데 왜 행복 순위는 낮죠?	120
사회 015	세계 최초, 루게릭병 전문 요양병원 생기다	122
사회 016	크보빵은 안 먹겠어요!	124
사회 017	무안 공항 비행기 추락 사고 진실은?	126

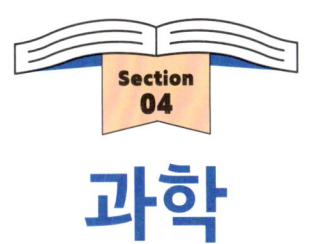

Section 04 과학

과학 기사 읽을 때 필수 개념 12		**130**
과학 001	희토류가 뭐예요?	132
과학 002	소행성, 달에 충돌할 수 있다고?	134
과학 003	한국이 함께 만든 우주 망원경, 스피어엑스!	136
과학 004	우주 다녀왔더니 폭삭 늙었어요	138
과학 005	3D 프린팅, 우주선까지 만든다고요?	140
과학 006	챗GPT가 그린 그림이 문제라고요?	142
과학 007	챗GPT 위협하는 중국 딥시크	144
과학 008	내 방에서 노트르담 대성당 볼 수 있어요	146
과학 009	유전자 가위의 두 얼굴	148
과학 010	내 몸 지켜 주는 작은 생명체, 미생물	150
과학 011	숏폼 때문에 '뇌 썩음' 진짜일까?	152
과학 012	아침으로 시리얼, 이제 그만!	154
과학 013	당류 제로 과자는 먹어도 좋을까요?	156
과학 014	남을 도우면 내 몸이 건강해져요	158
과학 015	귀찮은 초파리, 어디서 생겨나나요?	160
과학 016	일기예보는 왜 자꾸 틀릴까요?	162
과학 017	재생에너지 때문에 전기요금이 올라요?	164

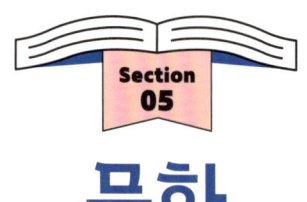

Section 05 문화

문화 기사 읽을 때 필수 상식 9   168

문화 001	뮤지컬 〈어쩌면 해피엔딩〉 토니상 6관왕!	170
문화 002	K클래식, 세계 최고로 우뚝	172
문화 003	영화도 음악도 성공! 〈케이팝 데몬 헌터스〉	174
문화 004	영어 사전에 '달고나'가 실렸어요	176
문화 005	〈흑백요리사〉 인기 편의점에도!	178
문화 006	미쉐린 가이드, 새로운 3스타 탄생	180
문화 007	버추얼 아이돌, 이제 낯설지 않아요	182
문화 008	'파산핑'이 '대박핑'으로 변신했다고요?	184
문화 009	초등학생, 가장 인기 있는 게임은?	186
문화 010	인기 최고 '인상주의', 처음에는 혹평	188
문화 011	국립중앙박물관 굿즈, 없어서 못 팔아요	190
문화 012	텍스트힙 열풍, 어디서 시작됐을까?	192
문화 013	'러닝 크루', 달리기 인기 최고조	194
문화 014	프로야구, 역대 최다 관중 동원!	196
문화 015	극장에서 낮잠 자실 분 구해요!	198
문화 016	'먹방' 보는 것만으로도 큰일?	200
문화 017	'제주어' 사라질 위기에 처했대요	202

Section 06
환경

	환경 기사 읽을 때 필수 어휘 15	206
환경 001	4월에 벚꽃비와 눈이 함께 내렸어요!	208
환경 002	대형 산불, 왜 이렇게 많이 날까?	210
환경 003	바나나를 못 먹을 수 있다고요?	212
환경 004	러브버그 급증, 산 까맣게 뒤덮어	214
환경 005	예쁜 꽃, 왜 뽑아 버리는 거예요?	216
환경 006	모기가 살기 더 좋아졌다고요?	218
환경 007	제주 남방큰돌고래를 지켜 주세요!	220
환경 008	코뿔소가 왜 거꾸로 매달려 있지?	222
환경 009	까마귀가 사람을 공격한다고요?	224
환경 010	먹다 남은 약, 함부로 버리지 마세요	226
환경 011	바닷속 산호초는 왜 하얗게 죽었을까?	228
환경 012	페트병 생수, 얼리지 마세요!	230
환경 013	텀블러와 에코백, 환경에 도움 되나?	232
환경 014	'전자 쓰레기장'이 되어 버린 태국	234
환경 015	'우주 쓰레기' 지구로 떨어져요	236
환경 016	생명의 땅으로 다시 태어난 DMZ	238

경제 기사 읽을 때 필수 어휘 15

경기
매매나 거래에 나타나는 경제 활동 상태. 경제 상황이 좋으면 호황, 상황이 좋지 않으면 불황이라고 함.

비슷한 말 경제 상황, 경제 사정
예문 **경기**가 회복되어 수출이 활기를 띠고 있습니다.

경제
사람이 살면서 필요한 것들을 만들거나 팔거나 사는 것.

비슷한 말 경제 활동
예문 세계 여러 나라와 수입과 수출이 활발해지면서 우리 **경제**가 발전하였습니다.

노동
사람이 필요한 물건이나 재료를 얻기 위해 몸이나 머리를 써서 하는 일.

비슷한 말 일
예문 우리나라는 1일 8시간, 주 40시간의 **노동** 시간을 법으로 정하고 있어요.

물가
물건의 값. 물건이나 서비스의 종합적인 가격 수준.

비슷한 말 시장 가격
예문 명절을 앞두고 **물가**가 가파르게 오르고 있습니다.

산업
농업, 공업, 임업, 수산업, 광업, 서비스업처럼 물건이나 서비스를 생산하는 사업.

비슷한 말 생산업
예문 우리나라의 정보 통신 기술 **산업**은 매우 발달하였습니다.

생산
생활에서 필요한 것들을 만드는 것.

비슷한 말 창출
예문 새로운 농업 기술로 인해 농업 **생산**이 크게 늘었습니다.

세금
국가 또는 지방 공공 단체가 사용하기 위해 국민이나 주민으로부터 강제로 거두어들이는 돈.

비슷한 말 세
예문 대통령의 월급은 국민의 **세금**으로 줘요.

소득
일을 해서 번 돈.

비슷한 말 수익
예문 우리나라의 국민 **소득**은 꾸준히 증가하고 있어요.

수출입
수출과 수입. 수출은 우리나라에서 만든 것을 다른 나라에 파는 것을 말하며, 수입은 다른 나라에서 만든 것을 우리나라로 사 오는 것을 말함.

비슷한 말 무역
예문 **수출입** 규모가 증가하면서 해운업도 성장하고 있습니다.

인플레이션
나라 안에서 쓰이고 있는 돈의 양이 늘어나서 화폐 가치가 떨어지고 물가가 계속 올라 사람들의 실질적인 소득이 줄어드는 현상.

비슷한 말 인플레, 통화 팽창
반대말 디플레이션
예문 화폐 양이 많아지고 그 가치가 떨어지면서 **인플레이션**이 나타났어요.

자본
상품을 만드는 데 필요한 돈과 생산 수단.

비슷한 말 자금
예문 **자본**이 많이 필요한 사업은 국가에서 운영하기도 합니다.

수요
어떤 재화나 용역을 일정한 가격으로 사려고 하는 욕구.

예문 휘발유 **수요**가 늘자 공급을 늘려 가격을 안정시키려고 합니다.

시장
물건이나 서비스를 사고파는 곳.

비슷한 말 장
예문 미국의 주식 **시장**은 세계 최대 규모입니다.

임금
근로자가 노동의 대가로 사용자에게 받는 보수.

비슷한 말 보수, 급료, 봉급, 사용료
예문 물가는 올랐지만 **임금**은 그만큼 오르지 않아서 생활이 어렵다.

화폐
상품을 사고팔거나 교환할 때 상품의 가치를 매기는 기준이 되며, 상품과 교환할 수 있는 수단이 되는 것.

비슷한 말 금전, 돈
예문 미국의 달러는 세계에서 통용되는 **화폐**로 자리 잡았습니다.

테슬라 꺾은 중국 전기차의 비밀은?

요즘 전 세계 자동차 시장에서 가장 뜨거운 건 바로 전기차 소식이에요. 2024년 전 세계 전기차 판매량은 1710만 대로 역대 최대를 기록했어요. 그중에서도 중국 비야디(BYD)와 미국 테슬라의 경쟁이 아주 치열했어요. 2024년 비야디는 약 176만 대를 판매해서 오랫동안 1위를 지켜온 테슬라 판매량(약 179만 대)을 바짝 뒤쫓았어요. 휘발유와 전기를 함께 사용하는 플러그인하이브리드 차량까지 더하면 427만 대로 테슬라를 완전히 제쳤어요.

안전하고 저렴하게 성능 좋은 배터리를 만드는 기술이 전기차의 핵심이다.

중국은 어떻게 미국 테슬라를 앞질렀나?

전기차는 휘발유나 경유 같은 기름 대신 전기로 달리는 자동차예요. 스마트폰에 충전기를 꽂아 배터리를 충전하듯이 자동차에 있는 배터리에 전기를 채워서 달린답니다. 기름으로 달리는 자동차는 달릴 때 엔진 소리가 나고 진동도 느껴지지만, 전기차는 모터로 달리기 때문에 아주 조용하고 부드럽게 움직여요. 하지만 충전하는 시간이 오래 걸려요. 또 1회 충전으로 달릴 수 있는 거리가 짧은 편이라 자주 충전해야 하지요.

그래서 전기차에서 가장 중요한 기술은 배터리를 만드는 기술이에요. 배터리의 성능과 가격이 전기차 경쟁력을 좌우한다고 해도 과언이 아니에요. 1회 충전으로 더 먼 거리를 갈 수 있는 기술, 충전 시간을 짧게 줄이는 기술, 안전하고 오래 사용할 수 있는 배터리를 만드는 기술, 수명이 다한 배터리를 재활용하는 기술 등을 앞다퉈 개발하고 있어요. 중국 비야디는 값싸고 효율 좋은 배터리를 만드는 기술이 뛰어나 빠르게 성장할 수 있었답니다.

전기차, 정말 환경오염을 줄일까?

예전에는 전기차가 달릴 때 매연이 나오지 않기 때문에 '친환경 자동차'라는 생각을 많이 했어요. 전기차에서는 일반 자동차에서 나오는 이산화탄소나 미세먼지가 안 나오

경제 001

거든요. 하지만 최근에는 반대의 목소리도 커지고 있어요. 전기차를 움직일 전기를 만드는 과정에서 석탄이나 가스를 쓰면 결국 환경오염을 피할 수 없기 때문이에요. 태양광·바람·물 같은 친환경 에너지로 전기를 생산하지 않는 한 전기차 역시 환경에 나쁜 영향을 줄 수 있다는 거죠. 게다가 전기차 배터리를 만들고 버릴 때도 환경에 해로운 물질이 나와요. 아직 해결할 숙제가 많이 남아 있지요.

똑똑한 배경지식

전기차

전기차는 전기를 이용해 움직이는 자동차예요. 일반 자동차처럼 기름을 쓰지 않고 전기 모터를 사용해요. 배터리에 저장된 전기를 이용해 달리며, 충전소에서 전기를 충전할 수 있어요. 매연이 나오지 않고 연료비가 적게 들고 흔들림이 적은 장점이 있어요. 최근에는 주행 거리도 길어지고 충전 속도도 빨라지고 있어요.

알쏭달쏭 어휘 풀이

- **배터리**: 전기 에너지를 화학 에너지로 바꾸어 모아 두었다가 필요한 때에 전기를 만드는 전지.
- **충전**: 배터리에 전기 에너지를 채워 넣는 일.
- **매연**: 연료가 탈 때 나오는 그을음이 섞인 연기.

✏️ 다음 빈칸에 알맞은 말을 쓰세요.

□□□는 배터리 기술 경쟁 속에 성장하고 있지만 환경오염 문제를 극복해야 한다.

✏️ 이 글을 통해 알 수 있는 내용에 ○, 알 수 없는 내용에 ×표 하세요.

- 비야디는 값싸고 효율 좋은 배터리를 만들어 빠르게 성장했다. ( )
- 현재 전기차는 1회 충전으로 일반 자동차보다 오래 달린다. ( )
- 전기차는 매연이 나오지 않지만 배터리를 생산·폐기하는 과정에서 환경을 오염시킨다. ( )

✏️ 생각해 보기

전기차가 진정한 친환경 자동차가 되려면 어떻게 해야 할까요?

석유값은 왜 매일 달라질까요?

부모님과 함께 차에 휘발유나 경유 같은 석유를 넣으러 주유소에 가 본 적 있나요? 주유소에 갈 때마다 석유값이 매번 달라요. 가격이 왜 달라질까요?

원유값은 경기, 국제 정세 등 다양한 이유로 오르내린다.

원유, 종류도 품질도 천차만별

우리가 차에 넣는 휘발유나 경유는 땅속에서 나오는 원유를 깨끗하게 정제한 거예요. 원유 종류도 다양해요. 나오는 곳마다 성분이 달라서 품질이 조금씩 차이가 나고 가격도 달라지지요. 원유가 얼마나 가볍고 무거운지는 물과 비교해서 측정하는데, 가벼운 원유일수록 휘발유 같은 비싼 기름이 많이 나와서 인기가 많아요. 무거운 원유에서는 난방에 쓰는 벙커씨유처럼 저렴한 기름이 많이 나와요. 또 황이라는 불순물이 적게 들어 있을수록 깨끗하고 좋은 원유라고 할 수 있어요. 미국의 서부텍사스산 중질유, 유럽의 북해산 브렌트유, 중동의 두바이유는 전 세계적으로 품질 좋은 원유로 꼽혀요.

수요공급·경기·국제 정세도 영향

그런데 품질 좋은 원유라고 늘 비싸게 팔리는 것은 아니에요. 수요와 공급, 경제 분위기, 국제 정세가 석유 가격에 복합적으로 영향을 주기 때문이지요. 사람들이 석유를 많이 필요로 하면, 즉 수요가 늘면 가격이 올라요. 수요가 줄면 가격도 떨어지지요. 많은 사람이 필요로 하는데 공급이 충분하지 않으면 가격이 오르고, 공급량은 많은데 사람들이 적게 사면 가격이 떨어지는 거예요.

또, 석유는 경기의 영향을 많이 받아요. 경기가 나빠 소비가 줄면, 물건을 만드는 공장 운영도 줄고 배송도 줄어요. 석유 수요 역시 줄게 되지요. 그러면 사우디아라비아·이란·이라크 등 주요 산유국 단체인 석유수출국기구(OPEC)는 석유 생산량을 줄여요. 공급량을 줄여야 석유값이 너무 많이 떨어지지 않거든요.

그리고 석유가 많이 나는 지역에서 전쟁이 나면 석유값은 오를 수밖에 없어요. 2025

년 6월 이스라엘-이란 전쟁 때 석유값이 올랐다가 휴전한 다음에 다시 떨어지기도 했어요. 러시아 역시 석유 생산국 중 하나인데, 우크라이나와 전쟁 중인 러시아가 미국과 전쟁 중단을 논의한다는 소식이 알려지자 석유값이 내렸답니다.

똑똑한 배경지식

석유수출국기구(OPEC; Organization of the Petroleum Exporting Countries)
석유를 많이 생산하고 수출하는 나라들이 만든 국제기구예요. 1960년에 사우디아라비아·이란·이라크·쿠웨이트·베네수엘라가 처음 함께 만들었어요. 석유수출국기구가 석유 생산량을 줄이거나 늘리면 세계 석유 가격이 변해요. 그래서 세계 경제에 중요한 영향을 주는 단체 중 하나예요.

알쏭달쏭 어휘 풀이

- **원유**: 땅속에서 뽑아낸, 정제하지 않은 그대로의 기름.
- **정제하다**: 물질에 섞인 불순물을 없애 그 물질을 더 순수하게 하다.
- **불순물**: 순수한 물질에 섞여 있는 순수하지 않은 물질.

✏️ 다음 빈칸에 알맞은 말을 쓰세요.

차에 넣는 휘발유나 경유 같은 기름은 □□를 깨끗하게 정제해서 만들어요.

✏️ 이 글을 통해 알 수 있는 내용에 ○, 알 수 없는 내용에 ×표 하세요.

- 원유는 나오는 곳마다 성분이 달라서 품질에 차이가 있다. ( )
- 가벼운 원유일수록 휘발유 같은 비싼 기름이 많이 나와 인기가 많다. ( )
- 석유 수출국들은 석유값이 떨어질 때 생산량을 늘려서 가격을 안정시킨다. ( )

✏️ 생각해 보기

석유값이 오르내리는 이유는 무엇일까요?

....

....

2026년 최저임금은 얼마일까요?

최저임금이란 1시간 일하면 적어도 이만큼은 받아야 한다고 정한 기준이에요. 노동자가 지나치게 오래 일하지 않아도 기본적인 생활을 할 수 있는 정도의 임금을 받도록 법으로 정하는 것이지요. 노동자 위원 9명, 사용자 위원 9명, 정부 추천 공익위원 9명, 총 27명이 모인 최저임금위원회에서 매년 논의해서 결정해요.

최저임금은 국민 삶의 질을 보호하고자 나라가 만든 기준이다.

2026년 최저 임금, 2.9% 올라

2026년 최저임금은 2025년(1만 30원)보다 2.9% 오른 1만 320원으로 결정됐어요. 노동자 쪽과 사용자 쪽 의견이 팽팽히 맞서다가 어렵게 타결됐어요. 결정된 최저임금은 법으로 정해진 금액이라, 사장님이 이보다 임금을 적게 주면 3년 이하의 징역 또는 2000만 원 이하의 벌금형에 처해질 수 있어요. 아르바이트를 하고 받는 시급도 포함돼요.

최소한의 인간적 삶 보장 위해 도입

18~19세기 유럽 등지에서는 터무니없이 낮은 임금을 받으면서 하루 종일 힘들게 일하는 사람들이 많았어요. 심지어 먹고살기 위해 어린아이까지 일터에 내몰리는 안타까운 상황이 벌어졌어요. 이런 문제를 해결하기 위해 나라가 나서서 모든 사람이 최소한의 삶을 살 수 있도록 도와주자고 만든 것이 바로 최저임금제예요.

우리나라는 1988년에 최저임금제를 도입했어요. 초기 최저시급은 462원(월급 기준 11만 1,000원)으로, 당시 노동자 평균 임금의 30%에도 미치지 못해서 제 역할을 하지 못했어요. 그러나 제도가 빠르게 자리 잡아서 요즘은 중요한 임금 기준이 되었어요.

최저임금, 사람마다 다르게 주자고?

지금 우리나라 최저임금은 모든 노동자에게 똑같이 적용돼요. 그런데 최근에는 최저임금을 상황이나 대상에 따라 다르게 정하자는 이야기가 나오고 있어요. 우선 업종별로 다르게 줘야 한다는 주장이 있어요. 편의점이나 식당처럼 작은 규모의 사업장에서는 매년 오르는 최저임금이 부담스러워서 직원을 채용하기 힘들다고 해요. 노인이나 외국인 돌봄 노동자의 경우, 최저임금을 낮추면 오히려 이들이 일할 기회가 더 늘어날 것이라는 주장도 있어요. 그러나 특정 업종과 사람들에게만 최저임금을 낮춰 적용하는 것은 차별이라는 비판이 커요. 그렇게 되면 여성·장애인·청년의 최저임금도 다르게 정하자는 말이 나올 수도 있죠.

똑똑한 배경지식

최저임금제
국가가 법으로 임금의 최저 수준을 정하는 거예요. 경제 상황, 물가 등을 고려해서 정해요. 이 제도는 임금이 너무 낮아지지 않도록 막아서 노동자의 최소한의 생계를 보장해 줘요. 노동자의 권리를 보호하고 사회적 불평등을 줄이는 데 중요한 의미를 가져요.

알쏭달쏭 어휘 풀이

- **노동자**: 노동력을 제공하고 얻은 임금으로 생활을 유지하는 사람.
- **사용자**: 노동을 제공하는 사람에게 그에 대한 보수를 지급하는 사람.
- **타결**: 의견이 대립된 양편에서 서로 양보하여 합의를 이끌어 냄.

✏️ 다음 빈칸에 알맞은 말을 쓰세요.

2026년 □□□□은 2025년보다 2.9% 오른 시급 1만 320원으로 결정됐다.

✏️ 이 글을 통해 알 수 있는 내용에 ○, 알 수 없는 내용에 ×표 하세요.

- 최저임금제는 국가가 법으로 정한 노동자의 최소 임금 수준을 보장하는 제도이다. ( )
- 최저임금은 매년 새롭게 정해진다. ( )
- 최저임금제는 상황과 대상에 따라 다르게 적용된다. ( )

✏️ 생각해 보기

사람이나 업종에 따라 최저임금이 달라진다면 어떻게 될까요?

나도 세금을 낸다고요?

세금은 우리가 안전하고 편리하게 살 수 있도록 나라를 운영하는 데 필요한 돈이에요. 집안 살림에 돈이 들 듯이, 나라도 살림을 하려면 많은 돈이 필요해요. 그래서 국민들이 함께 나누어 내는 돈이 세금이에요. 그런데 초등학생도 세금을 낼까요? 맞아요. 학교 끝나고 편의점에서 간식을 사 먹을 때나 문구점에서 학용품을 살 때도 세금이 포함되어 있어요.

마트에서 과자를 살 때 과자값에 부가가치세가 포함돼 있다.

세금의 종류에는 어떤 것이 있을까요?

세금은 우리 삶 곳곳에 스며들어 있어요. 어른들이 회사에서 월급을 받거나 가게를 운영해서 돈을 벌 때 내는 세금을 '소득세'라고 해요. 우리나라는 소득이 많은 사람에게 세금을 많이 걷고, 적은 사람에게는 적게 걷고 있어요. 회사도 벌어들인 돈에 따라 '법인세'라는 세금을 내요. 우리가 사서 쓰는 대부분의 물건이나 서비스에 '부가가치세'가 포함되어 있어요. 우리나라는 물건값의 10%를 부가가치세로 내게 되어 있어요. 사망한 가족에게 재산을 물려받을 때 내는 세금은 '상속세'라고 해요. 살아 계실 때 물려받으면 '증여세'를 내야 해요. 물려받는 재산이 클수록 내야 하는 세금도 많아지지요. 외국에서 물건이 우리나라로 들어올 때는 '관세'를 내요. 수입되는 물품에 세금을 매겨 국내에서 판매되는 제품의 산업을 보호하기 위해 만들어졌지요. 이 밖에도 재산세·양도세·교육세·주민세 등 많은 종류의 세금이 있어요.

세금, 어디에 쓰이나요?

우리가 낸 세금은 다시 우리를 위해 사용돼요. 우리가 다니는 학교를 짓고, 선생님 월급을 주고, 도서관을 만들고, 급식을 주거나, 책이나 준비물을 사는 데 쓰여요. 우리가 걷는 인도나 자동차가 다니는 도로도 세금으로 만들지요. 공원이나 국립병원, 댐도 세금으로 지어요. 우리를 지켜 주는 경찰관·소방관·군인의 월급도 세금에서 나와요. 혼자

계신 어르신들이나 생활이 어려운 사람들, 몸이 불편한 장애인들을 돕는 일 등에도 세금이 사용돼요.

세금 덕분에 모두가 안전하고 행복한 생활을 할 수 있어요. 우리가 낸 세금이 잘 쓰이고 있는지 관심을 가지고 지켜보는 것도 중요하겠죠?

똑똑한 배경지식

세금
나라가 국민에게 걷는 돈으로, 우리 사회를 운영하는 데 꼭 필요해요. 도로·학교·병원 같은 공공시설을 만들고 유지하는 데 사용되고, 경찰·소방·군대 같은 공공서비스를 제공하는 데도 쓰이지요. 모든 국민은 소득이나 소비에 따라 정해진 세금을 내야 할 의무가 있어요.

알쏭달쏭 어휘 풀이

- **운영하다**: 조직이나 기구, 사업체를 움직이게 경영하다.
- **소득**: 일한 결과로 얻은 정신적·물질적 이익.
- **교육세**: 의무 교육에 필요한 경비를 마련하기 위해 부과하는 세금.

✏️ 다음 빈칸에 알맞은 말을 쓰세요.

☐☐은 국민이 나라에 내는 돈으로, 사회를 안전하고 편리하게 만들기 위해 사용한다.

✏️ 이 글을 통해 알 수 있는 내용에 ○, 알 수 없는 내용에 ×표 하세요.

- 초등학생은 소득이 없기 때문에 세금을 내지 않는다. ( )
- 소득세는 소득이 많을수록 더 많이 낸다. ( )
- 세금은 학교나 도로, 공원을 만드는 데도 쓰인다. ( )

✏️ 생각해 보기

세금이 잘못 쓰인다면 어떤 일이 일어날까요?

'민생 회복 소비 쿠폰' 우리도 받았어요!

2025년 7월 정부가 침체된 경기를 살리기 위해 모든 국민에게 돈을 나눠 주었어요. 바로 '민생 회복 소비 쿠폰'이에요. 이 돈을 국민들이 쓰면 가게들이 다시 활기를 찾고 우리나라 경제가 더 좋아질 거라고 기대해요. 대한민국 국민이라면 누구나 받을 수 있기 때문에 초등학생인 우리도 받았어요.

민생 회복 소비 쿠폰은 시장이나 작은 가게에서 사용할 수 있다.

전 국민 민생 회복 소비 쿠폰 받아

이재명 대통령은 선거에서 민생 회복을 위해 지원금을 지급하겠다고 공약을 내세웠어요. 그래서 대통령이 된 직후인 7월 12일, 1차로 전 국민 90%에게 8조 2371억 원을 지급했어요. 돈이 많은 사람에게는 줄 필요가 없다는 의견도 있었어요. 하지만 정부는 '복지 혜택이 아니라 침체된 경기를 살리려는 정책 수단'이라며 모두에게 돈을 나눠 주기로 했어요. 대신 형편이 어려운 사람들은 더 많이 지급했어요. 1차로 지급한 금액은 일반 국민은 15만 원, 차상위·한부모가족은 30만 원, 기초생활수급자는 40만 원이에요. 수도권을 제외한 지방에 사는 사람들은 3만 원, 농어촌 인구 감소 지역에 사는 사람들은 5만 원이 추가됐어요. 2차 지급 때는 소득 상위 10%를 제외한 나머지 국민 전체가 10만 원씩 받았어요.

민생 회복 소비 쿠폰은 아무 가게에서나 쓸 수 있는 건 아니에요. 백화점, 대형 마트, 프랜차이즈 매장에서는 쓸 수 없고, 작은 가게나 동네 식당처럼 한 해 동안의 매출이 30억 원보다 작은 가게에서만 쓸 수 있어요. 영세 자영업자나 소상공인들에게 힘을 실어 주려는 것이지요.

경제가 정말 좋아질까?

민생 회복 소비 쿠폰의 전체 예산은 13조 9000억 원이나 돼요. 많은 돈을 들이는 만큼 우리나라 경제가 더 좋아질지 많은 사람이 궁금해해요. 2020년 5월 코로나19 팬데믹으로 경제가 어려워지자 전 국민에게 지원금을 나눠 줬어요. 한 집당 40만~100만 원씩 지급했는데, 이때 예산의 26.2~36.1% 정도가 새로운 소비로 이어졌대요. 사람들이 이 돈으로 물건을 사는 등 소비를 하면서 가게들이 힘을 얻었다고 봤어요. 전문가들은 이번 민생 회복 소비 쿠폰 역시 최대 40%가 새롭게 소비되며 경제가 더 좋아질 거라고 기대하고 있어요.

똑똑한 배경지식

민생 회복 소비 쿠폰
2025년 소비 활성화를 위해 정부에서 전 국민 1인당 15만~55만 원의 돈을 지급했어요. 지역사랑상품권, 선불카드, 신용·체크카드 중 하나를 선택해 받을 수 있어요. 정부는 이 소비 쿠폰을 통해 경기를 회복하고 서민과 취약계층의 어려움을 해소할 수 있을 거라고 기대해요.

알쏭달쏭 어휘 풀이

- **차상위 계층**: 경제적으로 최하위 계층과 비슷하거나 약간 더 나은 계층.
- **침체**: 어떤 현상이나 사물이 진전하지 못하고 제자리에 머무름.
- **자영업자**: 자신이 직접 사업을 경영하는 사람.

✏️ 다음 빈칸에 알맞은 말을 쓰세요.

정부가 침체된 ☐☐를 살리기 위해 모든 국민에게 민생 회복 소비 쿠폰을 지급했다.

✏️ 이 글을 통해 알 수 있는 내용에 ○, 알 수 없는 내용에 ×표 하세요.

- 민생 회복 소비 쿠폰은 우리나라 국민이라면 누구나 받을 수 있다. ( )
- 백화점이나 대형 마트에서도 민생 회복 소비 쿠폰을 사용할 수 있다. ( )
- 민생 회복 소비 쿠폰은 복지 혜택이 아니라 경제를 살리기 위한 정책이다. ( )

✏️ 생각해 보기

민생 회복 소비 쿠폰이 경제에 미치는 영향에 대해 생각해 보세요.

동네에서만 쓸 수 있는 화폐가 있다?

서울페이, 인천 e음카드, 제주 탐나는전 같은 이름을 들어봤나요? 바로 각 지방자치단체에서 사용되는 지역화폐예요. 1996년 강원 화천군에서 처음 만들어졌는데 2024년에는 190개로 늘었어요. 이렇게 지역화폐가 많이 늘어난 이유는 무엇일까요?

지역화폐는 스마트폰으로 각 가게의 QR코드를 스캔해 이용한다.

지역 경제 살리기 위해 등장

지역화폐를 만든 가장 큰 이유는 바로 우리 동네 경제를 살리기 위해서예요. 예를 들어 서울시에서 발행한 서울사랑상품권은 서울에서만 사용할 수 있어요. 스마트폰에 서울페이플러스 앱을 설치해 상품권을 구매하고 QR코드로 물건값을 결제하는 방식이지요. 25개 자치구에서도 모두 상품권을 따로 판매하고 있어요. 지역화폐는 연 매출이 30억 원이 넘는 큰 마트나 백화점에서는 쓸 수 없고, 작은 가게에서만 쓸 수 있어요.

국비 지원으로 혜택 더 커져

지역화폐는 할인도 해 줘요. 5~10% 정도 할인된 금액으로 지역화폐를 구매할 수 있어요. 예를 들어 지역화폐 10만 원을 구입할 때 현금 9만 원만 내면 되는 거예요. 정부도 지역화폐를 많이 만들도록 도와주려고 국비를 1조 2000억 원이나 지원해 주고 있어요. 그래서 할인율도 더 늘었어요. 수도권은 10%, 비수도권은 13%까지 높아졌지요. 인천 강화군 등 84개 인구 감소 지역은 15%까지 높였어요. 결제 금액의 5~10%를 포인트로 돌려주는 곳도 있어요. 부산과 제주는 관광객을 끌어들이기 위해 포인트 적립률을 13%까지 올렸어요. 더 많이 이용하도록 장려하기 위해서죠.

정부 지원 개정안으로 더욱 활성화

2025년 8월 '지역사랑상품권 이용 활성화에 관한 법률' 개정안이 국회 본회의를 통과하면서 지역화폐는 더욱 활성화될 것으로 보여요. 개정안에서는 국가가 지역화폐를 발행하는 지자체에 의무적으로 재정을 지원하도록 정했어요. 행정안전부 장관이 5년마다 지역사랑상품권 활성화 계획을 세우고 조사도 해야 해요.

하지만 지역화폐를 반대하는 목소리도 있어요. 이들은 지역화폐가 새로운 소비를 만들어 내는 것은 아니기 때문에 경제 효과가 없다는 것이죠. 또 정부가 매년 큰돈을 지원해 주는 것이 부담이 될 수 있다고 우려해요.

똑똑한 배경지식

지역화폐
특정 지역의 경기 활성화를 위해 지방자치단체가 발행하는 화폐를 말해요. 대형마트가 확대되면서 전통시장이나 동네 가게에서 일하는 상인들이 어려워지자 이를 돕기 위해 지역화폐가 등장하게 됐어요. 지역화폐를 사용하면 소비자는 할인 혜택을 받을 수 있고, 소상공인들은 매출을 늘릴 수 있어요.

알쏭달쏭 어휘 풀이

- **국비**: 나라의 재정으로 부담하는 비용.
- **포인트**: 상품 구매나 서비스 이용 등에 따라 적립되어 현금처럼 사용할 수 있는 보상 또는 혜택.
- **개정안**: 기존의 법률이나 규칙을 수정하거나 보완하기 위해 새로 제안된 문서나 내용.

✏️ 다음 빈칸에 알맞은 말을 쓰세요.

☐☐☐☐는 지역 경제를 활성화하기 위해 발행한 상품권으로 도입 지역이 늘고 있다.

✏️ 이 글을 통해 알 수 있는 내용에 ○, 알 수 없는 내용에 ×표 하세요.

- 지역화폐는 전국 어디서나 사용할 수 있다. ( )
- 지역화폐는 대형마트나 백화점에서 사용할 수 없다. ( )
- 정부는 지역화폐를 발행하는 지자체에 의무적으로 지원해야 한다. ( )

✏️ 생각해 보기

우리 동네 경제를 살리기 위한 방법에는 어떤 것이 있을지 생각해 보세요.

은행이 사라지고 있어요!

무더운 여름 잠시 더위를 피할 수 있는 곳, 바로 은행이에요. 2018년부터 전국 6,000여 곳의 은행이 사회공헌활동의 하나로 시민들이 잠시 쉴 수 있게 개방하고 있어요. 하지만 앞으로는 주변에서 은행을 찾기가 쉽지 않을 거래요.

모바일 금융 거래와 카드 사용이 늘면서 은행 영업점이 줄고 있다.

은행 ATM, 5년 사이 4분의 1 감소

은행 영업점이 빠르게 줄어들고 있어요. 2017년 6,972곳이던 은행이 2025년에는 5,535곳이 되었어요. 카드나 통장을 이용해 현금을 찾고 넣을 수 있는 현금자동입출금기(ATM)도 마찬가지예요. 17개 은행의 현금자동입출금기는 2019년 3만 4,737대에서 2024년 2만 6,680대로 4분의 1이나 줄어들었어요. 영업점이 줄어드는 것은 이용하는 사람이 줄어들었기 때문이에요. 2023년 841만 명이던 5대 시중은행(KB국민·신한·하나·우리·NH농협)의 월평균 방문 고객 숫자는 2025년 791만 명으로 줄었어요.

은행 앱과 카드 사용 늘어

은행이 줄어도 대부분의 사람들은 불편하다고 느끼지 않아요. 스마트폰의 은행 앱을 이용하면 되거든요. 계좌 이체와 송금, 예·적금 개설, 대출까지 가능해요. 평일 오전 9시~오후 4시에 가서 번호표를 뽑고 순서를 기다리지 않아도 되니 편리하기도 하지요. 그리고 물건을 살 때 카드로 결제하는 경우가 늘었기 때문에 은행이나 현금자동입출금기에서 현금을 찾는 일도 줄었어요. 어린이와 청소년들도 용돈을 쓸 때 현금이 아니라 체크카드를 흔히 이용해요. 카드를 잃어버려도 정지하거나 다시 만들 수 있고, 교통카드로 사용할 수도 있어서 편리하거든요.

디지털 금융 소외 계층도 신경 써야

그런데 은행이 줄면서 디지털 금융 소외 계층은 더 불편해지게 됐어요. 스마트폰을 쓰지 않거나 은행 앱 사용에 익숙하지 않은 고령층은 은행 일을 보기 더 힘들어진 거죠. 그래서 정부는 은행 영업점을 닫으려 할 때 주민 의견을 반영하라고 권하고 있어요. 은행은 직접 찾아가는 '이동 점포'나, 화상으로 은행 직원과 상담할 수 있는 기기를 설치한 '디지털 영업점'을 만들어 모두가 편하게 이용할 수 있도록 노력하고 있어요.

똑똑한 배경지식

디지털 금융 소외 계층
인터넷이나 스마트폰을 잘 사용하지 못해 디지털 금융 서비스를 이용하기 어려운 사람들을 말해요. 주로 고령층 등이 여기에 포함돼요. 은행 업무가 점차 비대면으로 바뀌면서 점점 더 불편함을 느끼고 소외되기 쉬워요.

알쏭달쏭 어휘 풀이

- **사회공헌활동**: 기업이나 개인이 사회에 긍정적인 영향을 주고자 자원이나 재능을 나누는 활동.
- **개설**: 은행에서 새로운 계좌를 만드는 일.
- **고령층**: 사회 구성원 가운데 나이가 많은 사람을 통틀어 이르는 말.

✏️ 다음 빈칸에 알맞은 말을 쓰세요.

☐☐이 줄어들어 디지털 금융에 익숙하지 않은 사람들은 불편을 겪고 있다.

✏️ 이 글을 통해 알 수 있는 내용에 ○, 알 수 없는 내용에 ×표 하세요.

- 은행이 점차 늘고 있어 시민들이 이용하기 편리해졌다. ( )
- 스마트폰으로 대부분의 은행 업무를 볼 수 있다. ( )
- 은행은 디지털 금융 소외 계층을 위해 이동 점포나 디지털 영업점을 설치했다. ( )

✏️ 생각해 보기

은행 영업점이 점차 줄어들어 결국 사라지게 된다면 어떤 문제가 생길까요?

스마트폰, 혹시 내 얘기 듣고 있니?

친구들과 아이돌 이야기를 신나게 하고 나서 스마트폰을 켰는데, 갑자기 유튜브에 그 아이돌 영상이 떠서 당황한 적 있나요? 아니면 엄마한테 여드름 고민을 이야기했는데 '여드름 없애는 크림' 광고가 등장한 적은요? 그럴 때마다 혹시 스마트폰이 우리 대화를 엿듣고 있는 것은 아닐까 생각하게 되지요.

스마트폰으로 음성을 수집해 맞춤형 광고를 내보낸다는 의혹이 발생했다.

진짜로 내 목소리를 듣고 있다면

최근에 '콕스 미디어 그룹'이 만든 자료가 사람들에게 알려지면서 이 의심이 단순한 추측이 아니라 진짜일지도 모른다는 얘기가 나오고 있어요. 이 회사는 구글·아마존·페이스북에 광고 서비스를 제공하는 미국 기업인데, 이들 자료에 콕스 미디어 그룹이 '액티브 리스닝(Active-Listening)' 기술을 통해 광고를 내보낸다고 홍보하고 있었거든요. 이 기술은 스마트폰과 노트북 등에 있는 마이크로 주변 사람의 목소리를 수집해 분석하고, 대화에서 나온 주제에 맞는 광고를 보여 주는 기술이에요.

내 개인 정보가 위험해!

그동안 세계적인 빅테크 기업들이 개인 정보를 몰래 수집해서 문제가 된 적이 많았어요. 2019년 4월 세계 최대 전자상거래업체 아마존이 '알렉사'라는 인공지능(AI) 스피커를 이용해서 사람들의 음성 명령을 녹취해 왔다는 사실이 밝혀졌어요. 애플과 구글도 음성 명령 수행 소프트웨어인 '시리'와 '구글 어시스턴트'를 통해 사람들의 음성을 녹취해 왔어요. 기업들이 우리의 개인 정보를 알면 우리에게 딱 맞는 광고를 보여 주고 구매하게 해서 큰돈을 벌 수 있지요. 그래서 개인 정보를 사고파는 시장까지 있대요.

개인 정보를 지켜야 해!

개인 정보가 유출되면 위험한 상황이 생길 가능성이 커져요. 내 이름·성별·주소 등이 범죄에 악용될 수 있지요. 단지 관심사와 흥미를 파악하는 것뿐 아니라, 우리가 평소 어떤 생각을 하는지, 뭘 믿고 따르는지 같은 아주 비밀스러운 정보까지 알 수도 있어요.

우리의 개인 정보를 안전하게 지키려면 기업에서 개인 정보가 담긴 데이터를 암호화해서 저장하고 전송해야 해요. 이렇게 하면 데이터가 유출되더라도 내용을 쉽게 확인할 수 없지요. 또 개인 정보를 허락된 사람만 볼 수 있는 시스템을 만들어야 해요.

똑똑한 배경지식

개인 정보
나를 다른 사람과 구별해 주는 이름·주소·전화번호·주민등록번호 같은 정보를 말해요. 개인 정보는 사생활 보호와 밀접한 관련이 있어 법적으로 엄격히 보호되고 있어요. 범죄에 악용될 경우 개인의 권리나 재산이 침해될 수 있기 때문이에요.

알쏭달쏭 어휘 풀이

◆ **빅테크(Big Tech)**: 세계적인 영향력을 가진 거대 정보 기술 기업을 일컫는 말로, 아마존·애플·구글·마이크로소프트 등이 이에 해당된다.
◆ **녹취**: 녹음하여 기록함.
◆ **유출**: 귀중한 물품이나 정보를 불법적으로 내보냄.

✏️ **다음 빈칸에 알맞은 말을 쓰세요.**

스마트폰이 ☐☐ ☐☐를 수집해 맞춤 광고에 활용한다는 우려가 커지고 있다.

✏️ **이 글을 통해 알 수 있는 내용에 ○, 알 수 없는 내용에 ×표 하세요.**

- 스마트폰이 실제로 사람들의 대화를 수집하지는 않는다. ( )
- 개인 정보를 통해 기업들이 개인에게 알맞은 광고를 보여 줄 수 있다. ( )
- 개인 정보가 유출되면 범죄에 악용될 가능성이 높다. ( )

✏️ **생각해 보기**

개인 정보가 유출되는 것을 막기 위해 우리가 할 수 있는 노력은 무엇일까요?

....

....

SKT, 내 유심 정보가 유출됐어요!

우리가 쓰는 스마트폰에는 작은 칩인 유심(USIM, 가입자식별모듈)이 들어 있어요. 여기에는 개인을 식별하고 인증하는 데 꼭 필요한 중요한 정보들이 저장되어 있지요. 그런데 2025년 4월 19일 오후 11시경, 해커가 악성 코드 공격으로 SK텔레콤(SKT)을 이용하는 사람들의 유심 정보를 훔쳐 갔다고 해요.

휴대전화에 들어가는 작은 유심 안에 개인 정보가 저장되어 있다.

개인 정보 이용한 범죄 우려 있어

이 사고로 다른 사람이 내 유심 정보를 이용해 가짜 유심을 만들고, 그 유심으로 내 번호를 빼앗아 갈 수 있어요. 이렇게 되면 해커가 내가 쓰는 은행 앱이나 소셜미디어(SNS) 등에서 나인 척하고 돈을 훔치거나 사기를 칠 수 있기 때문에 아주 위험하지요. SKT는 유심을 새것으로 교체하는 것이 가장 좋다고 했지만, 정작 SKT가 가지고 있던 유심이 많지 않아서 사람들은 불안해하며 기다려야만 했어요.

통신사 해킹 사고, 처음이 아니에요

이동통신사에서 개인 정보 유출 사고가 일어난 건 이번이 처음은 아니에요. 2023년 LG유플러스에서는 전화번호·성명·주소·아이디 등 총 26개 항목에 달하는 개인 정보가 불법 거래 사이트로 유출되는 사고가 있었고, 2012년에는 KT에서 해킹으로 830만여 명의 개인 정보가 유출되기도 했어요. 이번 SKT 해킹 사고 역시, 해커들이 2022년 6월에 SKT 서버에 악성 코드를 심고 오랜 기간에 걸쳐 서버를 공격한 결과였어요. 전문가들은 이런 사고가 이동통신사들의 보안 관리가 허술하기 때문이라고 해요. 해커들의 기술은 점점 발전하는데, 통신 회사들이 방어하려는 노력을 제대로 하지 않았다는 거예요. SKT는 뒤늦게나마 보안에 투자하겠다고 약속했어요.

우리 스스로 노력해 봐요

스마트폰이 우리 일상의 필수품으로 자리잡으면서 너무 많은 개인 정보를 담게 되었어요. 이동통신 회사뿐만 아니라 우리 스스로도 보안을 더 철저히 해야 해요. 비밀번호는 복잡하게 만들고 자주 바꾸어 주는 게 좋아요. 또 모르는 사람이 보낸 의심스러운 링크는 누르지 않아야 해요. 무료 와이파이 환경은 보안이 약하기 때문에 중요한 정보를 볼 때는 이용하지 않는 게 좋아요.

똑똑한 배경지식

유심(USIM; Universal Subscriber Identity Module)
단말기 내부에 끼워 넣는 작은 카드로, 가입자 식별을 위한 정보를 담고 있어요. 유심에는 가입자 식별 정보, 주소록, 금융 정보 등 중요한 정보가 담겨 있을 뿐만 아니라 교통카드, 신용카드 등의 부가 기능을 제공해요. 모바일용 신분증처럼 쓰이고 있지요.

알쏭달쏭 어휘 풀이

- **개인 정보**: 개인을 식별할 수 있는 정보. 이름·주소·주민등록번호·전화번호·직업·사진 등.
- **식별하다**: 분별하여 알아보다.
- **해커**: 컴퓨터 시스템이나 네트워크에 침투하거나 이를 조작할 수 있는 기술을 가진 사람.

✏️ 다음 빈칸에 알맞은 말을 쓰세요.

스마트폰을 사용할 때는 비밀번호를 자주 바꾸는 등 ☐☐에 신경 써야 한다.

✏️ 이 글을 통해 알 수 있는 내용에 ○, 알 수 없는 내용에 ×표 하세요.

- 유심에는 개인을 식별하고 인증하는 중요한 정보가 담겨 있다. ( )
- 해커가 내 유심 정보를 훔치면 내 전화번호를 악용할 수 있다. ( )
- SKT 해킹 사고는 처음 일어난 통신사 해킹 사례다. ( )

✏️ 생각해 보기

개인 정보를 보호하기 위해 우리는 어떤 노력을 해야 할까요?

비트코인 1개가 1억 7000만 원?

2025년 7월 14일 비트코인 1개 가격이 처음으로 12만 달러(약 1억 7000만 원)를 넘었어요. 2009년에 처음 거래됐을 때는 1개에 0.00099달러(약 1.35원) 정도였는데, 16년 사이 1억 2,000배 넘게 뛴 셈이지요. 비트코인의 가치는 어떻게 이렇게나 빨리 오른 걸까요?

비트코인이 투자 수단으로 주목받고 있다.

최초에 어떻게 생겨났을까?

우리가 쓰는 '원'이나 '달러' 같은 돈들은 '명목 화폐'라고 불러요. 나라에서 보증해 주니 안심하고 쓸 수 있어요. 하지만 정부가 돈을 너무 많이 찍어 내면 내가 가진 돈의 가치는 떨어지고 물가는 올라요. 이것을 인플레이션이라고 해요. 또 정부는 우리가 돈을 얼마나 갖고 있고 어디에 썼는지도 알 수 있지요.

이런 문제점을 없애기 위해 만들어진 게 비트코인이에요. 비트코인은 2009년 사토시 나카모토라는 사람이 만들었는데, 누구인지 아직까지 밝혀지지 않았어요. 비트코인은 실물은 없는 가상자산이에요. 딱 2100만 개만 만들 수 있고, 현재까지 95% 정도가 만들어졌어요. 신분을 밝혀야 만들 수 있는 은행 계좌와 달리, 비트코인은 익명성을 보장해요. 또한 거래 내역은 '블록체인'이라는 분산형 데이터 저장 기술을 통해 기록하는데 전 세계 여러 컴퓨터에 복사되어 저장되기 때문에 위조하거나 조작할 수 없어요.

물건도 사고, 투자도 하고!

2024년 당시 미국의 대선 후보였던 트럼프가 비트코인으로 햄버거를 사 먹으면서 화폐의 기능이 다시 한번 주목받았어요. 아프리카나 중남미처럼 나라에서 발행한 화폐 안정성이 떨어지는 곳에서는 비트코인이 결제 수단으로 자리잡고 있다고 해요. 우리나라에서도 비트코인을 이용할 수 있는 매장이 늘고 있어요. 비트코인은 물건을 사는 데 쓸 수 있을 뿐 아니라 가치 저장 수단이기도 해요. 주식에 투자하는 것처럼 비트코인에 투자하는 사람도 늘고 있지요.

전문가들은 미국이 가상자산에 대한 규제를 완화하면서 비트코인을 긍정적으로 보고 있다는 점과 미국과 세계적인 기업들이 비트코인을 사 모으고 있다는 점을 들어 비트코인의 가치는 더 높아질 거라고 해요.

똑똑한 배경지식

비트코인(Bitcoin)

인터넷에서만 사용하는 디지털 화폐로, 사람들끼리 직접 주고받을 수 있게 만들어졌어요. 2009년에 사토시 나카모토라는 사람이 처음 만들었고 블록체인 기술을 사용해 안전하게 관리돼요. 비트코인은 개수가 2100만 개로 정해져 있어서 가치가 계속 오르고 있어요. 지금은 물건을 거래하기도 하고 투자 수단으로 주목받고 있어요.

알쏭달쏭 어휘 풀이

- **명목 화폐**: 물건이 가진 실질적 가치와는 관계없이 표시되어 있는 화폐 단위로 통용되는 화폐. 지폐·동전 등을 말한다.
- **인플레이션**: 화폐 가치가 떨어지고 물가가 계속 올라 대중의 실제 소득이 감소하는 현상.
- **가상자산**: 인터넷이나 컴퓨터 안에서만 존재하며, 사람들이 사고팔 수 있는 디지털 자산.

✏️ 다음 빈칸에 알맞은 말을 쓰세요.

☐☐☐☐은 가상자산으로, 화폐와 투자 수단으로 가치가 빠르게 상승하고 있다.

✏️ 이 글을 통해 알 수 있는 내용에 ○, 알 수 없는 내용에 ×표 하세요.

- 비트코인은 정부와 은행에서 발행하는 명목 화폐이다. ( )
- 비트코인은 2100만 개까지만 만들 수 있다. ( )
- 비트코인은 물건을 살 때도, 투자를 할 때도 쓰인다. ( )

✏️ 생각해 보기

비트코인의 가치가 오른 이유에 대해 생각해 보세요.

만 원으로 점심을 못 먹는대요!

요즘 회사원들은 점심 사 먹기가 무섭다고 말해요. NHN페이코에 따르면, 서울 강남구 삼성동의 평균 점심 식대는 1만 5,000원이에요. 여의도·서초는 1만 3,000원, 마곡은 1만 2,000원은 내야 점심을 먹을 수 있어요. 수도권 전체 평균은 9,500원으로 2017년 6,000원에 비해 58%나 올랐어요.

점심값이 많이 올라서 간단한 식사를 찾는 사람이 늘고 있다.

'런치플레이션'에 편의점 인기

통계청에 따르면 저렴한 간편식의 대명사인 김밥 가격도 지난 5년 사이 39%가 올랐어요. 햄버거는 37%, 짜장면은 34%, 라면은 32%나 올랐어요. 점심값이 너무 많이 올라서, 점심을 뜻하는 '런치(Lunch)'와 물가 상승을 뜻하는 '인플레이션(Inflation)'이 합쳐진 '런치플레이션'이라는 신조어까지 등장했어요. 사람들은 점심값을 줄이기 위해 편의점이나 구내식당을 많이 찾는대요.

폭염에 고환율 더해져 물가 상승

점심값이 오른 데는 여러 이유가 있어요. 2025년 여름에는 폭염과 폭우 같은 이상기후 때문에 농수산물 가격이 올랐어요. 주로 외국에서 들여오는 밀가루·설탕·커피·버터 등 식재료 가격도 올랐어요. 2020년 1,100원대였던 달러 환율이 2025년에는 1,400원대가 되었거든요. 같은 양의 재료를 써도 돈이 더 드니 음식값이 비싸진 거예요. 그리고 농수산물이 생산자의 손을 떠나 우리 식탁에 오기까지 여러 단계를 거치면서 비용이 계속 늘어나는데, 이런 복잡한 유통 구조도 물가 상승 원인 중 하나예요.

저소득층에 더 큰 피해

음식 물가 상승은 특히 소득이 낮은 사람들에게 더 큰 부담이 돼요. 고소득층은 전체 소비의 20% 정도만 식비에 쓰는데, 소득이 낮은 사람들은 전체 소비의 40% 이상을 식비에 쓰거든요. 식비가 크게 오르면 다른 데 쓸 돈을 줄일 수밖에 없어요. 이런 문제를 해결하기 위해 정부의 노력이 필요해요. 수입품에 대한 세금을 낮추거나, 농가에 보조금을 주어 돕거나, 농산물 유통 과정을 간단하게 만드는 등 물가 안정 대책을 마련해야 해요.

똑똑한 배경지식

런치플레이션(Lunchflation)
점심을 뜻하는 '런치(Lunch)'와 물가 상승을 뜻하는 '인플레이션(Inflation)'을 합친 말로, 점심값이 많이 오르는 현상을 말해요. 물가가 올라서 같은 음식을 예전보다 더 비싼 가격에 사 먹게 되었어요. 직장인이나 학생들이 점심값에 부담을 느끼면서 도시락을 싸거나 간단히 먹는 일이 많아졌어요.

알쏭달쏭 어휘 풀이

- ◆ **식재료**: 음식을 만드는 데 쓰는 재료.
- ◆ **환율**: 자기 나라 돈과 다른 나라 돈의 교환 비율.
- ◆ **물가 안정**: 물건값이 급격하게 오르거나 내리지 않고 일정하게 유지되는 상태.

✏️ **다음 빈칸에 알맞은 말을 쓰세요.**

2020년 1,100원대이던 달러 ☐☐이 2025년 1,400원대가 되며 음식값도 영향을 받았다.

✏️ **이 글을 통해 알 수 있는 내용에 ○, 알 수 없는 내용에 ×표 하세요.**

- 김밥처럼 간단한 음식값은 오르지 않아서 직장인들이 많이 이용한다. ( )
- 점심값 상승의 이유는 이상기후, 고환율, 복잡한 유통 구조 때문이다. ( )
- 소득이 낮을수록 식비가 차지하는 비중이 커서 물가 상승의 피해가 더 크다. ( )

✏️ **생각해 보기**

런치플레이션을 해결하기 위해 어떤 노력이 필요할까요?

....

....

순살 치킨이 비싸질 거라고요?

2025년 5월 브라질의 양계장에서 키우던 닭들이 조류독감(AI)에 걸렸어요. 브라질에서 이런 병이 생긴 건 처음 있는 일이라고 해요. 세계에서 가장 많은 닭을 수출하는 나라, 브라질은 조류독감 때문에 두 달 동안 닭고기를 수출하지 않기로 했어요.

브라질에서 발생한 조류독감 때문에 우리나라 치킨값도 흔들릴 수 있다.

우리나라 치킨값에 비상등!

이 소식이 우리나라에도 걱정거리를 만들고 있어요. 학교 급식에서 나오는 닭고기나, 마트나 편의점에서 싸게 살 수 있는 치킨, 그리고 닭강정처럼 순살 닭고기 음식들은 대부분 브라질 닭고기로 만들어요. 값이 싸고 구하기도 쉽기 때문이에요. 우리나라가 수입하는 닭고기 10마리 중에서 8~9마리가 브라질 닭이지요. 이를 수입하지 못하게 되면, 닭고기로 만든 음식들이 비싸질 수 있어요.

왜 하필 먼 브라질에서 수입할까?

브라질은 비행기를 타고 하루 종일 가야 할 만큼 아주 먼 나라예요. 그런데도 우리나라가 브라질에서 닭고기를 수입하는 이유가 있어요. 브라질 닭은 우리나라에서 키우는 닭보다 몸집이 훨씬 더 크고 살도 도톰해서 더 많은 고기를 얻을 수 있지요. 또 다른 이유는 바로 가격이에요. 브라질 닭고기가 우리나라 닭고기의 절반 정도 가격으로 저렴해요. 브라질에서는 닭들이 먹는 사료를 훨씬 싸게 만들 수 있기 때문이에요. 인건비도 우리나라보다 30~40% 정도 더 낮답니다.

순살 치킨 가격, 오를까?

브라질 닭고기의 수입이 막히자 치킨 가게 사장님들의 걱정이 늘었어요. 순살 치킨을 만들 때 브라질 닭고기를 많이 썼거든요. 만약 우리나라 닭을 쓰게 되면 돈이 훨씬 더 많이 들고, 닭이 부족해져서 치킨 가격이 더 비싸질 수도 있었어요. 하지만 다행히도 우리나라 정부에서 2025년 6월 말부터 브라질 닭고기를 다시 수입하기로 결정했어요. 브라질 농장 중에서도 닭들이 병에 걸리지 않은 안전한 곳에서 키운 닭들만 가져오기로 했어요. 그리고 우리나라에는 미리 수입한 닭고기가 2~3달치 정도 있어서 가격을 올리지 않아도 됐어요. 이제 순살 치킨을 안심하고 먹을 수 있겠지요?

똑똑한 배경지식

조류독감(AI; Avian Influenza)
닭·오리와 같은 조류가 걸리는 바이러스 전염병을 말해요. 닭이나 오리가 조류독감에 걸리면 숨 쉬기 힘들어하고 배탈이 나 설사를 해요. 조류독감이 위험한 이유는 사람에게도 전염되기 때문이에요. 증상이 심하면 목숨을 잃을 수도 있지요.

알쏭달쏭 어휘 풀이

- **수출**: 국내의 상품이나 기술을 외국으로 팔아 내보냄.
- **수입**: 다른 나라로부터 상품이나 기술을 국내로 사들임.
- **인건비**: 사람을 일하게 하는 데 드는 비용.

✏️ **다음 빈칸에 알맞은 말을 쓰세요.**

브라질의 양계장에서 닭들이 ☐☐☐☐에 걸려 두 달 동안 수출이 금지되었다.

✏️ **이 글을 통해 알 수 있는 내용에 ○, 알 수 없는 내용에 ×표 하세요.**

- 브라질은 전 세계에서 닭고기를 가장 많이 수출하는 나라다. ( )
- 우리나라의 순살 치킨은 브라질에서 수입한 닭고기를 주로 쓴다. ( )
- 당분간 브라질 닭고기를 수입할 수 없어서 국내 치킨값이 2배로 뛰었다. ( )

✏️ **생각해 보기**

우리나라에서 브라질 닭고기를 많이 수입하는 이유는 무엇일까요?

....

....

다이소 화장품, 왜 인기 많을까요?

화장품을 살 때는 보통 화장품 가게나 올리브영에 가요. 그런데 요즘에는 다이소를 찾는 사람이 늘었어요. 다이소의 2024년 화장품 매출은 2023년보다 2배 넘게 증가했어요. 다이소에서 파는 화장품 종류도 다양해졌어요. 다이소를 찾는 사람들이 많다 보니 다양한 화장품 회사에서 다이소 전용 화장품을 만들고 있어요. 브랜드는 60개, 판매 상품은 500가지가 넘어요. 아모레퍼시픽의 다이소 전용 스킨케어 브랜드 '미모 바이 마몽드'는 4개월 만에 100만 개가 넘게

다이소 화장품은 크기가 작고, 광고비를 쓰지 않아 가격이 저렴하다.

팔렸어요. 애경산업의 색조 브랜드 '투에딧'은 다이소에 들어온 지 7개월 만에 130만 개가 팔렸고, LG생활건강의 여드름 케어 제품 '바이 오디티디'도 9개월 만에 100만 개가 팔렸어요.

화장품 광고비 줄여서 가격 깎아

다이소 화장품이 인기가 많은 이유는 가격이 저렴하기 때문이에요. 그래서 용돈이 넉넉하지 않은 학생들이 많이 찾게 되지요. 외국인 여행객들에게도 좋은 한국 화장품을 저렴하게 살 수 있는 곳이라고 소문이 나서 다이소 명동점이 'K뷰티의 성지'로 떠오르기도 했어요. 그렇다면 어떻게 이렇게 저렴하게 팔 수 있을까요?

우선 광고비를 줄였어요. 보통 화장품을 광고하기 위해 유명 연예인들을 섭외하는데 다이소는 광고를 거의 하지 않아요. 그리고 대량생산을 해서 가격을 낮춰요. 전국 1,500개 매장에서 동시에 팔 수 있기 때문에 한 번에 많이 만들 수 있지요. 화장품을 작게 만드는 것도 방법이에요. 대용량 화장품은 다 쓰지 못하고 유통기한이 지나 버릴 수도 있거든요. 그래서 '미니 화장품'에 대한 관심이 높아지고 있는데 다이소는 소용량 화장품을 만들어 가격을 낮췄어요. 미니 화장품은 들고 다니기도 편하지요.

경기가 좋지 않을 때는 '가성비'가 최고

요즘 경기가 좋지 않아서 '가성비'를 중요하게 여기는 사람들이 많아졌어요. 가격은 싸지만 품질은 좋은 물건을 찾는 사람들이 늘었지요. 대부분의 기업이 경기 침체로 실적이 좋지 않은데 다이소는 이런 이유로 2024년에 4조 원 가까운 매출을 기록했어요. 2023년보다 14.7%나 늘어난 것이지요.

똑똑한 배경지식

가성비
가성비는 '가격 대비 성능 비율'의 줄임말이에요. '가성비가 좋다'는 말은 가격은 싸면서도 성능에 대한 만족도는 높은 것을 의미해요. 같은 가격이라면 더 좋은 품질을, 같은 품질이면 더 저렴한 가격을 선호하는 사람들이 많아지면서 나온 말이에요. 요즘에는 '가격 대비 심리적인 만족감'을 의미하는 '가심비'라는 말도 생겼어요.

알쏭달쏭 어휘 풀이

- **섭외**: 연락을 취하여 의논함.
- **대량생산**: 기계를 이용하여 동일한 제품을 대량으로 만들어 내는 일.
- **경기**: 매매나 거래에 나타나는 호황·불황의 경제 활동 상태.

✏️ 다음 빈칸에 알맞은 말을 쓰세요.

다이소의 2024년 화장품 ☐☐은 2023년에 비해 2배 넘게 증가했다.

✏️ 이 글을 통해 알 수 있는 내용에 ○, 알 수 없는 내용에 ×표 하세요.

- 다이소의 2024년 매출은 전년도에 비해 줄어들었다. ( )
- 다이소는 광고비를 줄여 화장품 가격을 낮췄다. ( )
- 다이소 화장품은 소용량 화장품을 판매한다. ( )

✏️ 생각해 보기

다이소의 화장품이 경기가 안 좋을 때 인기가 많은 이유를 생각해 보세요.

망고 빙수, 비싸도 잘 팔려요

14만 9,000원. 포시즌스 호텔 서울에서 2025년 여름에 선보인 '제주 애플망고 빙수' 한 그릇 가격이에요. 빙수가 이렇게 비싼데도 주말이면 호텔에 앉을 자리가 없대요. 망고 빙수, 왜 이렇게 비싸진 걸까요?

빙수는 곱게 간 얼음 위에 팥 또는 다양한 과일을 올린 여름철 대표 디저트다.

망고 빙수, 언제부터 비싸진 걸까?

2008년 제주신라호텔이 제주산 애플망고로 만든 빙수를 처음 선보였어요. 이 빙수가 서울에도 소문이 나면서 2011년에 서울신라호텔에서 선보인 이후 선풍적인 인기를 끌었어요. 그러자 다른 호텔에서도 앞다퉈 비슷한 제품을 출시했지요. 수박이나 멜론 등 다양한 여름 과일로 만든 빙수가 도전장을 던졌지만, 애플망고 빙수의 인기를 이길 수는 없었어요. 가격은 서울신라호텔에서 2011년에 2만 9,000원이었는데 2025년에는 11만 원으로 3.8배 정도 올랐어요. 호텔에서는 제주산 애플망고가 워낙 비싼 데다가, 인건비와 공간 사용료가 포함되어 빙수 가격이 비쌀 수밖에 없다고 설명했어요.

경기 안 좋을 땐 스몰 럭셔리 인기

이렇게 비싼 가격에도 망고 빙수가 인기를 끄는 이유는 '스몰 럭셔리(Small Luxury)' 효과 때문이에요. 특급호텔에서 잠을 자려면 하룻밤에 수십만 원에 달하지만, 호텔에서 디저트를 사 먹는 비용은 그보다 저렴하거든요. 경기가 좋지 않을수록 비싼 명품 브랜드에서 나온 제품들 가운데 상대적으로 가격이 저렴한 립스틱이 많이 팔리는 것과 비슷한 이치예요. 예쁜 사진을 소셜미디어(SNS)에 공유하고 싶어 하는 젊은 층의 마음을 사로잡는 데도 성공했어요. 호텔도 여름마다 망고 빙수가 SNS에 자주 올라오면 새로운 고객을 유입시킬 수 있어 좋지요.

가성비, 1인용 컵 빙수도 인기

2025년 여름에는 호텔 빙수와는 반대로 가성비를 앞세운 컵 빙수도 함께 인기를 끌었어요. 보통 빙수는 양이 많아서 여럿이 함께 나눠 먹어야 하지만, 컵 빙수는 혼자서 먹기 좋은 양이거든요. 가격도 5,000원 안팎으로 일반 음료와 큰 차이가 없어요. 메가MGC커피·컴포즈커피·이디야커피 등 다양한 커피 브랜드들에서 컵 빙수를 선보였어요.

똑똑한 배경지식

스몰 럭셔리(Small Luxury)
큰 비용을 들이지 않고 일상 속에서 소소한 사치를 즐기는 것을 말해요. 예를 들어 고급 커피 한 잔이나 좋은 향초, 특별한 디저트 등이 이에 해당해요. 이런 소비는 작은 행복과 만족을 느끼게 함으로써 일상에 활력을 주고 스트레스를 줄여 줘요.

알쏭달쏭 어휘 풀이

- **선풍적**: 사회에 큰 영향을 미치거나 관심의 대상이 될 만한 것.
- **경기**: 매매나 거래에 나타나는 호황 또는 불황 등의 경제 활동 상태.
- **유입**: 어떠한 것이 흘러들어 오다.

✏️ 다음 빈칸에 알맞은 말을 쓰세요.

☐☐가 좋지 않을수록 명품 브랜드 제품 중에서 비교적 저렴한 립스틱 판매가 증가한다.

✏️ 이 글을 통해 알 수 있는 내용에 ○, 알 수 없는 내용에 ×표 하세요.

- 애플망고 빙수 가격에는 과일값과 인건비, 공간 사용료가 포함되어 있다. ( )
- 스몰 럭셔리란 큰 비용을 들여 사치하는 것을 말한다. ( )
- 요즘은 가성비가 뛰어난 1인용 컵 빙수도 인기를 끌고 있다. ( )

✏️ 생각해 보기

호텔 망고 빙수와 스몰 럭셔리는 어떤 관련이 있나요?

나도 '당근' 할 수 있나요?

"혹시 당근이세요?" 누군가 이런 대화를 하고 있다면 상대방에게 채소냐고 물어보는 게 아니에요. 온라인에서 안 쓰는 물건을 사고파는 '당근'이라는 앱을 통해 물건을 거래하기로 한 사람인지 묻는 말이지요. 2015년에 생긴 당근은 2024년 11월 가입자가 4000만 명을 돌파했다고 밝혔어요. 그렇다면 초등학생인 나도 당근을 이용할 수 있을까요?

온라인을 통한 중고 거래가 확산되면서 그에 따른 분쟁도 늘고 있다.

만 14세 이상만 당근 가입 가능

당근은 만 14세 이상만 가입할 수 있어요. 그런데 휴대전화 번호로 본인인지 확인하는 절차가 없어서 사실상 초등학생이 가입해도 막을 수 없어요. 대신 만 14세 미만인 것 같다고 의심되는 사람은 다른 사람이 신고할 수 있게 해 두었어요.

그렇다면 왜 당근을 초등학생은 이용하지 못하게 하는 걸까요? 물건을 사고파는 사람들은 보통은 직접 만나서 물건을 주고받아요. 그런데 그때 나쁜 사람이 나타날 수도 있어요. 특히 어린이들은 더 위험할 수 있지요. 실제로 그런 범죄가 일어나기도 했고요.

보호자 동의 없었다면 취소 가능

물건을 사고팔기로 약속하는 것은 '계약'에 해당돼요. 중고 물건이라도 마찬가지예요. 우리나라 법에서는 미성년자를 보호하기 위해서, 보호자 허락 없이 미성년자가 혼자 한 계약은 취소할 수 있어요. 하지만 미성년자가 가짜 서류를 만들어서 '성인'이라고 말하거나 '부모님 허락을 받았다'라고 속였다면, 거래를 취소하는 것이 불가능해요.

안전하게 당근을 이용하려면?

중고 거래에서 피해를 입지 않기 위해서는 물건을 거래하기 전에 보호자와 충분히 상의하는 것이 좋아요. 물건을 주고받을 때는 폐쇄회로TV(CCTV)가 있고 사람들이 많이 다니는 곳을 택하고, 보호자나 친구와 같이 가면 더 안전하지요. 물건값은 그 자리에서 바로 현금으로 주고받는 게 좋아요. 판매자의 이름이나 연락처를 미리 알 수 있다면 더치트(thecheat.co.kr)처럼 믿을 만한 사람인지 검증하는 사이트에서 미리 검색해 보아요. 원래 가격보다 너무 싼 물건은 사기일 수 있다는 점도 꼭 기억하세요.

똑똑한 배경지식

계약

계약은 법적으로 두 사람 이상이 어떤 일을 하기로 서로 약속하는 거예요. 예를 들어 한 사람이 물건을 팔고 다른 사람이 돈을 주기로 한다면 법으로 인정되는 계약이에요. 계약은 서로 동의하고, 내용이 합법적이며, 약속을 지킬 의사가 있어야 성립돼요. 이렇게 성립된 계약은 법적으로 보호받기 때문에 누군가 약속을 어기면 법에 따라 책임을 져야 해요. 그래서 계약은 법적인 힘을 가진 중요한 약속이랍니다.

알쏭달쏭 어휘 풀이

- **돌파**: 일정한 기준이나 기록을 넘어서다.
- **계약**: 서로 지켜야 할 의무에 대해 글이나 말로 정한 약속.
- **미성년자**: 만 19세 미만의 사람.

✏️ 다음 빈칸에 알맞은 말을 쓰세요.

'당근'과 같은 온라인 ☐☐ 거래를 할 때는 반드시 보호자의 허락과 동행이 필요하다.

✏️ 이 글을 통해 알 수 있는 내용에 ○, 알 수 없는 내용에 ×표 하세요.

- 당근은 만 14세 이상이어야 가입할 수 있지만 사실상 그보다 어려도 가입 가능하다. ( )
- 중고 거래는 계약에 해당하지 않는다. ( )
- 초등학생이 부모님 허락 없이 물건을 사고팔았다면 거래를 취소할 수 있다. ( )

✏️ 생각해 보기

온라인으로 중고 물품을 거래할 때 안전하게 거래하려면 어떻게 해야 할까요?

왜 배민과 티빙이 손을 잡았을까요?

우리나라 배달 음식 플랫폼 1위는 바로 배달의민족(배민)이에요. 그런데 배민이 최근 국내 온라인 동영상 서비스(OTT) 1위인 티빙과 손을 잡았어요. 두 회사는 2025년 6월 통합 멤버십을 출시하고 가입한 첫 달에는 배민 클럽 요금 1,990원에 100원만 더 내면 티빙을 볼 수 있게 했어요.

음식 배달 경쟁이 치열해지며 회사마다 새로운 멤버십과 혜택들을 내놓고 있다.

배민, 선두 지키기 위해 혜택을 늘렸어요

배민이 이런 마케팅을 하게 된 이유는 바로 쿠팡이츠가 무섭게 쫓아오고 있기 때문이에요. 데이터 분석 회사인 아이지에이웍스가 집계한 바에 따르면 2025년 6월 배민의 월간 활성 사용자 수(MAU)는 2228만 명이에요. 2위 쿠팡이츠보다 2배나 많은 수예요. 하지만 배민을 이용하는 사람은 33만 명(1.45%)이 줄어든 반면 쿠팡이츠는 124만 명(12.38%)이 늘었어요. 쿠팡이츠를 이용하는 사람이 증가한 이유는 온라인 쇼핑 사이트 쿠팡과 연계된 편리함 덕분이에요. 쿠팡 유료 멤버십 회원이라면 월 7,890원에 쿠팡·쿠팡이츠뿐 아니라 쿠팡이 제공하는 OTT 서비스인 쿠팡플레이를 모두 이용할 수 있거든요. 배민도 이에 맞서기 위해 OTT 서비스 혜택을 추가한 것이지요.

티빙은 왜 배민과 함께할까요?

OTT 사이에서도 경쟁이 점점 치열해지고 있어요. 2025년 6월 월간 활성 사용자 수는 넷플릭스가 1450만 명으로 1위예요. 티빙이 728만 명으로 2위, 쿠팡플레이는 696만 명으로 3위, 웨이브는 430만 명으로 4위이지요. 글로벌 OTT인 넷플릭스에 맞서기 위해 티빙과 웨이브가 손을 잡았지만, 두 회사를 이용하는 사람을 모두 합쳐도 넷플릭스 쪽이 훨씬 많아요. 그래서 티빙은 배민과 함께하는 것처럼 다양한 방식으로 마케팅을 시도하고 있어요.

쿠팡·네이버도 충성 고객 모시기에 바빠요

요즘 쿠팡·네이버 등 대형 온라인 플랫폼들은 고객을 묶어두기 위한 구독 서비스 경쟁이 치열해요. 쿠팡플레이는 일반 회원도 일부 콘텐츠를 무료로 볼 수 있게 하거나 스포츠 중계 독점권을 활용하고 있어요. 네이버도 네이버플러스 멤버십에 가입하면 넷플릭스를 볼 수 있게 하고, 마이크로소프트(MS) 엑스박스와 손잡고 젊은 남성 고객층을 공략하고 있어요.

똑똑한 배경지식

마케팅(Marketing)

마케팅은 사람들이 어떤 상품이나 서비스를 사고 싶게 만드는 모든 활동이에요. 좋은 상품을 만들고, 그걸 사람들에게 알리고, 사고 싶게 만드는 거죠. 예를 들어 광고, 할인 행사, 제품 디자인, SNS 활동 등이 모두 마케팅에 포함돼요.

알쏭달쏭 어휘 풀이

- **연계하다**: 어떤 일이나 사람과 관련하여 관계를 맺다.
- **제휴하다**: 행동을 함께하기 위하여 서로 붙들어 도와주다.
- **독점권**: 특정 기업이나 개인이 어떤 상품이나 서비스를 시장에서 단독 공급할 수 있는 권리.

✏️ 다음 빈칸에 알맞은 말을 쓰세요.

배민과 티빙은 경쟁사에 맞서 충성 ☐☐을 늘리기 위해 손을 잡았다.

✏️ 이 글을 통해 알 수 있는 내용에 ○, 알 수 없는 내용에 ×표 하세요.

- 배달의민족은 쿠팡이츠와 경쟁하기 위해 티빙과 손잡고 멤버십 혜택을 늘렸다. ( )
- 쿠팡이츠 사용자 수는 배민을 거의 따라잡아 사용자 수가 비슷한 수준이다. ( )
- 넷플릭스 사용자는 티빙과 웨이브를 합친 사용자보다 많다. ( )

✏️ 생각해 보기

배민과 티빙이 손을 잡은 이유가 무엇인지 적어 보세요.

폭염 속, 몰캉스가 떴다!

2025년 여름은 뜨거운 햇볕 때문에 밖에서 놀기 힘든 날이 많았어요. 그래서 많은 사람들이 시원한 곳을 찾아다녔는데 바다나 계곡이 아닌, 대형 쇼핑몰에 몰렸다고 해요. 휴일이나 연휴를 쇼핑몰에서 보내는 사람들도 늘고 있어요. 이렇게 대형 쇼핑몰에서 휴가를 즐긴다는 의미로 '몰캉스', '몰케이션'이란 말도 생겨났어요.

유명 가수의 앨범 홍보를 위한 팝업 전시가 열린 서울 여의도의 한 쇼핑몰.

무더위 심해지자 대형 쇼핑몰 인기

시원한 실내에서 외식을 즐기고 쇼핑하는 사람들이 늘어나면서 백화점과 아웃렛 같은 대형 쇼핑몰은 손님이 훨씬 늘었어요. 유통업계에 따르면 전국 대부분 지역에 폭염 특보가 있었던 2025년 7월 26~27일 이틀 동안의 매출은 지난해 같은 기간보다 롯데백화점 16%, 신세계백화점 15.1%, 현대백화점 15.8% 등으로 크게 늘었다고 해요. 방문객 수 또한 롯데와 현대는 10%, 신세계는 12.5%로 늘었어요. 특히 롯데에서는 에어컨과 선풍기 같은 가전제품이 많이 팔려서 매출이 60%나 뛰었다고 해요.

맛집과 다양한 문화 공간 늘어

너무 더워서 밖에 나갈 엄두가 안 날 때 시원한 에어컨이 나오는 쇼핑몰은 최고의 피서 장소였어요. 식당 예약 서비스인 캐치테이블의 최근 분석에 따르면 2024년 여름 동안 서울·경기·인천 지역의 복합 쇼핑몰 안에 있는 맛집 대기 등록 수는 무더위가 심해질수록 증가했다고 해요.

가족 단위로 방문하는 고객들이 늘면서 쇼핑몰들은 다양한 체험을 할 수 있는 팝업 스토어를 열었어요. 스타필드 수원점은 8월 쇼핑몰 내에서 파충류나 곤충 등을 가까이서 관찰해 볼 수 있는 팝업으로 가족 방문객들에게 즐거움을 줬어요.

호캉스·북캉스 등 새로운 피서 문화

더운 날씨 때문에 몰캉스 말고도 재미있는 말들이 생겨났어요. 도심 속 호텔에서 피서를 즐기는 '호캉스(호텔+바캉스)', 도서관에서 책을 읽으며 연휴를 즐기는 '북캉스(책+바캉스)'라는 말도 생겼지요. 이처럼 유난히 더웠던 여름 날씨 때문에 사람들의 피서 문화도 새롭게 바뀌고 있어요.

똑똑한 배경지식

팝업 스토어(Pop-up Store)
팝업 스토어는 짧은 기간 동안 임시로 열리는 가게예요. 상품을 소개하거나 브랜드를 알리기 위해 사람들이 많이 다니는 곳에 열어요. 쇼핑몰이나 거리 한쪽에 잠깐 나타났다 사라지는 모습이 마치 온라인 사이트의 '팝업창'처럼 보여서 이런 이름이 붙었어요. 소비자의 반응도 살피고, 제품이나 브랜드와 관련된 재미있는 경험을 주는 마케팅 방법 중 하나예요.

알쏭달쏭 어휘 풀이

- **아웃렛(Outlet)**: 브랜드 제품을 할인된 가격에 판매하는 복합 쇼핑 매장.
- **특보**: 위험한 기상 현상이나 재난 발생 가능성을 경고하기 위해 발령하는 공식 발표.
- **팝업 스토어**: 특정 제품을 일시적 기간에만 판매하고 사라지는 매장.

✏️ 다음 빈칸에 알맞은 말을 쓰세요.

폭염으로 인해 사람들이 대형 쇼핑몰에서 휴가를 즐기는 ☐☐☐가 많아졌다.

✏️ 이 글을 통해 알 수 있는 내용에 ○, 알 수 없는 내용에 ×표 하세요.

- 몰캉스는 바다나 계곡에서 휴가를 즐기는 것을 말한다. ( )
- 더위가 심해지면서 백화점 매출이 늘었다. ( )
- 호캉스는 호텔에서 피서를 즐기는 새로운 휴가 문화다. ( )

✏️ 생각해 보기

폭염은 우리 생활에 어떤 변화를 가져왔나요?

Section 02

국제

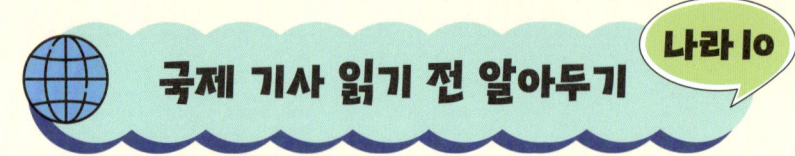

국제 기사 읽기 전 알아두기 — 나라 10

일본

일본은 아시아 동쪽에 있는 섬나라예요. 우리나라는 나라의 대표를 대통령이라고 부르지만 일본은 총리라고 불러요. 그리고 일왕이 있지요. 세계에서 고령화율이 가장 높고, 인구가 감소하고 있는 나라이지요. 장기 불황으로 오랜 시간 마이너스 금리를 유지해 왔고, 엔화 가치가 떨어져 '슈퍼 엔저'로 불렸어요. 최근 17년 만에 기준 금리를 인상하며 다시 엔화 가치가 상승하고 있어요. 관광객 증가로 인한 불편함으로 관광세를 올리려 하고 있어요.

중국

중국은 아시아 대륙 동부에 있고 세계에서 인구가 인도에 이어 2번째로 많은 나라예요. 중국은 공산당이 통치하고 있고, 중앙 정부가 사회의 많은 부분을 관리해요. 경제가 아주 빠르게 성장해서 자동차·전자제품·스마트폰 같은 물건들을 많이 만들고 수출해요. 하지만 최근 경제 발전 속도가 느려지자 공무원들까지 허리띠를 졸라매고 있어요. 요즘 중국 기업들은 AI 기술 연구에 큰 투자를 하고 있어서, AI 분야에서도 빠르게 힘을 키우고 있어요.

미국

미국은 북아메리카 대륙에 있는 나라로 수도는 워싱턴 D.C.예요. 세계에서 경제와 군사력이 가장 강한 나라 중 하나이며, 여러 나라 사람들의 문화가 모여 있는 다문화 국가예요. 민주주의 제도를 갖추고 있어서 대통령을 선거로 뽑고 시민들이 자유롭게 의견을 말할 수 있어요. 할리우드 영화, 재즈와 힙합 음악, 맥도날드 같은 음식 문화가 세계적으로 퍼져 있어요. 최근에는 인공지능(AI)과 우주 탐사 분야에서 많은 연구와 투자가 이루어지고 있으며, 세계 기술 발전을 이끌고 있어요.

바티칸 시국

바티칸이라고도 불러요. 남유럽인 이탈리아 로마 안에 위치한 도시국가예요. 면적은 44만㎡로, 지구에서 가장 작은 미니국가입니다. 성베드로대성당, 성베드로광장, 교황의 거처 및 교황청사무실이 있는 궁전 등이 있어요. 국가 원수는 로마 주교이자 전 세계 가톨릭 주교단의 단장인 교황이에요. 교황은 바티칸의 통치자일 뿐 아니라 가톨릭교회의 수장으로 전 세계 교회에 대하여 직접적 통치권을 갖고 있어요.

러시아와 우크라이나

러시아는 세계에서 가장 넓은 영토를 가진 나라로, 유럽과 아시아 대륙에 걸쳐 있어요. 천연가스와 석유 같은 자원이 풍부해서 에너지 강국이기도 해요. 차이콥스키 음악, 톨스토이 문학 등 세계적으로 유명한 문화유산도 많아요. 우크라이나는 유럽 동부에 있는 나라예요. 비옥한 토양 덕분에 농산물이 많이 나와 '유럽의 빵공장'이라고도 불려요. 두 나라는 역사적으로 오랫동안 연결되어 있었지만 우크라이나가 러시아에서 독립한 이후 점점 다른 길을 걸어왔어요. 2014년 크림반도 문제가 발생하면서 관계가 크게 악화되었어요. 그리고 2022년 2월에 러시아가 우크라이나를 침공하면서 전쟁이 시작되어 지금까지 갈등이 이어지고 있어요.

이스라엘과 팔레스타인

이스라엘은 중동에 있는 나라로, 유대인의 오랜 역사와 종교적 전통을 바탕으로 1948년에 세워진 나라예요. 이스라엘의 예루살렘은 유대교·기독교·이슬람교 모두에게 중요한 성지예요. 팔레스타인은 이스라엘과 같은 지역에 살고 있는 아랍 민족으로, 가자 지구와 서안 지구에 주로 거주하고 있어요. 팔레스타인 사람들은 독립된 나라를 세우려고 노력하고 있어요. 이스라엘과 팔레스타인은 역사와 땅을 둘러싼 갈등 때문에 오랫동안 대립해 왔어요. 여러 차례 전쟁과 분쟁이 있었고, 2023년 10월 팔레스타인 무장 단체가 이스라엘 여러 지역을 공격하며 충돌이 다시 시작됐어요. 국제 사회 역시 두 나라의 평화를 어떻게 이룰지를 큰 과제로 삼고 있어요.

이란

중동에 위치한 나라로 남한보다 16배 큰 영토를 가지고 있어요. 석유와 가스, 광물 등 천연자원이 풍부해요. 이슬람교를 바탕으로 법률 체계를 가지고 있는 이슬람 근본주의 사회예요. 이란은 역사도 오래되고 멋진 문화가 많은 나라지만 다른 나라들과 생각이 달라서 뉴스에 자주 나와요. 특히 미국이나 유럽 나라들과는 핵무기 문제 때문에 갈등이 있어요. 2025년 미국은 이란의 핵 시설을 파괴하는 공격을 감행하기도 했답니다.

아르헨티나

남아메리카 남부에 위치한 연방 공화국으로, 수도는 부에노스아이레스예요. 땅이 넓고 자연이 풍부해서 19세기에서 20세기 초에는 농업·목축업으로 세계 10대 경제 대국으로 꼽혔어요. 그러나 중공업·제조업 등으로 산업을 전환하는 데 실패했고, 1929년 세계 대공황의 여파로 경제적으로 큰 타격을 입게 되어 강대국 대열에서 이탈하게 됐어요. 한때는 '강도도 아르헨티나 돈은 안 가져간다'고 할 만큼 경제 사정이 안 좋았지만, 최근 대통령이 바뀌면서 안정을 찾고 있어요.

우리나라는 과연 선진국일까요?

2025년 7월 국무조정실이 발표한 '광복 80년 국민인식조사' 결과에 따르면 우리나라가 선진국이라고 생각하는 사람은 27.8%밖에 안 됐어요. 하지만 여러 국제 기준으로 우리나라는 선진국으로 분류되고 있어요.

서울 전경. 우리나라는 짧은 시간에 다른 나라에 도움을 주는 나라로 성장했다.

1인당 국내총생산 3만 달러 넘어

선진국이란 '다른 나라보다 정치·경제·문화의 발달이 앞선 나라'를 말해요. 국가 간에 발달 정도를 비교하는 상대적인 개념이기 때문에 어떤 기준으로 보느냐에 따라 달라지지요. 가장 많이 사용되는 기준은 1인당 국내총생산(GDP)이에요. 보통 1인당 국내총생산이 3만 달러(약 4274만 원)가 넘으면 선진국으로 분류하지요. 우리나라는 2017년 처음으로 3만 달러를 넘겼어요. 2024년 기준으로는 1인당 국내총생산이 3만 5132달러(약 5012만 원)로, 일본(3만 2859달러)과 대만(3만 3234달러)을 앞질렀지요.

도움받던 나라에서 도와주는 나라로

국제기구들도 우리나라를 선진국으로 인정하고 있어요. 우리나라는 1996년에 '선진국 클럽'이라고 불리는 경제협력개발기구(OECD)에 가입하면서 세계 무대에서 목소리를 내기 시작했어요. 또한 2010년에는 경제협력개발기구 개발원조위원회(DAC)에 가입하면서 도움을 받는 나라에서 도움을 주는 나라로 바뀌었어요. 유엔무역개발회의(UNCTAD)도 2021년에 우리나라를 선진국 그룹으로 변경했어요.

주식시장에서는 아직 도전 중

하지만 주식시장에서는 아직 부족한 면이 있어요. 영국 <파이낸셜타임스> 스톡익스체인지(FTSE) 지수는 우리나라를 2009년부터 선진국으로 분류했지만, 미국 모건스탠리캐피털인터내셔널(MSCI) 지수는 신흥국으로 분류하고 있어요. 우리나라의 증권 시장 규모나 기업 경쟁력은 높은 평가를 받고 있지만, 제도적인 부분이나 외국인 투자자들의 접근성을 높이려는 노력이 더 필요하다는 이유 때문이에요. 정부와 한국은행은 내년에는 주식시장에서도 선진국으로 분류될 수 있도록 팀을 짜서 계획을 세우며 노력하고 있어요.

똑똑한 배경지식

경제협력개발기구(OECD; Organization for Economic Cooperation and Development)
세계 여러 나라가 함께 모여 경제 발전과 무역, 복지 향상을 위해 협력하는 국제기구예요. 1961년에 만들어졌으며 주로 선진국들이 회원으로 참여하고 있어요. 회원국들은 서로 정책을 비교하고 더 나은 방향으로 발전할 수 있도록 정보를 나누고 협력해요. 우리나라는 1996년에 가입했어요.

알쏭달쏭 어휘 풀이

- **상대적**: 서로 맞서거나 비교되는 관계에 있는 것.
- **신흥국**: 선진국은 아니지만 경제·산업 등이 빠르게 성장하고 있는 국가.
- **접근성**: 누구나 쉽게 정보나 서비스에 접근하고 이용할 수 있도록 만드는 것.

✏️ **다음 빈칸에 알맞은 말을 쓰세요.**

우리나라는 경제 지표와 국제 평가에서는 ☐☐☐이지만, 주식시장에서는 도전 중이다.

✏️ **이 글을 통해 알 수 있는 내용에 ○, 알 수 없는 내용에 ✕표 하세요.**

- 우리나라는 2017년 처음으로 1인당 국내총생산이 3만 달러를 넘었다. ( )
- 우리나라는 경제협력개발기구에 가입되어 선진국으로 인정받고 있다. ( )
- 미국의 국제 주식 지수에서 우리나라는 선진국으로 분류되고 있다. ( )

✏️ **생각해 보기**

내가 꿈꾸는 선진국은 어떤 나라인지 생각해 보세요.

전 세계에서 불티나게 팔리는 불닭볶음면!

불닭볶음면의 인기가 식지 않고 있어요. 2012년 출시 이후 13년이 지났는데 지금도 여전히 많은 사람들이 좋아하는 라면이에요. 불닭볶음면이 이렇게 오랫동안 사랑받는 비결은 무엇일까요?

해외 마트 선반을 채운 한국 라면들.

SNS 먹방 챌린지로 전 세계에 퍼져

불닭볶음면이 처음 외국에 알려진 것은 소셜미디어(SNS) 챌린지 덕분이에요. 엄청나게 매운맛을 자랑하는 라면으로 소문이 나면서 불닭볶음면 먹방에 도전하는 사람들이 늘어났죠. 유튜브나 틱톡에서 '불닭볶음면 챌린지', '스파이시 누들 챌린지' 등 다양한 이름으로 퍼져 나갔어요. 매운 음식을 즐기는 아시아 나라들은 새로운 매운맛에 열광했고, 매운맛이 익숙하지 않은 유럽이나 북미 나라들은 낯선 맛에 호기심을 느꼈어요.

K콘텐츠 덕분에 더 친숙한 라면

K콘텐츠 열풍도 불닭볶음면의 인기에 힘을 실어 줬어요. 방탄소년단(BTS) 정국이 라이브 방송에서 불닭볶음면을 먹는 모습이나 블랙핑크 로제가 가방에 불닭 소스를 넣어 다니는 모습 등이 퍼지면서 더 유명해졌지요. 영화 〈기생충〉, 드라마 〈오징어 게임〉 같은 콘텐츠에도 라면 먹는 장면이 자주 나오면서 우리나라 음식에 대한 관심이 커졌어요. 삼양식품은 이 기회를 놓치지 않고, 2배 매운 핵불닭볶음면부터 매운맛을 줄인 까르보불닭볶음면 등 다양한 신제품을 출시했어요. 그 결과 2024년 매출은 지난해보다 44.86%나 늘어 1조 7280억 원을 기록했지요. 이 중 해외 매출이 1조 3359억 원으로 전체 매출의 77%나 돼요.

바나나킥과 냉동 김밥도 인기

불닭볶음면처럼 전 세계에서 인기를 누릴 K푸드는 무엇이 될지에 대한 관심도 높아졌어요. 블랙핑크 제니가 2025년 3월 미국 인기 토크쇼 〈제니퍼 허드슨 쇼〉에 출연해 제일 좋아하는 과자로 농심의 바나나킥을 소개하면서 수출량이 크게 늘었어요. 냉동 김밥도 주목받고 있어요. 드라마 〈이상한 변호사 우영우〉가 성공한 뒤 2023년 미국 식료품 매장 트레이더조에서 냉동 김밥을 팔기 시작했는데 품절될 만큼 인기가 높았어요.

똑똑한 배경지식

K푸드
우리나라에서 만들어진 음식이나 한국식으로 조리된 음식을 말해요. 김치·비빔밥·떡볶이·불고기처럼 한국 고유의 맛과 문화를 담은 음식들이에요. 최근에는 한류 열풍과 함께 세계 여러 나라에서 인기를 끌고 있어요. 건강하고 독특한 맛으로 외국인들의 관심을 받고 있어서 K푸드는 우리나라 문화를 알리는 중요한 수단이 됐어요.

알쏭달쏭 어휘 풀이

- **챌린지**: 어떠한 목표나 뜻을 이루기 위해 스스로 도전하는 활동이나 캠페인.
- **열광**: 너무 기쁘거나 흥분하여 미친 듯이 날뜀. 또는 그런 상태.
- **품절**: 물건이 다 팔리고 없음.

✏️ 다음 빈칸에 알맞은 말을 쓰세요.

불닭볶음면은 SNS와 K☐☐☐의 인기에 힘입어 전 세계적으로 오랫동안 사랑받고 있다.

✏️ 이 글을 통해 알 수 있는 내용에 ○, 알 수 없는 내용에 ×표 하세요.

- 불닭볶음면은 유튜브와 틱톡 챌린지를 통해 외국에 알려졌다. ( )
- 〈이상한 변호사 우영우〉에 불닭볶음면 먹는 장면이 나와 인기를 끌었다. ( )
- 해외에서 바나나킥이나 냉동 김밥 같은 K푸드 인기가 높아지고 있다. ( )

✏️ 생각해 보기

외국인 친구에게 내가 좋아하는 K푸드와 그 이유를 소개해 보세요.

러시아-우크라이나 전쟁, 3년째 접어들어

2025년 6월 1일 한밤중에 우크라이나가 러시아의 벨라야 공군 기지 4곳에 드론으로 기습 공격을 했어요. 이 공격으로 러시아가 가지고 있던 폭격기 40여 대가 더 이상 쓸 수 없게 됐지요. 값싼 드론으로 70억 달러(약 10조 원)의 무기를 잃은 러시아는 우크라이나에 미사일 20발을 쏘고, 드론 479대를 보내 보복 공격했어요.

러-우 전쟁이 길어지자 세계 여러 나라가 우려의 시선을 보내고 있다.

미국, 중재를 시작하다

2022년 2월 러시아가 우크라이나를 침공하며 시작된 러시아-우크라이나 전쟁은 벌써 3년째 계속되고 있어요. 올해는 전쟁이 끝나도록 서로 협상하고 있어요. 이 전쟁을 끝내는 데 중요한 역할을 하는 나라는 미국·러시아·우크라이나예요. 미국의 도널드 트럼프 대통령은 대선 때 "24시간 안에 우크라이나 전쟁을 끝내겠다"며 큰소리쳤지만 쉽지 않았지요.

미국은 먼저 우크라이나와 '광물 협정'을 통해 우크라이나의 희토류 등 천연자원을 함께 개발하기로 약속받았어요. 우크라이나는 이 협정으로 미국으로부터 군사적으로 도움을 받을 수 있지요. 이후 트럼프 대통령은 러시아의 푸틴 대통령과도 여러 번 전화 통화를 하며 전쟁을 빨리 끝내자고 했어요. 그 결과 2025년 3월 19일, 미국과 러시아가 에너지·인프라 분야의 30일 휴전에 합의했어요. 또 우크라이나와 러시아는 1·2차 협상에서 포로와 시신을 서로 바꾸기도 했어요. 그러나 이런 협상에도 러시아와 우크라이나는 폭격을 멈추지 않고 있어요.

러시아의 마지막 공격 준비

영국 주간지 〈이코노미스트〉에 따르면 푸틴이 우크라이나를 무너뜨릴 '최후의 일격'을 준비하고 있다고 해요. 푸틴 대통령은 어떤 일이 있어도 러시아가 이 전쟁에서 이겼장 규모나 기업 경쟁력은 높은 평가를 받고 있지만, 제도적인 부분이나 외국인 투자자들의 접근성을 높이려는 노력이 더 필요하다는 이유 때문이에요. 정부와 한국은행은 내년에는 주식시장에서도 선진국으로 분류될 수 있도록 팀을 짜서 계획을 세우며 노력하고 있어요.

똑똑한 배경지식

경제협력개발기구(OECD; Organization for Economic Cooperation and Development)
세계 여러 나라가 함께 모여 경제 발전과 무역, 복지 향상을 위해 협력하는 국제기구예요. 1961년에 만들어졌으며 주로 선진국들이 회원으로 참여하고 있어요. 회원국들은 서로 정책을 비교하고 더 나은 방향으로 발전할 수 있도록 정보를 나누고 협력해요. 우리나라는 1996년에 가입했어요.

💡 알쏭달쏭 어휘 풀이

- **상대적**: 서로 맞서거나 비교되는 관계에 있는 것.
- **신흥국**: 선진국은 아니지만 경제·산업 등이 빠르게 성장하고 있는 국가.
- **접근성**: 누구나 쉽게 정보나 서비스에 접근하고 이용할 수 있도록 만드는 것.

✏️ **다음 빈칸에 알맞은 말을 쓰세요.**

우리나라는 경제 지표와 국제 평가에서는 ☐☐☐이지만, 주식시장에서는 도전 중이다.

✏️ **이 글을 통해 알 수 있는 내용에 ○, 알 수 없는 내용에 ×표 하세요.**

- 우리나라는 2017년 처음으로 1인당 국내총생산이 3만 달러를 넘었다. ( )
- 우리나라는 경제협력개발기구에 가입되어 선진국으로 인정받고 있다. ( )
- 미국의 국제 주식 지수에서 우리나라는 선진국으로 분류되고 있다. ( )

✏️ **생각해 보기**

내가 꿈꾸는 선진국은 어떤 나라인지 생각해 보세요.

전 세계에서 불티나게 팔리는 불닭볶음면!

불닭볶음면의 인기가 식지 않고 있어요. 2012년 출시 이후 13년이 지났는데 지금도 여전히 많은 사람들이 좋아하는 라면이에요. 불닭볶음면이 이렇게 오랫동안 사랑받는 비결은 무엇일까요?

해외 마트 선반을 채운 한국 라면들.

SNS 먹방 챌린지로 전 세계에 퍼져

불닭볶음면이 처음 외국에 알려진 것은 소셜미디어(SNS) 챌린지 덕분이에요. 엄청나게 매운맛을 자랑하는 라면으로 소문이 나면서 불닭볶음면 먹방에 도전하는 사람들이 늘어났죠. 유튜브나 틱톡에서 '불닭볶음면 챌린지', '스파이시 누들 챌린지' 등 다양한 이름으로 퍼져 나갔어요. 매운 음식을 즐기는 아시아 나라들은 새로운 매운맛에 열광했고, 매운맛이 익숙하지 않은 유럽이나 북미 나라들은 낯선 맛에 호기심을 느꼈어요.

K콘텐츠 덕분에 더 친숙한 라면

K콘텐츠 열풍도 불닭볶음면의 인기에 힘을 실어 줬어요. 방탄소년단(BTS) 정국이 라이브 방송에서 불닭볶음면을 먹는 모습이나 블랙핑크 로제가 가방에 불닭 소스를 넣어 다니는 모습 등이 퍼지면서 더 유명해졌지요. 영화 〈기생충〉, 드라마 〈오징어 게임〉 같은 콘텐츠에도 라면 먹는 장면이 자주 나오면서 우리나라 음식에 대한 관심이 커졌어요. 삼양식품은 이 기회를 놓치지 않고, 2배 매운 핵불닭볶음면부터 매운맛을 줄인 까르보불닭볶음면 등 다양한 신제품을 출시했어요. 그 결과 2024년 매출은 지난해보다 44.86%나 늘어 1조 7280억 원을 기록했지요. 이 중 해외 매출이 1조 3359억 원으로 전체 매출의 77%나 돼요.

바나나킥과 냉동 김밥도 인기

불닭볶음면처럼 전 세계에서 인기를 누릴 K푸드는 무엇이 될지에 대한 관심도 높아졌어요. 블랙핑크 제니가 2025년 3월 미국 인기 토크쇼 〈제니퍼 허드슨 쇼〉에 출연해 제일 좋아하는 과자로 농심의 바나나킥을 소개하면서 수출량이 크게 늘었어요. 냉동 김밥도 주목받고 있어요. 드라마 〈이상한 변호사 우영우〉가 성공한 뒤 2023년 미국 식료품 매장 트레이더조에서 냉동 김밥을 팔기 시작했는데 품절될 만큼 인기가 높았어요.

똑똑한 배경지식

K푸드
우리나라에서 만들어진 음식이나 한국식으로 조리된 음식을 말해요. 김치·비빔밥·떡볶이·불고기처럼 한국 고유의 맛과 문화를 담은 음식들이에요. 최근에는 한류 열풍과 함께 세계 여러 나라에서 인기를 끌고 있어요. 건강하고 독특한 맛으로 외국인들의 관심을 받고 있어서 K푸드는 우리나라 문화를 알리는 중요한 수단이 됐어요.

알쏭달쏭 어휘 풀이

- **챌린지**: 어떠한 목표나 뜻을 이루기 위해 스스로 도전하는 활동이나 캠페인.
- **열광**: 너무 기쁘거나 흥분하여 미친 듯이 날뜀. 또는 그런 상태.
- **품절**: 물건이 다 팔리고 없음.

✏️ **다음 빈칸에 알맞은 말을 쓰세요.**

불닭볶음면은 SNS와 K☐☐☐의 인기에 힘입어 전 세계적으로 오랫동안 사랑받고 있다.

✏️ **이 글을 통해 알 수 있는 내용에 ○, 알 수 없는 내용에 ×표 하세요.**

- 불닭볶음면은 유튜브와 틱톡 챌린지를 통해 외국에 알려졌다. ( )
- 〈이상한 변호사 우영우〉에 불닭볶음면 먹는 장면이 나와 인기를 끌었다. ( )
- 해외에서 바나나킥이나 냉동 김밥 같은 K푸드 인기가 높아지고 있다. ( )

✏️ **생각해 보기**

외국인 친구에게 내가 좋아하는 K푸드와 그 이유를 소개해 보세요.

러시아-우크라이나 전쟁, 3년째 접어들어

2025년 6월 1일 한밤중에 우크라이나가 러시아의 벨라야 공군 기지 4곳에 드론으로 기습 공격을 했어요. 이 공격으로 러시아가 가지고 있던 폭격기 40여 대가 더 이상 쓸 수 없게 됐지요. 값싼 드론으로 70억 달러(약 10조 원)의 무기를 잃은 러시아는 우크라이나에 미사일 20발을 쏘고, 드론 479대를 보내 보복 공격했어요.

러-우 전쟁이 길어지자 세계 여러 나라가 우려의 시선을 보내고 있다.

미국, 중재를 시작하다

2022년 2월 러시아가 우크라이나를 침공하며 시작된 러시아-우크라이나 전쟁은 벌써 3년째 계속되고 있어요. 올해는 전쟁이 끝나도록 서로 협상하고 있어요. 이 전쟁을 끝내는 데 중요한 역할을 하는 나라는 미국·러시아·우크라이나예요. 미국의 도널드 트럼프 대통령은 대선 때 "24시간 안에 우크라이나 전쟁을 끝내겠다"며 큰소리쳤지만 쉽지 않았지요.

미국은 먼저 우크라이나와 '광물 협정'을 통해 우크라이나의 희토류 등 천연자원을 함께 개발하기로 약속받았어요. 우크라이나는 이 협정으로 미국으로부터 군사적으로 도움을 받을 수 있지요. 이후 트럼프 대통령은 러시아의 푸틴 대통령과도 여러 번 전화 통화를 하며 전쟁을 빨리 끝내자고 했어요. 그 결과 2025년 3월 19일, 미국과 러시아가 에너지·인프라 분야의 30일 휴전에 합의했어요. 또 우크라이나와 러시아는 1·2차 협상에서 포로와 시신을 서로 바꾸기도 했어요. 그러나 이런 협상에도 러시아와 우크라이나는 폭격을 멈추지 않고 있어요.

러시아의 마지막 공격 준비

영국 주간지 〈이코노미스트〉에 따르면 푸틴이 우크라이나를 무너뜨릴 '최후의 일격'을 준비하고 있다고 해요. 푸틴 대통령은 어떤 일이 있어도 러시아가 이 전쟁에서 이겼다는 것을 보여 주고 싶어 한대요. 러시아는 우크라이나 돈바스 지역과 수미주를 중심으로 전쟁을 준비 중이래요. 특히 수미주에는 5만여 명이나 되는 군인들이 모여 있어 큰 공격이 일어날 것 같다고 해요. 트럼프는 "다른 방식으로 대응할 수 있다"고 러시아에 경고하기도 했어요. 과연 미국의 노력으로 이 전쟁이 빨리 끝날 수 있을지, 전 세계가 지켜보고 있어요.

똑똑한 배경지식

러시아-우크라이나 전쟁

2022년 2월 러시아는 우크라이나 일부 지역을 차지하려고 전쟁을 시작했어요. 미국과 유럽 여러 나라가 자기 나라를 지키려는 우크라이나를 도와주었어요. 이 전쟁으로 인해 많은 사람이 희생당하고 삶의 터전을 잃었어요. 하지만 아직까지 전쟁은 끝나지 않고 있지요.

알쏭달쏭 어휘 풀이

- **협정**: 서로 의논하여 결정함.
- **합의**: 두 사람 이상이 한자리에 모여서 의논함.
- **휴전**: 교전국이 서로 합의하여, 전쟁을 얼마 동안 멈추는 일.

✏️ 다음 빈칸에 알맞은 말을 쓰세요.

러시아-우크라이나 전쟁을 끝내기 위해 ☐☐이 두 나라 사이에서 노력하고 있다.

✏️ 이 글을 통해 알 수 있는 내용에 ○, 알 수 없는 내용에 ×표 하세요.

- 2025년 6월 1일 러시아 드론으로 우크라이나 전투기가 공격당했다. ( )
- 우크라이나는 미국과 광물 협정을 맺었다. ( )
- 푸틴 러시아 대통령은 전쟁에 이기기 위해 큰 공격을 준비하고 있다. ( )

✏️ 생각해 보기

러시아-우크라이나 전쟁을 멈추기 위해서 어떤 노력이 필요할까요?

세계에서 무기를 가장 많이 파는 나라는?

러시아-우크라이나 전쟁이 터진 지 3년째, 이 전쟁은 전 세계 무기 거래 시장을 크게 바꾸고 있어요. 전쟁 중인 우크라이나와 유럽의 여러 나라가 무기를 많이 사기 시작했거든요. 그리고 우리나라에서 수출하는 무기도 많아졌지요.

미국은 전 세계에서 무기를 가장 많이 수출하는 나라다.

글로벌 무기 수출 강자, 미국

스웨덴 싱크탱크 스톡홀름국제평화연구소(SIPRI)가 2025년 3월 발간한 〈국제무기거래동향 2024〉를 보면 2020~2024년 미국은 전 세계 무기 수출의 43%를 차지해 1위예요. 미국의 무기 수출은 최근 5년 동안 21%나 늘어났어요. 미국에 이은 세계 최대 무기 수출국 2위는 프랑스로 약 9.6%, 3위는 러시아(약 7.8%)예요. 그 뒤를 중국(5.9%), 독일(5.6%), 이탈리아(4.8%), 영국(3.6%)이 이었어요. 미국산 무기 중에서 5세대 스텔스 전투기인 F-35 전투기와 패트리엇 미사일 방어 시스템 등 첨단 무기가 많이 팔렸다고 해요.

전쟁이 바꾼 무기 시장

우크라이나는 전 세계에서 가장 많은 무기를 수입하는 나라가 되었어요. 전쟁 때문에 무기가 아주 많이 필요했거든요. 우크라이나가 주로 무기를 구매한 나라로는 미국(45%), 독일(12%), 폴란드(11%) 순이었어요. 눈에 띄는 점은 일본도 무기 구매 비중이 급격히 늘고 있다는 점이에요. 일본은 2020~2024년 세계 무기 수입 6위(3.9%)였는데, 이는 2015~2019년보다 93%나 늘어난 거예요.

K방산, 우리나라의 활약

우리나라의 무기 수출도 많이 늘었어요. 2020~2024년 동안 9번째로 무기를 많이 수출했지요. 주로 폴란드(46%), 필리핀(14%), 인도(7%)로 많이 수출했어요. 무기 종류에는 전차·자주포·미사일·함정·항공기 등이 있어요. 이런 무기들은 한화에어로스페이스·현대로템·한국항공우주산업(KAI)·LIG넥스원 같은 회사에서 만들고 있어요. 우리나라가 이렇게 빠르게 성장하면 몇 년 안에 러시아에 이어 세계에서 4번째로 무기를 많이 파는 나라가 될 수 있을 거라고 해요.

똑똑한 배경지식

K방산
한국 음악 K팝처럼, 한국 방위 산업을 일컫는 말이에요. 방위 산업은 국토를 지키고 국민의 생명을 보호하기 위해 군수품을 생산하는 산업을 말해요. 총기·전차·전투기·군사위성·통신장비 등을 만들어요. 최근 무기 개발과 수출을 통해 한국 경제 성장을 뒷받침할 산업으로 떠오르고 있어요.

알쏭달쏭 어휘 풀이

- **첨단 무기**: 최신 기술이 적용되어 있는 현대식 무기.
- **방산**: 국가 방위에 쓰는 군수품을 생산하는 모든 산업. 방위 산업의 준말.
- **자주포**: 이동할 수 있는 대포.

✏️ 다음 빈칸에 알맞은 말을 쓰세요.

러시아-우크라이나 ☐☐ 이후 세계 무기 시장이 크게 변화하였다.

✏️ 이 글을 통해 알 수 있는 내용에 ○, 알 수 없는 내용에 ×표 하세요.

- 전 세계 무기 수출 1위는 미국이다. ( )
- 우크라이나는 가장 많은 무기를 수입했다. ( )
- 우리나라의 무기 수입은 전 세계 9위이다. ( )

✏️ 생각해 보기

무기를 사고파는 일이 과연 우리 사회와 세계에 바람직한지 생각해 보세요.

이란 핵 시설 제거한 트럼프

"미국이 이란의 핵·군사시설 3곳을 성공적으로 공습했다." 도널드 트럼프 미국 대통령은 2025년 6월 21일 이렇게 밝혔어요. 미국이 '한밤의 망치(Midnight Hammer, 미드나잇 해머)' 작전이라고 이름 붙인 이란 핵 시설 공습 작전의 성공을 알리는 발표였지요.

하늘을 날고 있는 B-2 스텔스 폭격기.

이란 공격한 한밤의 망치 작전

AP통신 등에 따르면 한밤의 망치 작전은 미국 현지시간 2025년 6월 21일 0시 1분 시작됐어요. 트럼프 대통령은 헤그세스 미국 국방부 장관 등 고위 관계자들과 백악관 상황실에서 B-2 스텔스 폭격기가 이륙하는 장면을 실시간으로 지켜봤어요. 곧이어 벙커 버스터 폭탄을 실은 7대의 스텔스 폭격기, 토마호크 순항미사일 등이 이란의 핵 시설 3곳을 동시에 공격했어요. 특히 포르도라는 핵 시설은 깊은 산속, 지하 80미터 아래에 있어서 아무도 공격할 수 없다고 생각했던 곳이에요. 스텔스기는 레이더에도 잡히지 않는 기능이 있어서 이란은 폭격기가 오는지 전혀 몰랐다고 해요.

이란도 미군 기지 공격하며 반격

이란도 가만히 있지 않았어요. 6월 23일 이란은 카타르 주둔 미군 기지를 향해 미사일 14발을 쐈어요. 그러나 미국 방공 미사일이 14개 중 13개를 공중에서 격추시켰고, 나머지 하나는 위협적이지 않은 곳으로 날아갔어요. 이 공격 이후 이란은 더 이상 미국을 공격하지는 않았어요. 미국과 전쟁하면 이란이 더 불리할 수 있기 때문이에요.

미국은 왜 이란을 공격했나?

이 모든 일은 이스라엘이라는 나라 때문에 시작되었어요. 이스라엘은 이란이 핵무기로 자신들을 공격할 거라는 소식을 듣고 먼저 이란의 핵 시설을 공격했다고 해요. 이스라엘 대 이란으로 5차 중동 전쟁이 일어날 위기에 놓이자, 미국이 우방국인 이스라엘을 도와주기 위해 전쟁에 나서게 된 거예요. 트럼프 대통령은 이란 최고 실권자인 알리 하메네이를 향해 "은신처 위치를 알고 있다"며 이란의 항복을 요구하기도 했어요.

똑똑한 배경지식

벙커 버스터(Bunker Buster)
벙커 버스터 폭탄은 지하 깊숙이 숨겨진 군사 시설이나 벙커를 파괴하기 위해 만들어진 특별한 폭탄이에요. 일반 폭탄보다 단단한 재질로 만들어졌고 땅속 깊이 파고든 뒤 폭발해요. 이 폭탄은 지상 공격으로는 파괴하기 어려운 목표를 노릴 때 사용돼요. 주로 전략적인 군사 작전에서 중요한 목표를 정확하게 제거하기 위해 쓰여요.

알쏭달쏭 어휘 풀이

◆ **공습**: 1) 갑자기 공격하여 침. 2) 공중 습격의 준말.
◆ **우방국**: 서로 우호적인 관계를 맺고 있는 나라.
◆ **실권자**: 실질적인 권세나 권리를 가지고 있는 사람.

✏️ 다음 빈칸에 알맞은 말을 쓰세요.

미국은 2025년 6월 이란의 핵 시설을 한밤의 ☐☐ 작전으로 공습했다.

✏️ 이 글을 통해 알 수 있는 내용에 ○, 알 수 없는 내용에 ×표 하세요.

- 미국의 한밤의 망치 작전은 성공하였다. ( )
- 이란의 포르도 핵 시설은 지상에 위치해 있어 쉽게 공격할 수 있었다. ( )
- 미국은 이스라엘을 지원하기 위해 이란을 공격하였다. ( )

✏️ 생각해 보기

미국은 왜 한밤의 망치 작전을 펼쳤을까요?

다시 살아나는 아르헨티나 경제

"강도도 안 가져가는 화폐, 아르헨티나 페소." 얼마 전만 해도 아르헨티나의 물가가 너무 높아서 화폐 가치가 뚝 떨어져 있었어요. 그래서 강도가 미국 달러만 가져가고 아르헨티나 돈은 버리고 갔다는 뉴스가 나오기도 했어요. 아르헨티나는 인플레이션이 심해서 물가상승률이 1년에 276.4%를 기록

아르헨티나 새 대통령 당선으로 달러-페소 환율이 안정되며 경제 청신호가 켜졌다.

하기도 했어요. 1,000페소를 주고서야 겨우 1달러와 교환할 수 있을 만큼 가치가 없었던 거예요. 그런데 이제 아르헨티나가 달라졌다고 해요. 물가상승률이 2025년 5월 기준 43.5%로 낮아지고 13개월 동안 계속 내려가고 있대요.

'전기톱 대통령'의 경제 개혁

아르헨티나 물가는 새로운 대통령이 등장하며 내려가기 시작했어요. 바로 2023년 12월에 취임한 하비에르 밀레이 대통령이에요. 그는 대선 기간에 전기톱을 들고 다니면서 "쓸데없는 정부 조직과 예산을 전기톱으로 잘라 버리겠다"고 말하며 인기를 모았지요. 그는 약속대로 대통령이 되자마자 경제 개혁을 시작했어요.

밀레이 대통령이 가장 먼저 한 일은 바로 환율을 현실적으로 바꾸는 일이었어요. 이전 정부는 공식적인 환율을 1달러에 365페소로 강제로 정해 놓았는데, 실제로는 1달러를 1,000페소나 줘야 바꿀 수 있었거든요. 그래서 밀레이 정부는 공식적인 환율을 1달러에 800페소로 바꾸고 실제 환율과 비슷하게 맞추어 갔어요. 그리고 공공요금과 임금을 당분간 올리지 않고 정부 예산을 아껴 쓰면서 물가 상승을 막으려고 했지요. 물가가 어느 정도 내려가자 아르헨티나 국민 중에 해외로 여행을 가는 사람도 늘었어요.

성공 평가하기엔 이르다는 시각도

하지만 아르헨티나 경제가 완전히 안정됐다고 보기엔 이르다는 의견도 있어요. 블룸버그통신 등 경제 매체들은 아르헨티나 정부가 물가 안정에만 치중한 나머지 환율을

방어하기 위해 외환 보유고의 외화를 많이 써 버려서 다시 재정 위기가 찾아올 수 있다고 경고하고 있어요. 밀레이 취임 당시 5.7%였던 실업률도 올해 2분기 기준 7.6%로 높아졌고, 정부 보조금을 줄이면서 에너지·연료비가 급등했어요. 미국이 아르헨티나와 최근 200억 달러 규모의 통화 스와프를 맺는 등 재정 지원을 고려하고 있다고 밝힌 배경이에요.

똑똑한 배경지식

인플레이션(Inflation)
화폐 가치가 떨어지고 물가가 올라서 실질적인 소득이 줄어드는 현상을 말해요. 예를 들어 예전에는 1,000원으로 살 수 있던 물건이 짧은 기간 사이에 2,000원을 주어야 살 수 있다면 인플레이션이 심해진 거예요. 인플레이션은 수요 증가, 생산 비용 상승 등 다양한 요인으로 발생해요. 인플레이션이 심해지면 생활비 부담이 커지고 경제가 불안해지지요.

💡 알쏭달쏭 어휘 풀이

◆ **경제 개혁**: 비효율적인 경제 구조나 제도를 개선하기 위해 정부가 시행하는 정책 변화.
◆ **외환 보유고**: 한 나라가 일정 시점에 보유하고 있는 대외 외환 채권의 총액.
◆ **통화 스와프**: 거래의 두 당사자가 계약일에 약속한 환율에 따라 해당 통화를 교환하는 거래.

✏️ **다음 빈칸에 알맞은 말을 쓰세요.**

아르헨티나 밀레이 대통령의 경제 개혁으로 ☐☐상승률이 점차 내려가고 있다.

✏️ **이 글을 통해 알 수 있는 내용에 ○, 알 수 없는 내용에 ×표 하세요.**

● 아르헨티나의 물가상승률이 한때 276.4%까지 올랐다. ( )
● 밀레이 대통령은 경제 개혁을 위해 정부 예산을 늘렸다. ( )
● 물가가 전보다 안정되자 아르헨티나 국민의 해외여행이 늘었다. ( )

✏️ **생각해 보기**

물가가 상승하면 우리 생활에 어떤 일이 벌어질지 생각해 보세요.

관광객들로 몸살 앓는 일본

요즘 일본에는 관광객들이 지나치게 많이 몰려들고 있어요. 그래서 일본은 '오버투어리즘(Overtourism)' 현상을 줄이기 위해 관광세 인상을 검토하고 있다고 해요.

역대 가장 많은 관광객 찾아

관광객으로 꽉 찬 일본 도쿄 아사쿠사의 거리.

일본 관광청에 따르면 2024년에 일본을 방문한 외국인 관광객은 총 3686만 9,900명으로 사상 최고치를 기록했어요. 이전에 가장 많았던 3188만 2,049명(2019년)을 훌쩍 넘어선 기록이에요. 국가별로는 우리나라가 약 882만 명으로 1위예요. 중국 698만 명, 대만 604만 명, 미국 272만 명, 홍콩 268만 명으로 뒤를 이었어요. 일본을 찾은 외국인 관광객이 쓴 돈(소비액)은 지난해 총 8조 1395억 엔(약 76조 원)으로, 이 역시 역대 가장 많이 벌어들인 액수였어요.

현지인 일상은 불편해졌어요

이처럼 관광으로 얻는 수익이 크지만, 대도시와 특정 관광지에 지나치게 많은 외국인이 몰려들면서 현지인은 일상생활이 불편해졌고 그로 인한 갈등도 불거졌어요. 눈이 많이 내리는 도시 홋카이도에 자작나무를 보러 밀려드는 관광객 때문에 주민들이 아예 나무를 베어 버렸어요. 또 후지산을 배경으로 사진을 찍기에 좋다고 소문난 편의점은 사람들이 몰려들자 검은 가림막을 세워 후지산을 가리기도 했지요.

관광세 올리는 방안도 검토 중

〈요미우리 신문〉에 따르면 일본 정부는 이제부터 일본에 여행을 오는 관광객에게 받는 출국세를 1,000엔(약 9,500원)에서 3~5배 정도 늘리는 방안을 검토하고 있다고 해요. 이 출국세는 2019년 1월부터 받기 시작했는데, 주로 여행을 오는 외국인을 대상으로 하기 때문에 관광세라고도 부르지요.

일본을 찾는 관광객들이 많아지면서 이미 지역에 따라 숙박세 인상, 문화유산 입장료 인상 등의 방안이 나왔지만 관광객을 막기는 어려웠어요. 그래서 일본 정부는 관광세를 더 많이 받아서 관광객이 많이 찾는 지역의 교통 체계 개선, 공항 시설 정비 등에 활용하겠다고 해요.

똑똑한 배경지식

오버투어리즘(Overtourism)
지나치게 많다는 뜻의 '오버(Over)'와 '관광'을 뜻하는 '투어리즘(Tourism)'의 합성어로, 관광지에 수용할 수 있는 인원을 넘어서는 관광객이 방문해서 현지인의 삶과 환경에 부정적인 영향을 미치는 현상을 말해요. 교통이 혼잡해지고, 쓰레기가 늘어나고, 자원이 고갈되는 등의 문제가 생겨요.

알쏭달쏭 어휘 풀이

- **역대**: 그동안.
- **현지인**: 그 지역에 터전을 두고 사는 사람.
- **출국**: 나라의 국경 밖으로 나감.

✏️ 다음 빈칸에 알맞은 말을 쓰세요.

일본은 ☐☐☐☐☐☐ 현상을 줄이기 위해 관광세를 올리는 방안을 검토 중이다.

✏️ 이 글을 통해 알 수 있는 내용에 ○, 알 수 없는 내용에 ×표 하세요.

- 일본은 2024년에 역대 최고로 많은 관광객들이 몰려들었다. ( )
- 일본에 관광객이 늘어나면서 관광 수입이 늘었다. ( )
- 일본 현지인들 모두는 관광객이 더 늘기를 바라고 있다. ( )

✏️ 생각해 보기

오버투어리즘 현상을 줄이려면 어떻게 해야 할까요?

중국, 공무원도 허리띠를 졸라매고 있어요

'업무 식사 때는 고급 요리와 담배, 술을 마셔서는 안 된다. 회의에 사치스러운 꽃꽂이를 쓰거나 공항에서 손님을 배웅하는 것도 자제해야 한다.' 중국 공산당과 정부가 2025년 5월에 개정한 '절약·낭비 반대 조례'에 이런 내용이 담겨 있어요. 세금을 받고 일하는 공무원들에게 "허리띠를 졸라매라"며 근검절약을 강조한 거예요. 미국 다음으로 부자 나라로 알려진 중국에서 대체 무슨 일이 벌어지고 있는 것일까요?

중국 경제 성장이 둔화되자 정부는 지출 줄이기에 나섰다.

'절약 정신' 강조하는 중국

중국은 요즘 오랫동안 경기가 침체되어 긴축 재정을 내세우고 있어요. 〈인민일보〉 등 중국 신문들은 "절약은 우리 당의 전통"이라며 공무원들에게 절약 정신을 강조하고 있지요. '마오쩌둥은 잠옷을 73번 꿰매 입었다', '한 지도자는 같은 가방을 62년 썼다'는 이야기도 알렸어요.

서양 언론들은 중국 시진핑 국가주석이 코로나19 팬데믹과 미국과의 관세 전쟁 때문에 힘들어진 경제를 다시 일으키기 위해 정부에서 쓰는 돈부터 관리하려는 거라고 이야기하고 있어요.

'세계의 공장' 힘이 약해졌어요

중국의 경제 성장이 느려졌다는 것은 수치로도 알 수 있어요. 중국의 국내총생산(GDP)을 보면, 2010년에는 10.6%나 됐지만, 2024년에는 5%로 내려갔어요. 공장에서 '메이드 인 차이나' 물건을 많이 만들던 중국의 힘이 약해지고 있다는 뜻이에요.

전문가들은 중국 경제가 힘들어진 가장 큰 이유로 부동산 시장이 침체된 점과 소비가 활발하지 않은 점을 들었어요. 중국의 부동산 시장은 요즘 힘을 잃었어요. 공급량이 많아지면서 새로 지은 주택이 팔리지 않게 된 거예요. 부동산은 소비와 연결되어 있어서 부동산이 위축되자 소비도 줄어들게 된 것이죠.

또한 미국과 중국이 경쟁하는 것도 큰 문제라고 해요. 중국에 공장을 지었던 외국 회사들이 미국과 관계 때문에 제재를 받을까 봐 다른 나라로 공장을 옮기고 있어요. 그래서 중국으로 들어오는 외국인의 투자가 급감했어요. 중국 외환관리국 발표에 따르면 2022년 1802억 달러(약 257조 원)에서 2023년 330억 달러(약 47조 원)로 82%나 줄었는데, 이는 30년 만에 최저치라고 해요.

똑똑한 배경지식

국내총생산(GDP; Gross Domestic Product)
한 나라 안에서 사람들이 1년 동안 만든 물건과 서비스를 합한 값을 말해요. 즉, 한 국가가 1년간 얼마나 돈을 벌었는지 보여 주는 숫자예요. 이 숫자가 크면 경제 활동이 활발한 것이고, 낮으면 경기 침체를 의미해요. 나라끼리 경제 규모를 비교할 때도 이 값을 사용해요.

알쏭달쏭 어휘 풀이

- **조례**: 지방 자치 단체가 법령의 범위 안에서 그 지방의 사무에 대해 제정한 법.
- **긴축 재정**: 국가나 지방 자치 단체의 예산 규모를 줄이는 재정.
- **제재**: 법이나 규정을 어겼을 때 국가가 처벌이나 금지 따위를 행함. 또는 그런 일.

✏️ **다음 빈칸에 알맞은 말을 쓰세요.**

중국은 경기가 오랫동안 □□되어 공무원들에게 근검절약을 강조하고 있다.

✏️ **이 글을 통해 알 수 있는 내용에 ○, 알 수 없는 내용에 ×표 하세요.**

- 중국 경기 침체는 코로나19 팬데믹과 미국과의 관세 경쟁 등의 영향을 받았다. (   )
- 코로나19 팬데믹 이후 중국의 국내총생산 수치는 크게 늘어났다. (   )
- 중국은 미국과 경쟁 탓에 외국인의 투자가 줄어들고 있다. (   )

✏️ **생각해 보기**

중국의 경기 침체가 장기화되는 이유는 무엇일까요?

트럼프 관세 전쟁, 어디까지일까요?

도널드 트럼프 미국 대통령이 다시 집권하면서 관세를 올리기 시작했어요. 미국이 다른 나라와 무역을 하면서 손해 보는 것을 바로잡겠다고 나선 거예요. 이 때문에 전 세계가 트럼프 대통령의 말 한마디에 들썩이고 있어요. 관세란 다른 나라에서 만든 물건을 우리나라로 들여올 때 정부가 그 물건에 붙이는

미국과 중국이 관세를 두고 첨예하게 대립하고 있다.

세금을 말해요. 예를 들어 미국에서 100달러(약 14만 원)에 살 수 있던 중국 휴대전화가, 미국이 관세를 붙이면 245달러(약 35만 원)까지 비싸질 수 있어요.

미국과 중국, 관세 전쟁의 시작

트럼프 정부는 2025년 4월 중국에 관세 34%를 부과한다고 발표했어요. 이미 그 전에 관세 20%를 추가한 상태였어요. 중국도 가만있지 않았어요. 미국 물건에 세금 34%를 더 올리겠다고 맞섰지요. 미국은 다시 관세 50%를 추가했고, 중국도 관세 84%를 불렀어요. 관세 전쟁 약 한 달 만인 5월 12일, 제네바 고위급 미·중 무역 협의를 거쳐 '90일 일시 휴전'을 했어요. 관세는 다시 각각 30%, 10%로 낮아졌지요.

영국 BBC에 따르면 2024년 미국은 중국과 무역에서 2950억 달러(약 420조 원)나 손해를 봤다고 해요. 이건 미국 전체 경제의 약 1%나 되는 아주 큰돈이에요. 원래 미국 같은 선진국은 공장에서 물건을 만드는 데 드는 돈이나 인건비가 비싸서, 다른 나라에서 더 싸게 만들어진 물건을 수입하는 것이 자연스러운 일이었어요. 하지만 트럼프 대통령은 이 때문에 미국의 공장들이 문을 닫고 일자리도 줄었다고 생각하고 있어요.

우리나라에도 관세 폭탄

트럼프 대통령은 중국뿐 아니라 우리나라를 포함한 다른 나라들에도 관세를 올리겠다고 발표했어요. 우리나라에는 25%, 유럽연합(EU)은 20%, 베트남은 46% 등 나라

마다 다른 세금을 매기겠다고 했어요. 우리나라는 미국과 '한미 자유무역협정(FTA)'을 맺어서, 자동차나 철강 같은 물건을 미국에 팔 때 세금을 거의 내지 않고 있었어요. 하지만 이번 관세 정책으로 우리나라의 주요 수출품인 철강·알루미늄·세탁기 등에 세금 25%를 붙이겠다고 했어요.

똑똑한 배경지식

관세

관세는 보통 나라 간 무역을 할 때, 물건을 수입하는 나라에서 수입하는 상품에 대해 부과하는 세금을 의미해요. 관세를 낮추면 수입하는 물건의 가격이 저렴해져요. 관세를 높이면 세금이 추가로 걷혀서 국가 재정이 늘어나고, 물건 가격이 비싸져서 수입하는 양이 줄어드는 효과를 가져와요.

알쏭달쏭 어휘 풀이

- **집권**: 권세나 정권을 잡음.
- **무역**: 나라와 나라 사이에 서로 물건을 사고파는 일.
- **부과**: 세금이나 부담금을 매기어 부담하게 함.

✏️ 다음 빈칸에 알맞은 말을 쓰세요.

트럼프 대통령은 미국의 공장이 문을 닫는 것에 대한 해결책으로 ☐☐를 높이는 정책을 내놓았다.

✏️ 이 글을 통해 알 수 있는 내용에 ○, 알 수 없는 내용에 ×표 하세요.

- 미국은 중국과 2025년 초 관세 전쟁을 벌였다. ( )
- 트럼프 대통령은 관세를 낮게 부과해 무역을 더욱 활발히 하려고 한다. ( )
- 한미 자유무역협정으로 우리나라는 무관세가 유지될 예정이다. ( )

✏️ 생각해 보기

미국이 우리나라에 높은 관세를 부과하면 우리나라 산업에는 어떤 변화가 있을까요?

APEC, 경주에 특별한 사람들이 모인대요

2025년 10월 우리나라 경주에 아주 특별한 손님들이 찾아와요. 바로 세계 최강대국의 도널드 트럼프 미국 대통령과 시진핑 중국 국가주석이에요. 지금 중국과 미국은 관세 문제로 관계가 좋지 않아요. 이런 상황에서 트럼프 2기 행정부 들어 처음으로 우리나라에서 미중 정상회담이 열리게 됐

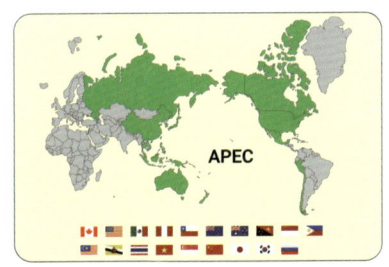

아시아·태평양 국가 정상들이 경주에 모인다.

어요. 아시아태평양경제협력체(APEC) 정상회의가 경주에서 열리거든요. 이 자리에 미국·중국 정상 말고도 아시아 태평양 지역 국가들의 정상들이 모두 모일 거라고 해요.

세계 정상들이 머리 맞대는 이유는

APEC은 '아시아 태평양 경제 협력체'의 줄임말이에요. 우리나라를 비롯 미국·중국·일본 등 아시아와 태평양에 있는 21개의 나라가 회원국이에요. 이 모임은 1989년에 시작해서 지금까지 이어지고 있어요. 어떻게 하면 경제적으로 잘살 수 있을지 고민하고 협력하기 위한 모임이지요. APEC에서 한 국가 간 합의는 법적인 강제성을 지니지는 않지만 나라의 정상들이 모여 약속하는 것이기 때문에 아주 중요해요.

APEC 말고도 비슷한 모임인 G7과 G20도 있어요. 주요 7개국(G7) 정상회의나 주요 20개국(G20) 정상회의도 경제·정치적 목적의 국제 협의체예요. G7은 미국·일본·독일·영국·프랑스·이탈리아·캐나다 7개 나라로 구성돼요. 원래는 경제 문제를 주로 다뤘는데, 이제는 전 세계의 중요한 문제들을 함께 이야기하지요. G20은 한국·중국·인도 같은 신흥 경제 국가들을 더해서 20개의 나라로 확대한 모임이에요.

UN은 뭐가 다를까?

우리가 잘 알고 있는 국제 기구에는 국제연합(UN)이 있어요. UN은 제2차 세계대전이 끝난 뒤, 1945년에 평화를 지키기 위해 만들어졌어요. 전 세계 거의 모든 나라인 193개 국가가 가입되어 있고, UN헌장이라는 규칙을 가지고 있어서 APEC이나 G7,

G20보다 더 큰 힘과 권위를 가지고 있지요. 특히 UN의 핵심인 안전보장이사회(안보리)는 핵보유국인 상임이사국 5개국(미국·영국·프랑스·러시아·중국)과 10개국의 비상임이사국으로 구성되는데, 전쟁이나 분쟁 등 세계 안보와 관련해 가장 권위 있는 기구로 여겨졌어요. 그런데 요즘에는 러시아·중국 같은 나라가 중요한 결정에 반대하는 경우가 많아져서 위상이 예전보다 약해졌다는 이야기도 나와요.

똑똑한 배경지식

아시아 태평양 경제 협력체(APEC; Asia-Pacific Economic Cooperation)
아시아 태평양 지역의 경제 발전을 위해 1989년에 만들어진 모임이에요. 회원국은 총 21개국으로, 호주·브루나이·캐나다·칠레·중국·홍콩(중국)·인도네시아·일본·대한민국·말레이시아·멕시코·뉴질랜드·파푸아뉴기니·페루·필리핀·러시아·싱가포르·대만·태국·미국·베트남이 있지요. 매년 회의를 열어 각 나라의 정상들이 모여서 무역과 투자의 자유화 및 활성화, 기술 발전 등에 대한 구체적인 실천 방안을 세우고 있어요.

알쏭달쏭 어휘 풀이

◆ **합의**: 두 사람 이상이 한자리에 모여서 의논함.
◆ **신흥 경제 국가**: 급속한 산업화와 경제 성장을 이루고 있는 개발도상국.

✏️ 다음 빈칸에 알맞은 말을 쓰세요.

　　□□□□은 아시아태평양 지역 21개국이 경제 협력을 위해 모이는 국제 회의이다.

✏️ 이 글을 통해 알 수 있는 내용에 ○, 알 수 없는 내용에 ×표 하세요.

- 2025년 APEC 정상회의는 우리나라 경주에서 열릴 예정이다. 　　(　)
- APEC 정상회의는 법적 강제성이 있는 국제회의이다. 　　(　)
- UN은 G7보다 회원국 수가 더 많고, UN헌장의 규칙을 따른다. 　　(　)

✏️ 생각해 보기

APEC과 같은 국제 기구가 중요한 이유를 생각해 보세요.

위기의 하버드 유학생들

"우리는 잊지 말아야 할 것이 있습니다. 우리가 적이라고 부르는 이들도 인간이라는 사실입니다." 2025년 미국 하버드대 졸업식에서 중국 유학생 장위룽의 학생 대표 연설이 사람들에게 감동을 줬어요. 특히 트럼프 정부가 다른 나라에서 온 사람들에 대해 부정적인 입장을 취하고 있는 상황이기 때문에 그녀의 연설이 더 깊이 다가오기도 했어요. 그런

트럼프 정부와 대학 간 갈등을 다룬 영국의 한 주간지.

데 이후 그녀가 중국의 뜻을 그대로 전한 것이며, 중국의 고위 간부의 부유한 집안 자녀라는 사실이 밝혀져 논란이 되기도 했지요.

트럼프 정부, 대학들에 압박

이 연설이 주목받은 것은 유학생 수를 줄이라고 압박하는 와중에 나온 입장이기 때문이에요. 트럼프 정부는 미국의 가치에 반하는 활동을 하는 학생과 교수들을 학교들이 그냥 내버려두고 있다며 이를 바로잡으라고 했어요. 그러면서 하버드에게 지원되는 22억 달러(약 3조 원)의 보조금과 6000만 달러(약 850억 원)의 정부 계약을 중단했어요. 또한 트럼프 정부는 대학들에게 학생을 뽑을 때 기준으로 삼고 있는 '다양성·형평성·포용(DEI) 정책'을 없애라고 했어요. 이 정책은 다인종·다국가·성평등을 고려해 학생들을 고루 선발하는 제도예요.

그리고 크리스티 노엄 미국 국토안보부 장관은 하버드의 '유학생 및 교환 방문자 프로그램' 자격을 없앴어요. 그래서 하버드 유학생은 모두 학생 비자를 유지할 수 없어서 다른 대학으로 전학하거나, 학업을 중단하고 귀국해야 할 위기에 놓이게 됐지요. 하버드는 소송을 제기했고, 법원은 학교 손을 들어 줘서 유학생들의 비자는 당분간 유지될 수 있었어요. 그렇지만 도널드 트럼프 대통령은 다시 "하버드의 유학생 비율을 15%로 줄여야 한다"고 말했어요.

하버드대, 정부에 합의금 내고 항복하나

하버드대가 정부에 5억 달러(약 7100억 원) 규모의 벌금성 합의금을 내면 트럼프 행정부가 중단했던 지원금을 받을 수 있을 거라고 해요. 전에 컬럼비아대 역시 합의금 2억 달러(약 2800억 원)를 낸 뒤에 지원금을 다시 받을 수 있었거든요. 하지만 이런 상황이 학문의 자율성을 막을 수 있다며 걱정하는 학생들이 늘고 있어요.

똑똑한 배경지식

DEI 정책(Diversity·Equity·Inclusion)

Diversity(다양성)·Equity(형평성)·Inclusion(포용성)의 약자로, 인종·성별·성정체성 등에서 소수자에게 더 많은 혜택을 주는 정책을 말해요. 조직 내 구성원들이 각자의 배경과 경험을 존중받는 가운데, 공정한 기회와 소속감을 가질 수 있도록 지원해요. 서로의 차이를 인정하고 존중하는 것이 핵심이에요. 이 정책을 통해 회사나 학교는 더 다양한 사람들의 생각을 모아 더 좋은 결과를 낼 수 있어요.

알쏭달쏭 어휘 풀이

- **반유대주의**: 인종적·종교적·경제적인 이유로 유대인을 배척하려는 사상.
- **비자**: 외국인에 대한 출입국 허가의 증명.

✏️ 다음 빈칸에 알맞은 말을 쓰세요.

트럼프 정부가 ☐☐☐대의 정책에 반대해 지원금을 중단했다.

✏️ 이 글을 통해 알 수 있는 내용에 ○, 알 수 없는 내용에 ×표 하세요.

- 트럼프 정부는 외국 유학생을 더 많이 받아들이라고 대학에 요구했다. ( )
- 트럼프 정부는 하버드에 대한 정부 지원금과 계약을 중단했다. ( )
- 하버드는 정부와 갈등을 해결하기 위해 벌금 성격의 합의금을 내는 걸 고려한다. ( )

✏️ 생각해 보기

국가가 대학의 운영과 정책에 개입하는 것이 옳은 일일까요?

미국 공식 언어, 영어가 아니었어요?

도널드 트럼프 대통령이 2025년 3월 1일 미국의 공식 언어를 영어로 정하겠다고 했어요. 공식 언어는 정부 문서나 법률 같은 공식적인 문서에 쓰는 언어를 말해요. 언론사인 USA투데이 등에 따르면 미국이라는 나라가 탄생한 지 249년 만에 영어가 비로소 미국의 공식 언어가 되는 거예요.

미국은 나라가 생긴 지 250년 만에 영어를 공식 언어로 지정했다.

미국서도 찬반 나뉘어

미국은 아주 옛날부터 여러 나라에서 온 사람들이 모여 사는 곳이라 지금까지 영어를 공식 언어로 정하지 않았어요. 지금도 미국 인구 약 3억 4000만 명 중 약 6800만 명은 영어가 아닌 다른 언어를 사용하고 있지요. 스페인어가 가장 많고, 중국어와 아랍어 외에 160개가 넘는 원주민 언어도 남아 있어요. 그래서 지금까지는 정부에서도 영어 외에 스페인어 등 다른 언어로도 공공 문서를 만들었지요.

영어를 공식 언어로 정하는 문제는 미국 안에서도 찬반 의견이 팽팽하게 맞섰어요. 미국 여론조사 기관 퓨리서치 센터가 2024년 실시한 설문조사에서 응답자의 51%는 영어를 미국 공식 언어로 정하는 것이 중요하다고 답했어요. 반면 미국 언어학회(LSA)는 "하나의 언어만 쓰게 하면 오히려 사람들 사이가 서로 멀어질 수 있다"며 반대했어요.

영국 BBC에 따르면 전 세계적으로 약 180개의 나라가 공식 언어를 쓰는데, 대부분 두 가지 이상의 언어를 쓰고 있어요. 캐나다는 영어와 프랑스어, 인도는 힌디어와 영어, 필리핀은 필리핀어와 영어를 공식 언어로 써요. 그런데 영어를 주로 쓰는 영국과 호주는 법으로 영어를 공식 언어로 정하고 있지는 않다고 해요.

우리나라도 영어, 공식 언어로 만들자는 논의 있었다

우리나라도 2000년대 초반에 세계화 열풍에 힘입어 영어를 공식 언어로 만들자는 이야기가 나온 적이 있어요. 하지만 우리말과 한글을 보호해야 한다는 의견이 훨씬 더 많았지요. 2005년 제정된 '국어기본법'은 "국어'란 대한민국의 공식 언어로서 한국어"라고 정하고 있어요. 영어 공용화를 반대하는 쪽에서는 우리나라의 고유한 정체성과 문화를 보존하는 것이 중요하다고 말하고, 찬성하는 쪽에서는 영어 사교육비 부담을 줄이고 세계화 시대에 발맞춰야 한다고 이야기해요.

똑똑한 배경지식

공식 언어

정부·학교·법원 등 공적인 장소에서 사용되는 언어예요. 한 나라에는 하나 또는 여러 개의 공식 언어가 있을 수 있고, 공식 언어를 정하지 않은 나라도 있어요. 공식 언어는 국민들이 의사소통을 잘할 수 있도록 정해져요. 법이나 규칙으로 지정되어 있어 중요한 문서에 사용되지요.

알쏭달쏭 어휘 풀이

- **공식**: 국가적이나 사회적으로 인정된 공적인 방식.
- **세계화**: 세계 여러 나라를 이해하고 받아들임.
- **정체성**: 변하지 않는 존재의 본질을 깨닫는 성질.

✏️ **다음 빈칸에 알맞은 말을 쓰세요.**

미국은 영어를 널리 사용해 왔지만 2025년에야 영어를 ☐☐ 언어로 정했다.

✏️ **이 글을 통해 알 수 있는 내용에 ○, 알 수 없는 내용에 ×표 하세요.**

- 미국은 249년 동안 공식 언어를 정하지 않다가 최근에 영어를 공식 언어로 지정했다. (　)
- 미국처럼 영국과 호주도 법으로 영어를 공식 언어로 정하고 있다. (　)
- 우리나라는 한국어를 공식 언어로 정하고 있다. (　)

✏️ **생각해 보기**

우리나라가 영어를 공식 언어로 정한다면 어떨지 생각해 보세요.

새로운 교황이 탄생했어요

2025년 5월 8일 미국에서 태어난 추기경이 처음 교황으로 선출됐어요. 로버트 프랜시스 프레보스트 추기경이 제267대 교황 레오 14세가 되었지요. 페루에서 선교사로 오랫동안 활동하며 어려운 사람들을 돕고 가톨릭에서 경험이 풍부한 분으로 알려져 있어요.

이탈리아 로마 내에 위치한 바티칸 시국의 성베드로 대성당 풍경.

흰 연기와 검은 연기 의미는?

교황은 한번 선출되면 죽을 때까지 교황 자리를 지켜요. 프란치스코 교황이 2025년 4월 21일 병이 악화되어 세상을 떠나면서 새로운 교황을 선출하게 되었지요. 교황을 선출하는 것을 '콘클라베(Conclave)'라고 불러요. 콘클라베는 라틴어로 '열쇠로 잠근 방'이라는 뜻이에요. 실제로 투표권을 가진 추기경단이 바티칸의 시스티나 성당 안으로 들어가면 밖에서 자물쇠를 채워요. 비밀 투표를 하기 위해서이지요.

이번에는 전 세계에서 133명의 추기경이 선거에 참여했어요. 우리나라에서는 유흥식 추기경이 참여했지요. 콘클라베는 정해진 기한 없이 진행되며, 후보가 3분의 2 이상의 표를 받아야 교황이 될 수 있어요. 교황이 정해지면 성당 굴뚝에서 흰 연기가 나와요. 만약 검은 연기가 나오면 아직 교황이 뽑히지 않았다는 뜻이에요.

이번 투표는 많은 추기경이 참여해서 오래 걸릴 거라고 예상했지만 4차례 만에 교황이 뽑혔어요. 레오 14세는 133표 중에 105표를 받았어요. 교황의 이름은 자신이 직접 고를 수 있어요. 교황이 선택한 '레오(Leo)'라는 이름은 라틴어로 '사자'라는 뜻으로 강인함과 용기를 상징한다고 해요. '사람은 누구나 소중하고 일의 가치를 존중받아야 한다'는 목소리를 냈던 레오 13세 교황을 잇겠다는 뜻을 담았어요.

교황이 태어난 나라가 다양해지고 있어요

가톨릭은 오래전 로마 제국에서 시작된 종교예요. 교황은 이탈리아 로마에 있는 가톨릭 교회의 대표이자, 전 세계 가톨릭 종교의 지도자예요. 로마 안에 있는 바티칸이라는 나라의 대표이기도 해요. 그래서 지금까지 있었던 266명의 교황 중에 210명이 이탈리아 사람이었어요. 그런데 지금은 가톨릭을 믿는 사람이 전 세계 14억 명을 넘어서 더 다양한 나라에서 교황이 나오기를 바라는 목소리도 커졌어요. 2013년에는 처음으로 남미 아르헨티나 출신인 프란치스코 교황이 선출되기도 했지요.

똑똑한 배경지식

교황
교황은 전 세계 가톨릭 신자들의 최고 지도자예요. 하느님의 가르침을 전하고 신앙과 도덕에 대한 방향을 제시하는 중요한 역할을 해요. 또한 교회의 질서를 유지하고 사회 정의와 평화를 위해 노력해요. 교황은 국제 사회와 외교적인 관계도 담당해요. 전쟁·가난·환경 문제 같은 세계적인 이슈에 대해서도 목소리를 내지요.

알쏭달쏭 어휘 풀이

◆ **추기경**: 교황 다음가는 성직.
◆ **선출하다**: 여럿 가운데서 골라내다.
◆ **선교사**: 외국에서 기독교를 널리 알리는 사람.

✏️ 다음 빈칸에 알맞은 말을 쓰세요.

2025년 가톨릭 역사상 처음으로 미국 출신 교황이 ☐☐ 됐다.

✏️ 이 글을 통해 알 수 있는 내용에 ○, 알 수 없는 내용에 ×표 하세요.

- 콘클라베 중에 굴뚝에 흰 연기가 나면 다시 투표를 해야 한다는 뜻이다. ( )
- 교황의 이름은 스스로 정할 수 있다. ( )
- 지금까지 교황 중에서 이탈리아 출신이 가장 많다. ( )

✏️ 생각해 보기

교황이 태어난 나라가 다양해지는 것이 왜 좋을까요?

개를 호랑이처럼 염색했다고요?

호랑이는 우리가 동물원에서 가장 보고 싶어 하는 동물 중 하나예요. 그런데 중국의 한 동물원이 개를 호랑이처럼 보이게 하려고 주황색으로 염색한 뒤 '호랑이 개'로 홍보했다고 해요. 어떻게 이런 일이 일어나게 된 걸까요?

태국에서 관광객을 태우고 가는 코끼리.

얼룩덜룩 호랑이 무늬 염색시킨 동물원

이 사건은 2025년 1월 중국판 틱톡인 중국 소셜미디어(SNS) 더우인에 한 영상이 올라오며 알려졌어요. 영상 속에는 중국의 전통 개인 차우차우들이 나무로 된 울타리에 갇혀 있는데, 털 색깔이 검은색 줄무늬와 밝은 주황색 줄무늬로 염색돼 있었어요. 〈뉴욕포스트〉는 "동물원 관람객들은 개들을 호랑이처럼 보이도록 한 속임수에 너무 놀랐다"고 했어요.

"건강상 우려 없다" vs. "동물 학대"

동물원에서는 "개들의 건강에 문제가 없다"고 주장했지만, 사람에게 쓰는 염색약을 동물에게 쓰면 위험할 수 있다고 동물 단체들은 비판했어요. 동물이 화상을 입을 수도 있거든요. 동물권 단체 페타(PETA)는 "동물은 장난감이 아니다"고 경고하기도 했어요. 그런데 중국 동물원의 염색은 이번이 처음이 아니에요. 지난해에는 같은 동물원에서 판다를 흉내 내기 위해 개들의 털을 짧게 깎고 염색한 적도 있지요.

사람 때문에 괴로운 동물들

다른 나라에서도 동물들이 힘들어하는 일들이 있어요. 태국에서는 코끼리 타기 체험 관광이 인기를 끌고 있는데, 25년 동안 사람들을 태운 코끼리 파이린의 척추가 내려앉기도 했어요. 오랫동안 관광객을 태우고 걷느라 코끼리의 등뼈와 척추가 크게 다친 거예요. 또 우리나라에서도 사자 바람이가 좁은 우리에서 7년간 지내다가 갈비뼈가 보일

정도로 깡마른 모습으로 발견되어 모두를 안타깝게 했어요. 지금은 다행히 더 넓은 동물원으로 옮겨져 잘 지내고 있어요. 동물원은 우리에게 즐거움과 배움을 주지만 그 안의 동물들이 건강하고 행복하게 지내는 것도 중요한 문제예요.

똑똑한 배경지식

동물 학대
동물에게 신체적 고통이나 정신적 스트레스를 주는 행위를 말해요. 때리거나 굶기는 것뿐 아니라, 좁은 공간에 가두거나 방치하는 것도 학대에 포함돼요. 이런 행동은 동물의 생명과 권리를 무시하는 잘못된 일이에요. 모든 생명은 존중받아야 하고, 동물 역시 보호해야 해요.

💡 알쏭달쏭 어휘 풀이

- ◆ **염색**: 염료를 사용하여 머리카락이나 천에 물을 들임.
- ◆ **화상**: 높은 온도의 기체·액체·고체에 데었을 때 일어나는 피부의 손상.
- ◆ **척추**: 몸의 중심을 지탱하고 뇌에서 내려오는 신경을 보호하는 등뼈 구조.

✏️ **다음 빈칸에 알맞은 말을 쓰세요.**

중국 동물원이 개를 호랑이처럼 염색해 ☐☐ 학대 논란이 일었다.

✏️ **이 글을 통해 알 수 있는 내용에 ○, 알 수 없는 내용에 ×표 하세요.**

- 중국의 한 동물원은 개를 호랑이처럼 보이게 하려고 염색했다. ( )
- 동물 단체들은 염색이 동물에게 해가 없지만 조심해야 한다고 주장했다. ( )
- 태국에서 관광객을 오래 태운 코끼리의 등뼈가 다친 적이 있다. ( )

✏️ **생각해 보기**

동물원은 꼭 필요할까요? 찬성이나 반대 의견을 말해 보세요.

구글 지도, 우리나라 길은 왜 헤맬까?

혹시 길을 찾을 때 구글 지도를 사용해 본 적 있나요? 우리나라에서는 다른 지도 앱은 자주 사용하는데 구글 지도는 자주 사용하지 않아요. 정확하지 않은 경우가 많거든요. 왜 그럴까요?

구글 지도는 많은 나라에서 쓰이지만 우리나라에서는 사용이 불편하다.

지도 둘러싼 힘겨루기 이유는?

글로벌 정보통신(IT) 기업 구글이 2025년 2월 국토지리정보원에 우리나라의 고정밀 지도를 요청했어요. 구글이 고정밀 지도를 요청하는 이유는 바로 서비스 개선 때문이에요. 구글은 전 세계 250여 개국에서 길 찾기 서비스를 제공하고 있어요. 하지만 한국·북한·중국에서는 잘 찾아 주지 못해요. 데이터가 부족하기 때문이에요. 우리나라는 다른 나라들보다 길이 훨씬 복잡하고 건물도 빽빽하게 모여 있어서 고정밀 지도가 반드시 필요해요. 우리나라에서 길을 찾을 때 주로 사용하는 서비스인 티맵·카카오맵·네이버지도는 고정밀 지도를 사용하고 있지요.

국가 안보 문제로 넘겨주기 어려워

그런데 우리나라가 구글에 고정밀 지도를 주는 것을 망설이는 이유가 있어요. 바로 국가 안보 문제 때문이에요. 우리나라는 남한과 북한으로 나뉘어 있어서 보안시설이 많거든요. 그래서 정부는 위성사진에서 보안시설을 가리고, 상세 좌표를 없애고, 국내에 데이터센터를 설치하라는 조건을 내세웠어요. 하지만 구글은 보안시설을 가리는 조건 한 가지만 받아들였지요. 그래서 4차례나 합의를 이루지 못했어요.

우리나라 데이터 주권 약화 우려

우리나라를 찾는 외국인 관광객이 늘어나면서 지도를 이용하는 사람들의 불만도 커졌어요. 한국문화관광연구원의 '2023 외래관광조사'에 따르면 외국인들이 한국 여행할 때 가장 불편한 점으로 교통, 관광 안내, 디지털 정보 접근을 꼽았어요. 그렇지만 지도는 교통·관광·IT 등 여러 산업과 연관돼 있기 때문에 해외 기업에 정보를 넘겨주면 우리나라의 데이터 주권이 약해질 수 있다는 우려도 있지요. 우리나라에서 1조 원 넘게 들여 만든 지도를 해외 기업에 공짜로 주는 것은 불공평하다는 말도 나오고 있어요.

똑똑한 배경지식

고정밀 지도

일반 지도보다 훨씬 더 자세하게 만들어진 지도를 말해요. 센티미터 단위까지 위치 정보를 정확하게 보여 주지요. 1대 25,000 축척보다 1대 5,000 축척이 정밀해요. 지도 1㎝에 실제 거리 250m가 표시되는 것보다 50m가 표시되는 편이 훨씬 정확도가 높기 때문이에요. 우리나라는 도심에 건물이 밀집해 있어 고정밀 지도가 있어야 길 찾기가 편리해요.

알쏭달쏭 어휘 풀이

- **안보**: 외부 위협이나 침략으로부터 국가와 국민의 안전을 지키는 일. 안전 보장의 준말.
- **보안시설**: 물건·정보를 보호하기 위해 출입이나 접근을 제한하고 감시·통제하는 장소나 설비.
- **데이터센터**: 서버·저장장치·네트워크 장비 등을 모아 두고 데이터를 저장·처리·관리하는 시설.

✏️ **다음 빈칸에 알맞은 말을 쓰세요.**

구글이 한국에 고정밀 ☐☐를 요청했지만, 보안 문제 등으로 이를 망설이고 있다.

✏️ **이 글을 통해 알 수 있는 내용에 ○, 알 수 없는 내용에 ×표 하세요.**

- 구글은 전 세계 대부분의 나라에서 길 찾기 서비스를 제공한다. ( )
- 고정밀 지도는 건물 밀집 지역에서 길 찾기에 도움이 된다. ( )
- 외국인이 한국에서 구글 지도 덕분에 편리하게 여행하고 있다. ( )

✏️ **생각해 보기**

우리나라가 구글에 고정밀 지도를 제공해야 할까요? 찬성이나 반대 의견을 말해 보세요.

미국 Z세대는 팁에 돈을 덜 쓴다?

팁은 식당에서 서비스를 받은 후에 감사의 표시로 더 주는 돈을 말해요. 특히 미국에서는 팁을 주는 것이 아주 자연스러운 문화예요. 그런데 요즘 젊은 사람들은 팁 주는 것을 싫어한다고 해요. 2025년 6월 미국 금융 정보 기관 뱅크레이트가 발표한 설문 조사 결과에 따르면, Z세대(1990년대 중반~2000년대 출생) 중 레스토랑에서 항상 팁을 주는 사람은 43%정도라고 해요. 부모 세대(83%)의 절반 정도로 줄어든 거예요.

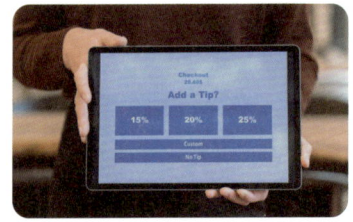

미국 식당 결제 시 팁을 얼마나 줄지 선택하는 화면이 뜨는 경우가 많다.

팁만 40%, 어디까지 오를까?

예전에는 음식값의 15~20% 정도를 팁으로 줬어요. 서비스 만족에 따라 그보다 적거나 많이 줄 수도 있었죠. 그런데 요즘에는 계산서에 팁 액수를 안내하는 곳이 늘었어요. 액수도 25%부터 최대 40%까지 늘었어요. 팁 액수가 오르는 현상을 두고 '팁(Tip)'과 물가 상승을 뜻하는 '인플레이션(Inflation)'을 합친 '팁플레이션'이라는 말까지 생겼어요.

팁에 대한 불만이 커지고 있지만 팁 문화가 당장 사라지기는 힘들 거예요. 미국에서는 종업원 임금이 적어서 사실상 팁이 종업원 임금에 해당하거든요. 팁플레이션이 계속되자 팁 문화가 부담이 되지 않도록 고용주가 종업원에게 임금을 더 줘야 한다는 주장도 나오고 있어요. 하지만 그럴 경우 늘어나는 임금만큼 소비자에게 돈을 더 받게 될 테니 물가가 상승할 거라는 예측도 있어요.

우리나라에서 팁 강요는 불법

우리나라에서도 2023년 한 빵집이 '팁 상자'를 놓아두어 논란이 된 적이 있어요. 길게 줄을 설 만큼 인기가 많은 가게라서 더 화제가 되었어요. 카카오 택시 앱에도 팁을 줄 수 있는 기능이 잠시 생기기도 했어요. 택시 이용 후 서비스에 대해 별 5개를 준 경우에 팁을 줄지 선택하는 창이 떴는데, 1,000원, 1,500원, 2,000원 중 고를 수 있었어요. 카카오 측은 팁을 줄지 말지 승객이 선택하는 기능이라 문제가 없다고 했지만 사람들은 부정적으로 바라보았어요. 우리나라에도 미국처럼 팁 문화가 생기는 게 아닌지 걱정한 거죠. 하지만 우리나라에서 팁을 강요하는 것은 불법이에요. 식품위생법 시행규칙 제25조는 음식점이 '최종 지불 가격(부가세·봉사료 포함)'을 표시해야 하며 이를 초과한 금액을 손님에게 강제로 요구해서는 안 된다'고 정하고 있어요. 즉 음식값에 봉사료(팁)를 포함해서 받도록 되어 있답니다.

똑똑한 배경지식

팁(Tip)
팁은 식당 카페 등에서 주문을 받고 음식을 가져다주는 종업원에게 감사의 뜻으로 주는 돈이에요. 특히 미국은 종업원의 시급이 낮아서 팁이 주 수입원이기 때문에 팁을 주는 문화가 있어요. 그런데 요즘은 팁 금액이 늘고 포장을 할 때도 팁을 요구하는 경우가 늘면서 팁과 인플레이션(Inflation)이 합쳐진 팁플레이션(Tipflation)이라는 말도 생겼어요.

알쏭달쏭 어휘 풀이

◆ **고용주**: 임금을 주고 사람을 부리는 사람.
◆ **지불**: 값을 치름.

✏️ **다음 빈칸에 알맞은 말을 쓰세요.**

미국에는 ☐을 주는 문화가 있지만 최근 젊은 세대는 거부감을 드러내고 있다.

✏️ **이 글을 통해 알 수 있는 내용에 ○, 알 수 없는 내용에 ×표 하세요.**

- 미국에서 식당 종업원에게 팁을 주는 것은 자연스러운 문화이다. ( )
- 팁의 비율이 높아지면서 팁플레이션이라는 말이 생겨났다. ( )
- 우리나라도 팁 문화가 활성화되고 있다. ( )

✏️ **생각해 보기**

우리나라에 팁 문화가 생긴다면 어떨지 생각해 보세요.

사회 기사 읽을 때 필수 어휘 15

기본권
사람이 태어날 때부터 가지는 기본적인 권리. 자유권·평등권·참정권·사회권·청구권이 있음.

비슷한 말 기본적 인권

예문 모든 국민은 헌법이 정한 **기본권**을 누릴 수 있습니다.

분포
정해진 범위 안에서 나뉘어 모여 있거나 퍼져 있는 것.

예문 우리나라는 서울에 인구가 집중적으로 **분포**해 있습니다.

선거
학급의 회장을 뽑는 것처럼 자신들을 대표할 사람을 뽑는 것.

비슷한 말 선출

예문 대통령 **선거**를 앞두고 후보들이 함께 토론을 했습니다.

국회의원
국민의 선거에 의해 뽑힌 국회의 구성원.

비슷한 말 국민대표

예문 국회 의사당은 **국회의원**들이 법률을 만들고 고치는 곳입니다.

민주주의
국민이 권력을 가지고 그 권력을 스스로 행사하는 제도. 또는 그런 정치를 지향하는 사상.

예문 **민주주의**에서 국가의 주인은 국민입니다.

사회
가족·마을·회사·국가 등 공동생활을 하는 사람들의 모든 집단.

비슷한 말 사회 집단

예문 현대 **사회**는 기술이 발달하여 로봇이 사람의 일을 대신하기도 합니다.

소송
사람들 사이에 일어난 다툼을 재판을 통해 법률에 따라 판결해 달라고 법원에 요구함.

비슷한 말 송사, 송소

예문 이번 **소송**으로 회사에서 보상금을 받게 되었습니다.

언론
신문이나 방송 같은 매체를 통해 어떤 사실이나 의견을 널리 알리는 활동. 또는 그러한 활동을 하는 기관.

비슷한 말 매스컴, 보도
예문 **언론**은 발 빠르게 사건의 심각성을 국민들에게 알렸습니다.

의무
사람으로서 마땅히 해야 할 일. 곧 맡은 직분.

예문 우리나라의 모든 국민은 교육, 근로, 국방, 납세, 환경 보전의 **의무**를 지닙니다.

정부
나라의 여러 가지 일을 처리하는 국가 기관. 행정을 맡아보는 국가 기관만을 의미하기도 함.

비슷한 말 행정부
예문 **정부**에서 다양한 정책을 만들어 실천하고 있습니다.

정치
나라를 다스리는 일. 사회 질서를 바로잡고 국민의 기본 생활을 보장하기 위해 국가의 권력을 유지하며 행사함.

비슷한 말 통치
예문 국민들은 투표를 통해 **정치**에 참여할 수 있습니다.

주권
국가의 의사를 최종적으로 결정하는 힘.

예문 독도는 우리나라 **주권**이 미치는 우리나라 땅입니다.

취업
일정한 직업을 잡아 직장에 나감.

비슷한 말 취직
예문 경기가 어려울 때는 채용이 줄어 **취업**하기 어렵습니다.

헌법
대한민국에서 가장 기본이 되고 중요한 법.

예문 **헌법**에서 모든 국민이 행복하게 살아갈 권리를 보장하고 있습니다.

효력
법률이나 규칙 등이 영향을 미침.

비슷한 말 힘
예문 이 법률은 내일부터 법적 **효력**을 갖습니다.

비상계엄이 뭐예요?

2024년 12월 3일 밤, TV에서 전 국민이 깜짝 놀랄 소식이 들렸어요. 윤석열 전 대통령이 긴급 담화문을 발표하면서 "비상계엄을 선포한다"고 했기 때문이에요. 우리나라에서 계엄이 선포된 건 1979년 이후 처음 있는 일이라서 모두 놀랄 수밖에 없었지요.

계엄이 선포되자마자 군인들이 총을 들고 국회에 들어가기 시작했어요. 국민을 지켜 주는 군인이 국

서울 여의도 국회의사당 전경.

민을 대표하는 국회의원에게 향하니 국회는 큰 혼란에 빠졌어요. 이 소식을 들은 국민들은 재빨리 국회로 모여들었고 뉴스에서도 밤새 이 상황을 알렸어요.

사회가 혼란스러울 때만 가능한 계엄 선포 이유는?

계엄은 나라에 아주 큰일이 생겼을 때, 대통령이 국민의 기본권을 제한하는 것을 말해요. 계엄이 선포되면 군인이 경찰이 하는 일도 할 수 있고, 나라의 중요한 일을 결정할 수도 있어요. 국민에게도 군인들에게 적용하는 법이 적용되고, 정치 활동도 할 수 없어요. 말 그대로 자유가 사라지는 거예요.

그래서 헌법에서는 계엄을 함부로 선포하지 못하도록 엄격하게 정해 놓았어요. 전쟁이 나거나 경찰의 힘만으로는 해결할 수 없는 일이 생겨 사회가 혼란스러울 때만 선포할 수 있지요. 그런데 윤석열 전 대통령은 그 당시 국회에서 야당이 정부 예산을 줄이고 나라를 어지럽고 혼란하게 만들어서 계엄을 선포했다고 주장했어요.

국회, 즉시 계엄 해제 요구

계엄을 해제해 달라고 할 수 있는 곳은 국회밖에 없어요. 헌법 제77조에 따르면 국회의원 300명 중 절반이 넘는 사람이 계엄 해제를 요구하면 대통령은 그렇게 해야 해요. 이번에도 계엄이 선포되자마자 국회의원들은 국회로 모였고, 190명이 참석해서 만장일치로 계엄 해제를 요구하기로 결정됐어요. 결국 다음 날 오전 4시 반, 윤석열 전 대통

령은 계엄을 해제했지요.

　국민들은 이번 계엄 선포가 헌법에 어긋나는 것이라고 했어요. 전쟁이 난 것도 아니고, 경찰이 못 막을 큰 난리가 난 것도 아니었기 때문이에요. 또 계엄을 선포하면 국회에 바로 알려야 하는데 그러지도 않았고, 국회의원들의 정치 활동을 막으려고도 했지요. 그래서 결국 윤석열 전 대통령을 탄핵하자는 논의로 이어졌어요.

똑똑한 배경지식

비상계엄

전쟁과 같이 나라에 큰 위험이 닥쳤을 때 대통령의 명령으로 군대가 질서를 지키기 위해 나서는 것을 말해요. 비상계엄이 선포되면 모든 행정과 사법을 군대에서 맡게 돼요. 모든 사람에게 군법이 적용되고 재판 형식도 군사 재판으로 이루어져요. 또한 언론·출판·집회·결사의 자유가 사라질 수 있어요.

알쏭달쏭 어휘 풀이

- **선포**: 세상에 널리 알림.
- **기본권**: 인간이 태어날 때부터 가지고 있는 기본적인 권리.
- **야당**: 정당 정치에서 현재 정권을 잡고 있지 않은 정당. 대통령이 선출되지 않은 정당을 의미함.

✏️ 다음 빈칸에 알맞은 말을 쓰세요.

윤석열 전 대통령이 ☐☐☐☐ 을 선포하여 탄핵 논의로 이어졌다.

✏️ 이 글을 통해 알 수 있는 내용에 ○, 알 수 없는 내용에 ×표 하세요.

- 비상계엄이 선포되면 군인이 경찰의 역할까지 할 수 있다. (　)
- 비상계엄이 선포되면 국민의 자유가 사라질 수 있다. (　)
- 비상계엄은 대통령이 자유롭게 선포할 수 있다. (　)

✏️ 생각해 보기

비상계엄은 어떤 때에 선포하는 것일까요?

헌법재판소, 대통령 탄핵 결정!

2024년 12월 14일 국회는 윤석열 대통령의 탄핵소추안을 통과시켰어요. 탄핵은 높은 자리에 있는 공무원이 큰 잘못을 저질렀을 때, 그 자리에서 물러나게 하는 제도예요. 대통령을 탄핵하려면 국회의원 300명 중 3분의 2인 200명 이상이 찬성해야 해요. 이날 국회에서는 204명이 찬성해서 탄핵소추안이 통과되었어요. 대통령이 헌법을 지키지 않고 일방적으로 비상계엄을 선포했다는 이유였어요. 탄핵소추안이 통과되면 대통령은 모든 직무를 멈춰야 해요.

서울 종로구 헌법재판소 전경.

국회가 요구하고 헌법재판소로 넘어가

국회가 대통령을 파면해 달라고 요구하면, 헌법재판소가 재판을 열어서 과연 파면할 만한 일인지 판단해요. 헌법재판소에는 9명의 헌법재판관이 있는데 이 중에 6명 이상이 찬성해야 대통령을 탄핵할 수 있어요. 반대로 헌법재판관 6명 이상이 찬성하지 않으면 대통령은 다시 일할 수 있어요. (이번 재판에는 헌법재판관 1명이 퇴임한 상태라 8명의 재판관이 참여했어요.)

헌법재판소는 매주 2차례 국회 탄핵소추인단과 윤석열 대통령을 불러, 왜 비상계엄을 선포했는지, 어떤 일이 있었는지, 헌법에 어긋나는 부분이 있는지 꼼꼼하게 따져 물었어요. 계엄에 참여했던 사람들을 불러 당시 상황을 묻기도 하고, 대통령이 군인들에게 국회로 가라고 지시했는지, 법조인을 체포하라고 말했는지 등을 조사했어요.

헌법재판소는 4개월간 재판을 진행한 뒤 2025년 4월 4일 헌법재판관 전원 찬성으로 윤석열 대통령 파면을 결정했어요. 재판관들은 대통령이 선포한 비상계엄이 정당성을 갖추지 못했고 헌법과 법률에 어긋난다고 판단했어요. 이 결정으로 윤석열 대통령은 즉시 파면되어 대통령 자격을 잃었어요.

외국 언론들, 한국 민주주의에 감동

다른 나라의 언론들은 우리나라 대통령의 파면 소식을 긴급하게 전했어요. 영국 〈가디언〉은 "한국 민주주의 여정에 중요한 순간으로 기억될 것"이라고 했고, 미국 〈워싱턴 포스트〉는 "헌법 절차를 통해 대통령을 해임할 수 있을 정도"라면서 우리나라의 민주주의가 튼튼하게 자리 잡고 있다고 평가했어요.

똑똑한 배경지식

헌법재판소
어떤 일이 헌법에 맞는지 판단하는 기관이에요. 나라의 법 중에서 가장 중요한 헌법을 지키기 위해 만들어진 곳이지요. 국민의 권리가 침해되었을 때는 심판을 하기도 하고, 대통령이 잘못했을 때 탄핵 심판도 해요. 헌법재판관은 9명인데, 대통령이 지명한 3명, 국회가 뽑은 3명, 대법원장이 지명한 3명으로 구성돼요.

알쏭달쏭 어휘 풀이

- **탄핵소추안**: 높은 공직자가 법을 위반했을 때 탄핵하자고 국회가 요청하는 제안.
- **비상사태**: 나라에 천재, 사변, 폭동 같은 일이 일어나서 사회가 혼란에 빠진 상태.
- **파면**: 잘못을 저지른 사람에게 직무나 직업을 그만두게 함.

✏️ 다음 빈칸에 알맞은 말을 쓰세요.

　　☐☐재판소의 재판관들은 비상계엄을 한 윤석열 대통령의 파면을 결정했다.

✏️ 이 글을 통해 알 수 있는 내용에 ○, 알 수 없는 내용에 ×표 하세요.

- 헌법재판소 재판관 5명이 찬성하면 대통령을 파면할 수 있다. 　( )
- 헌법재판소는 비상계엄의 정당성을 조사하며 재판을 진행했다. 　( )
- 헌법재판소는 윤석열 대통령의 재판을 4개월간 진행했다. 　( )

✏️ 생각해 보기

헌법재판소는 결정을 내릴 때 왜 재판관 6명 이상이 찬성하도록 할까요?

나라마다 대통령 뽑는 방법이 달라요

우리나라는 2025년 6월 3일에 새로운 대통령을 뽑는 선거를 했어요. 많은 국민이 투표에 참여해서 역대 2번째로 높은 투표율(79.4%)을 기록했어요. 그리고 이재명 후보가 1728만 7,513표를 얻어 역대 최고 득표수를 기록하고 대통령으로 당선되었어요.

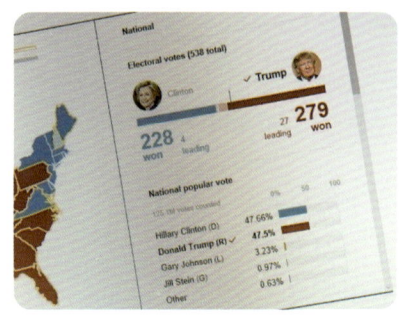
2016년 미국 대선 개표 중, 클린턴 후보 득표율이 높지만 선거인단은 트럼프 후보가 더 많다.

우리나라, 국민이 직접 뽑는 직선제

1948년 7월 20일 우리나라 첫 대통령 선거는 지금과 달랐어요. 후보 없이 국회의원들이 자기가 지지하는 사람의 이름을 써서 내는 식이었지요. 국민의 대표인 국회의원이 투표를 하는 '간선제'였던 거예요. 제도가 여러 차례 바뀌다가 1987년 개헌으로 국민들이 직접 대통령을 뽑는 '직선제'가 확립되었어요. 그리고 5년 단임제를 만들었어요. 대통령의 임기를 5년으로 하고, 임기를 마치면 다음에는 대통령 후보로 출마할 수 없어요. 투표할 수 있는 나이도 정해져 있어요. 1948년에는 만 21세가 넘어야 투표할 수 있었는데 2019년에는 만 18세 이상으로 투표 연령이 낮아졌어요.

미국, 국민 대표가 대신 뽑는 간선제

미국도 대통령제 민주주의 국가지만, 매우 독특한 간선제를 택하고 있어요. 만 18세 이상 시민권자가 등록을 해서 유권자가 되면 투표를 해요. 그런데 그 표는 바로 후보에게 가지 않아요. 해당 주(State)에서 표가 제일 많이 나온 사람이 그 주 선거인단의 표를 모두 가져가게 되어 있어요. 만약 어떤 주의 1번 후보가 51표, 2번 후보가 49표를 받았다면, 1번 후보가 그 주에 정해진 선거인단의 모든 표를 가져가는 거예요. 각 주마다 인구수에 따라 선거인단 수가 정해져 있어요. 예를 들어 인구가 많은 캘리포니아주는 54명의 선거인단이 있지만, 와이오밍·노스다코다·알래스카는 3명밖에 없어요. 50개 주의 선거인단은 모두 538명인데, 절반 이상인 270명 이상 확보해야 당선돼요.

그런데 이런 투표 방식 때문에 국민 전체의 의견과 다른 결과가 나오기도 해요. 지난 2016년 힐러리 클린턴 후보는 전국 유권자 선거에서는 6585만 표를 얻어, 도널드 트럼프 후보(6298만)보다 더 많은 지지를 얻었어요. 하지만 선거인단 수로 따지자 힐러리는 232명, 트럼프는 306명이 되어 트럼프가 승리하게 되었지요. 그래서 미국에서는 선거 제도를 바꾸자는 목소리가 나오기도 해요.

똑똑한 배경지식

대통령 선출 방식

국민들이 직접 투표하는 직선제와 국민이 뽑은 대표들이 대신 뽑는 간선제가 있어요. 직선제는 국민이 직접 의견을 낼 수 있어서 민주적이고, 간선제는 대표들이 뽑아서 더 전문적이고 안정적일 수 있어요. 인구나 지역이 많은 나라에서는 간선제가 효과적이에요.

알쏭달쏭 어휘 풀이

- **개헌**: 헌법을 고침.
- **출마하다**: 1) 말을 타고 나가다. 2) 선거에 입후보하다. 3) 어떤 일에 나서다.
- **유권자**: 선거할 권리를 가진 사람.

✏️ **다음 빈칸에 알맞은 말을 쓰세요.**

대통령을 뽑는 방식은 □□□와 간선제가 있으며 나라마다 다르다.

✏️ **이 글을 통해 알 수 있는 내용에 ○, 알 수 없는 내용에 ×표 하세요.**

- 우리나라는 국민이 직접 대통령을 뽑는 직선제이다. ( )
- 우리나라 대통령 임기는 5년이며, 임기를 마치면 다시 대통령 후보로 나올 수 있다. ( )
- 미국은 선거인단이 대통령을 뽑는 간선제이다. ( )

✏️ **생각해 보기**

직선제와 간선제 중에 어떤 방식이 더 좋은지 생각해 보세요.

대통령은 어디에서 일하나요?

우리나라 대통령은 쭉 청와대에서 일하고 생활했어요. 그런데 탄핵된 윤석열 전 대통령은 청와대 대신 용산으로 집무실을 옮겼어요. 갑자기 옮기는 바람에 공사도 급하게 진행되고, 세금도 많이 들었다는 비판이 있었지요. 대통령이 집과 집무실을 오가는 중에 교통체증이 있기도 했어요. 그래서 2025년에 당선된 이재명 대통령은 청와대로 돌아가겠다고 약속했어요. 2025년 6월 3일 KBS·MBC·SBS 방송사의 출구조사 때, 58.2%가 '다음 대통령은 청와대에서 일해야 한다'고 답했어요. 국민들도 대통령이 청와대로 돌아가기를 원하고 있는 거지요. 지금은 대통령이 돌아갈 수 있도록 청와대를 고치고 있어요.

서울 종로구 청와대 전경. 역대 대다수 대통령은 이곳에서 머물며 나랏일을 했다.

푸른 기와집 청와대, 74년간 대통령 업무·거주 공간

청와대는 조선 시대 경복궁의 일부였어요. 북악산을 등지고 있고 인왕산과 낙산에 안겨 있어서 풍수지리적으로 좋은 터라고 여겨졌어요. 일제 강점기에 일본이 총독 관저를 이 자리에 지었고 광복 후 미군정 역시 그 건물을 사용했어요. 그러다가 1948년 대한민국 정부가 수립된 이후 대통령의 집무실이자 관저로 쓰이게 됐지요. 이후로도 여러 번 수리를 거쳐 1991년 지금과 같은 모습이 됐어요.

청와대는 한자로 '푸른 기와집'이라는 뜻이에요. 이 푸른색은 맑고 깨끗한 마음을 뜻하는데, 대통령이 청렴한 정치를 하라는 의미가 담겨 있어요. 고려 시대 때부터 청기와가 쓰인 기록이 있는데, 지금 남은 궁궐 중에 청기와로 덮인 건 창덕궁 선정전 하나뿐이에요. 그만큼 귀한 기와지요. 보통 기와보다 훨씬 뜨거운 1,200℃에서 굽고 청색 유약을 바른 뒤 다시 굽는 등 정성이 들어갔어요.

다른 나라 대통령은 어디에서 일할까요?

미국 대통령은 수도 워싱턴 D.C의 백악관에서 일하고 생활해요. 타원형 방인 오벌

오피스가 유명하지요. 프랑스 대통령의 관저이자 집무실인 엘리제궁도 수도 파리에 있어요. 1722년에 지어진 아주 오래되고 아름다운 건물로, 매년 6월과 9월에는 시민에게 개방해요. 시진핑 중국 국가주석의 공관은 베이징에 있는 친정뎬이에요. 이곳은 전체 면적이 100만㎡(축구장 약 140개)에 달할 만큼 커요. 전체 면적의 절반은 호수이며 외부에 공개하지 않는다고 해요.

똑똑한 배경지식

청와대
우리나라 대통령이 일하는 곳이자 머무는 집이었어요. 서울 종로구 북악산 근처에 있어요. 푸른색 기와로 지붕을 만들어서 '청와대(靑瓦臺)'라고 불리지요. 2022년 대통령 집무실이 용산으로 옮겨졌지만 올해 안에 다시 청와대로 돌아갈 예정이에요.

알쏭달쏭 어휘 풀이

- **집무실**: 주로 높은 지위에 있는 사람들이 일을 처리하는 방.
- **풍수지리**: 지형이나 방위를 인간의 길흉화복과 연결시키는 이론.
- **관저**: 정부에서 장관급 이상의 고위직 공무원들이 살도록 마련한 집.

✏️ 다음 빈칸에 알맞은 말을 쓰세요.

☐☐☐는 오랜 기간 우리나라 대통령의 집무실이자 관저로 사용되었다.

✏️ 이 글을 통해 알 수 있는 내용에 ○, 알 수 없는 내용에 ×표 하세요.

- 이재명 대통령은 청와대로 집무실을 옮기겠다고 했다. ( )
- 청와대가 있는 터는 조선 시대 궁궐의 일부였다. ( )
- 프랑스 대통령의 집무실은 일반인에게 공개하지 않는다. ( )

✏️ 생각해 보기

왜 국민들은 대통령이 청와대로 돌아가기를 바랐을까요?

포괄적 차별금지법, 18년 만에 제정될까?

2025년 8월 임명된 원민경 여성가족부 장관이 "포괄적 차별금지법의 필요성과 의미가 매우 크다"며 "국가인권위원회와 적극적으로 협력해 나가고자 한다"고 말했어요. 과연 오랫동안 찬반 논란이 있었던 이 법이 이제는 제정될까요?

포괄적 차별금지법 제정에 대한 찬반 의견이 오랫동안 대치되어 왔다.

계속 제자리걸음인 까닭은?

포괄적 차별금지법은 우리 사회에 있는 모든 사람을 똑같이 존중하고 차별하지 말자는 약속이에요. 성별·나이·장애·종교·피부색·학교·직업 등을 이유로 불공평한 대우를 받지 않도록 하는 법이죠. 이 법이 만들어지면 우리는 서로 다름을 인정하고 더 평등한 사회에서 살아갈 수 있게 될 거예요.

이 법은 무려 18년 전인 2007년에 만들자는 논의를 시작했지만, 서로 다른 의견이 팽팽히 맞서 제정되지 못했어요. 인권 보호와 사회적 평등을 실현한다는 데는 대부분 공감하지만 보수단체와 기독교가 반대하고 있거든요. 보수단체는 해당 법이 제정되면 기업들이 자유롭게 직원을 뽑을 수 없을 거라고 걱정해요. 기독교는 이 법으로 인해 동성애를 인정하게 될 것이고 그것이 우리 사회에 혼란을 가져올 수 있다며 반대하고 있지요.

UN, 한국 정부에 14차례 권고

우리나라가 포괄적 차별금지법을 제정하는 것에 다른 나라에서도 관심을 가지고 지켜보고 있어요. 해외에서는 이미 보편적인 기준으로 자리 잡았기 때문이에요. 네덜란드는 1994년 일반평등대우법, 독일은 2006년 일반적 평등대우법, 영국은 2010년 평등법 등이 제정됐지요. 국제연합(UN)은 우리나라에 이 법안을 제정하라고 14차례나 권고했어요.

법이 제정되면 일상에도 변화가 생길 거예요. 2016년 영국에서 하이힐 신는 것을 거부했다는 이유로 해고당한 여성이 문제를 제기하자 회사는 즉시 관련 규정을 수정해야 했어요. 그런데 우리나라에서는 법적 강제성이 없어서 문제를 해결하는 데 오랜 시간이 걸리고 있어요. 2008년 국가인권위원회가 승무원 채용 시 '키 162㎝ 이상' 조건을 정해 놓은 것은 차별이라고 수정을 권고했지만 대한항공은 7년 뒤에야 이를 고쳤어요.

똑똑한 배경지식

포괄적 차별금지법
합리적인 이유 없이 성별·장애·병력·나이·인종·종교·성적 지향 등의 이유로 고용·교육·서비스 등에서 차별을 받지 않도록 하는 법이에요. 남녀고용평등법, 장애인차별금지법 등 특정 영역의 차별을 다룬 법이 있지만 포괄적 차별금지법은 모든 것을 아우르지요. 다만 우리나라에서는 찬반 논란이 많아 아직 제정되지 않고 있어요.

알쏭달쏭 어휘 풀이

- **포괄**: 일정한 대상이나 현상 따위를 어떤 범위나 한계 안에 모두 끌어넣어 묶음.
- **제정**: 제도나 법률을 만들어서 정함.
- **보편적**: 모든 것에 두루 미치거나 통하는.

✏️ 다음 빈칸에 알맞은 말을 쓰세요.

우리나라에서 ☐☐☐ 차별금지법은 찬반 논란으로 아직 제정되지 못하고 있다.

✏️ 이 글을 통해 알 수 있는 내용에 ○, 알 수 없는 내용에 ×표 하세요.

- 포괄적 차별금지법은 이미 한국에서 2007년에 제정되어 시행 중이다.   ( )
- 국제연합은 한국에 포괄적 차별금지법 제정을 14차례나 권고했다.   ( )
- 보수단체와 종교계는 포괄적 차별금지법 제정에 반대하고 있다.   ( )

✏️ 생각해 보기

포괄적 차별금지법이 제정되면 무엇이 달라질까요?

'쉬었음' 청년이 늘고 있어요

2025년 5월, 일하는 노인이 700만 명을 넘어섰어요. 노인들이 모아둔 돈만으로는 긴 노후를 보내기에 불안해져서 은퇴한 후에도 계속 일을 찾아 나서는 경우가 늘었지요. 곧 청년 경제 활동 참가율을 넘어설 정도예요. '청년은 쉬고 노인은 일한다'는 말이 나오는 이유예요.

가고 싶은 직장과 갈 수 있는 직장이 차이가 나자 쉬는 청년이 늘고 있다.

특별한 이유 없이 쉬는 사람 늘어

나라에서는 일하는 사람을 '취업자', 일을 하고 있지는 않지만 일자리를 찾고 있는 사람을 '실업자'라고 부르고 '경제활동인구'로 분류해요. 그리고 학생·주부처럼 일을 하지 않는 사람들은 '비경제활동인구'라고 해요. 이 중에 특별한 이유 없이 쉬는 사람을 '쉬었음' 상태라고 해요. 그런데 이 상태인 사람이 점점 늘고 있어요. 한국고용정보원에 따르면 2015년에는 약 159만 명이었는데, 2024년에는 약 246만 명으로 늘었어요. 그 중 59만 명이 15~34세 청년층이었고, 대학을 졸업한 사람들이 많았지요. 2024년 고용정보원이 1년 넘게 쉬었던 청년들에게 물어보니, '적합한 일자리가 없어서'라는 대답이 38.1%로 가장 많았어요. 자기가 바라는 것과 실제로 구할 수 있는 일자리가 맞지 않았다는 의미예요.

직업, 돈 버는 것 이상의 의미 있어

우리가 일하는 데는 돈을 버는 것 이상으로 중요한 의미가 있어요. 일을 하면서 다른 사람들과 관계를 맺고, 자신의 능력을 키워 나가기도 하지요. 그래서 오래 쉬었던 청년들은 일하지 않고 있던 시간을 '경제적·심리적으로 힘든 시간(58.2%)', '구직 의욕을 잃게 만든 시간(42.2%)'이라고 평가했어요. 또 그 기간 동안 '불안했다(77.2%)'고 말하는 사람이 많았어요. 전문가들은 청년 시절에 일을 하지 않으면 경제적으로 어려워질 뿐 아니라, 우울하거나 혼자라고 느낄 수 있다고 말해요.

혼자 지내는 청년, 취업 실패가 큰 이유

나라에서 2023년에 처음으로 '고립·은둔 청년 실태 조사'를 실시했어요. 그 결과 우리나라 전체 청년의 5%인 54만 명이 고립·은둔 청년이라고 추정하고 있어요. 이 청년들이 혼자 지내게 된 가장 큰 이유가 바로 '직업을 구하기 어려워서'였기 때문이라고 해요. 그래서 정부는 청년들이 다시 일을 찾고 싶은 마음이 들게끔 여러 가지 대책을 마련 중이에요.

똑똑한 배경지식

비경제활동인구
만 15세 이상 인구 중 취업자도 실업자도 아닌 사람을 말해요. 이를테면 주부·학생 등이 이에 포함돼요. 비경제활동인구 중에서 취업이 어려울 정도로 아프거나 나이가 많지 않음에도 불구하고 취업할 의사가 없는 사람은 쉬었음으로 분류해요.

알쏭달쏭 어휘 풀이

- **실업자**: 경제 활동에 참여할 나이인데 직업이 없는 사람.
- **고립**: 다른 사람과 어울리지 않거나 다른 사람의 도움을 받지 못해 혼자 지냄.
- **은둔**: 세상일을 피하여 숨음.

✏️ **다음 빈칸에 알맞은 말을 쓰세요.**

일하는 사람인 취업자와 일자리를 찾고 있는 실업자는 ☐☐☐☐☐☐로 분류된다.

✏️ **이 글을 통해 알 수 있는 내용에 ○, 알 수 없는 내용에 ×표 하세요.**

- 비경제활동인구에는 주부, 학생, 쉬었음 상태인 사람이 포함된다. ( )
- 1년 넘게 쉬었던 청년들 중 '일자리가 없어서 쉬었다'고 답한 사람이 가장 많았다. ( )
- 직업을 가지면 사람들과 관계를 맺고 자신을 성장시키는 데 도움이 된다. ( )

✏️ **생각해 보기**

쉬었음 상태가 오랫동안 계속되면 어떻게 될까요?

미래 직업, '네오 블루칼라'가 인기예요

'연봉 7000만 원의 교대 근무 블루칼라 직업'과 '연봉 3000만 원의 야근 없는 화이트칼라 직업' 중에 선택해야 한다면 어떤 직업을 선택할까요? 2025년 진학사 캐치가 Z세대 구직자를 대상으로 이런 질문을 했더니, 58%가 더 많은 돈을 버는 블루칼라를 선택했어요.

자동차 공장의 모습.

블루칼라, 인기 상승한 이유는?

예전에는 사무실에서 일하는 화이트칼라가 좋다는 인식이 강했어요. 하지만 최근에는 육체 노동을 뜻하는 블루칼라 직업이 인기를 얻고 있어요. 앞선 설문조사에서 10명 가운데 6명(63%)은 "블루칼라를 긍정적으로 생각한다"고 응답했어요. 그 이유는 '연봉이 높아서'(67%)가 가장 많았어요. 이어 '기술을 보유해 해고 위험이 낮아서'(13%), '야근과 승진 스트레스가 덜해서'(10%), '인공지능(AI) 대체 가능성이 낮아서'(3%) 순이었지요.

요즘 젊은 세대는 사회적 인식보다 급여가 높은 것을 중요하게 생각하고 있어요. 그래서 연봉이 높은 블루칼라의 인기가 높아졌어요. 그리고 AI가 발달하면서 간단한 사무 업무를 대신하게 될 거라는 예측이 많아요. 미국의 온라인 매체 악시오스는 AI 기술의 발전으로 아주 짧은 기간 수천만 개의 일자리가 사라질 거라고 예측했어요. 하지만 도배나 용접처럼 몸으로 하는 일은 AI가 쉽게 대신할 수 없지요. 그래서 이런 기술을 활용하는 직업이 미래에도 안정적이라고 생각하는 거예요. 해외에서는 코로나19 팬데믹 동안 사무직 직원들이 대량 해고됐는데 이 점도 영향이 있었을 거라고 해요. 또 '워라밸(일과 삶의 균형)'을 중요하게 생각하는 Z세대는 야근이나 승진 스트레스가 적고 개인 시간을 가질 수 있는 직업을 선호해요.

미래가 유망한 네오 블루칼라

특히 Z세대가 선호하는 기술 직업은 첨단 기술과 관련이 있어요. 블루칼라 직업 중에서도 배터리·반도체·자동차·조선·항공처럼 전문적인 기술이 필요한 직종이 특히 인기가 높아요. 이렇게 전문 자격증을 갖춘 숙련된 기술자를 '네오(neo, 새로운) 블루칼라'라고 불러요. 미래에 더 중요해질 기술을 다루기 때문에 관심이 모이고 있어요.

똑똑한 배경지식

블루칼라, 화이트칼라(Blue Collar, White Collar)
노동자는 푸른색 계열 작업복, 사무직은 하얀 와이셔츠를 입는 경우가 많은 데서 착안한 호칭이에요. 셔츠의 목 부분을 감싸는 '칼라'에 색을 붙여서 블루칼라, 화이트칼라라고 불러요. 블루칼라는 육체노동에 종사하는 노동자, 주로 공장이나 건설 현장에서 일하는 사람들을 말해요. 화이트칼라는 사무직 노동자나 지적·정신적 노동을 하는 사람들, 회사원이나 은행원, 관리자 등을 말해요.

알쏭달쏭 어휘 풀이

◆ **교대 근무**: 일정한 시간을 나눠 여러 근무자가 번갈아 일하는 근무 방식.
◆ **해고**: 고용주가 고용 계약을 해제하여 근로자를 내보냄.
◆ **워라밸**: '워크 라이프 밸런스(Work-Life Balance)'의 줄임말로, 일과 삶의 균형을 뜻함.

✏️ 다음 빈칸에 알맞은 말을 쓰세요.

요즘 Z세대는 미래에 유망한 기술을 가진 네오 ☐☐칼라 직업을 선호하고 있다.

✏️ 이 글을 통해 알 수 있는 내용에 ○, 알 수 없는 내용에 ×표 하세요.

- Z세대는 연봉보다 사회적 인식을 더 중요하게 생각한다. ( )
- AI의 발달로 인해 많은 일자리가 사라질 것이다. ( )
- 네오 블루칼라는 전문 기술을 가진 새로운 형태의 기술 직업을 뜻한다. ( )

✏️ 생각해 보기

꾸준히 일할 수 있는 직업을 갖기 위해서는 어떤 능력을 키워야 할까요?

고교학점제가 전면 시행됐어요

2025년부터 고교학점제가 전면적으로 시작했어요. 2020년 마이스터고, 2022년 특성화고를 거쳐 2025년에는 일반계 고등학교까지 시행하게 된 거예요. 고교학점제로 인해서 초·중·고 교육과정에 새로운 변화가 생길 거라고 해요.

고교학점제 시행으로 진로에 따라 과목을 선택해서 듣게 되었다.

각자 원하는 수업 골라 들어

고교학점제가 시작되면 모든 학생이 똑같은 수업을 듣지 않아도 돼요. 대학생처럼 내가 흥미 있는 분야와 앞으로 어떤 직업을 갖고 싶은지에 따라 수업을 마음대로 골라 들을 수 있지요. 고등학교 3년간 이수해야 할 192학점 중에서 자율 이수 학점(90)과 창의적 체험 활동(18)이 절반을 넘어요. 국어·영어·수학·사회·과학 등 필수 이수 학점(84)도 학생마다 시간표가 달라져요. 같은 이과라도 대학에 가서 의사나 간호사가 되고 싶은 친구와 로봇을 만드는 공학자가 되고 싶은 친구가 들어야 할 과목이 달라지는 것이지요. 고교학점제는 이렇게 학생 각자가 자신의 적성에 맞는 수업을 들을 수 있게 해 주는 제도예요.

초·중·고 진로 연계 학기 생겨

일찍부터 진로와 적성을 찾는 게 중요해지면서 진로 연계 학기라는 것도 생겨났어요. 초등학교 6학년 2학기와 중·고등학교 3학년 2학기 중 일부 기간을 활용해 앞으로 갈 학교에 대해 미리 알아보는 시간을 가질 수 있지요. 그래서 중학교 1학년 때 시험 없이 자유롭게 진로를 탐색하던 자유학년제는 2025년부터 자유학기제로 바뀌었어요.

내신 5등급제로 개편 혼란

바뀐 건 고교학점제뿐이 아니에요. 원래 9등급으로 분류했던 내신 등급이 5등급제로 바뀌면서 혼란이 일고 있어요. 1등급 비율이 4%에서 10%로 늘어나면서 예전보다 경쟁이 줄었다는 주장과 오히려 경쟁이 늘었다는 주장이 맞서고 있지요. 이로 인해 1등급을 받지 못하면 상위권 대학에 들어가기 어려울까 봐 학교를 그만두는 경우도 늘었어요. 교육부는 이에 대한 해결책을 마련하고 있어요.

똑똑한 배경지식

고교학점제
고등학생이 대학생처럼 원하는 과목을 선택해 듣고, 학점을 이수해 졸업하는 제도를 말해요. 모든 학생이 똑같은 과목을 듣는 것이 아니라, 자신의 진로와 흥미에 맞는 과목을 고를 수 있어요. 이 제도는 학생의 자기주도적 학습을 돕고, 진로 탐색에 도움이 되기 위해 만들어졌어요. 스스로 과목을 선택해야 하므로 책임감도 필요해요.

알쏭달쏭 어휘 풀이

- ◆ **시행하다**: 실제로 행하다.
- ◆ **이수하다**: 해당 학과를 순서대로 공부하여 마치다.
- ◆ **연계하다**: 어떤 일이나 사람과 관련하여 관계를 맺다.
- ◆ **내신**: 학교에서 학업 성적이나 품행 등을 적은 기록.

✏️ 다음 빈칸에 알맞은 말을 쓰세요.

2025년부터 고교 ☐☐☐가 도입되어 초·중·고 교육과정에도 변화가 생겼다.

✏️ 이 글을 통해 알 수 있는 내용에 ○, 알 수 없는 내용에 ×표 하세요.

- 2025년부터 일반계 고등학교에 고교학점제가 도입되었다. ( )
- 고교학점제에서는 모든 학생이 같은 과목을 들어야 한다. ( )
- 고교학점제 시행으로 학생들이 진로 탐색을 더 깊이 해야 한다. ( )

✏️ 생각해 보기

고교학점제는 어떤 점에서 학생들에게 도움이 될까요?

이제 학교에서 휴대전화를 못 쓴다고요?

이르면 2026년 3월부터 초·중·고등학교 수업 시간에 휴대전화를 사용할 수 없게 돼요. 국회 교육위원회는 2025년 7월에 '초·중등교육법 개정안'을 만들었어요. 이 법이 국회를 통과하면 학교에서 선생님 허락 없이 휴대전화를 쓸 수 없어요.

미국의 한 학교 앞에 '휴대전화 금지' 팻말이 붙어 있다.

교육 목적과 긴급 상황에만 가능해요

'학생의 휴대전화 사용 지도' 조항도 새로 생겼어요. 여기에는 '학생은 교내에서 스마트기기를 사용해서는 안 된다. 다만 교육 목적의 사용, 긴급한 상황 대응 등을 위해 학교의 장과 교원이 허용하는 경우에는 사용할 수 있다'고 쓰여 있어요. 장애가 있거나 특수교육이 필요한 학생은 사용이 가능하지요. 이 법은 학생들이 스마트폰에 중독되는 것을 막고, 정신 건강을 지키기 위해 만들었다고 해요.

인권위, 휴대전화 수거 인권 침해 아냐

법이 만들어지기까지 찬반 의견이 팽팽히 맞섰어요. 학교에서 학생들의 휴대전화를 걷는 것이 인권을 침해하는 것이라고 생각하는 의견도 많았거든요. 하지만 이를 둘러싼 문제가 심각해지면서 분위기가 바뀌었어요. 2024년 과학기술정보통신부 조사에 따르면 10대 청소년 중 스마트폰에 심각하게 의존하는 위험한 대상이 42.6%로 나타났어요. 국가인권위원회도 10년 만에 의견을 바꿨어요. 2014년에는 학교의 휴대전화 수거를 인권 침해라고 판단했지만, 2024년에는 "학생의 휴대전화 사용으로 사이버 폭력 등과 같은 문제가 나타났다"며 휴대전화를 걷는 것이 인권 침해가 아니라고 밝혔어요.

다른 나라도 휴대전화 사용 금지해

다른 나라에서도 학생들이 학교에서 휴대전화를 사용하지 못하도록 법을 만들고 있어요. 프랑스는 2018년 초·중·고 학생의 교내 스마트폰 사용을 금지하는 법을 만들었어요. 덴마크와 핀란드도 2025년부터 관련 법을 적용했지요. 유네스코(UNESCO)에 따르면 79개 국가가 교내에서 스마트폰을 금지하거나 제한하는 정책을 시행 중이에요. 호주는 한발 더 나아가 16세 미만 아동은 틱톡·페이스북·인스타그램뿐 아니라 유튜브를 포함한 소셜미디어(SNS) 사용을 금지하는 법을 만들었어요.

똑똑한 배경지식

스마트폰 중독
스마트폰을 지나치게 사용해서 통제할 수 없는 상태를 말해요. 사람들은 스마트 기기를 통해 정보를 얻고 SNS를 통해 다른 사람들과 교류하며 즐거움을 느껴요. 이 과정이 반복되면 습관적으로 스마트폰을 사용하게 되고 중독될 수 있어요. 그러면 타인과 대화가 줄어들고, 집중력이 떨어지고, 건강도 나빠지게 되죠.

알쏭달쏭 어휘 풀이

◆ **조항**: 법률이나 규칙에서 정해 놓은 각각의 항목이나 내용.
◆ **인권**: 인간으로서 당연히 가지는 기본적 권리.
◆ **수거**: 버리거나 내놓은 물건을 거두어 감.

✏️ **다음 빈칸에 알맞은 말을 쓰세요.**

이르면 2026년부터 초·중·고등학교 수업 시간에 학생들의 ☐☐☐☐ 사용이 금지된다.

✏️ **이 글을 통해 알 수 있는 내용에 ○, 알 수 없는 내용에 ×표 하세요.**

- 수업 중 교육 목적이나 긴급 상황에만 스마트폰 사용이 가능해진다. ( )
- 국가인권위원회는 여전히 휴대전화 수거가 인권 침해라고 주장한다. ( )
- 호주는 16세 미만 아동의 SNS 사용을 금지했다. ( )

✏️ **생각해 보기**

만약 수업 시간에 학생들이 스마트폰을 사용한다면 어떨지 생각해 보세요.

브레이크 없는 자전거가 있다고요?

앞뒤로 달릴 수 있는 자전거를 알고 있나요? 바로 픽시 자전거예요. 보통 자전거는 페달을 뒤로 밟아도 뒤쪽으로 가지 않지만, 픽시 자전거는 뒤로도 달려요. 앞바퀴를 들어올린 채 달리고 점프도 해요. 이런 점들 때문에 픽시 자전거가 큰 인기를 얻고 있지만, 이 중에는 브레이크가 없는 자전거도 있어서 아주 위험해요.

단속 대상이 된 브레이크가 없는 픽시 자전거.

브레이크 없어 사고 위험 높아

픽시 자전거는 경륜용 자전거에서 유래했어요. 자전거 경기를 할 때는 브레이크가 없는 자전거를 이용하는 게 더 안전하다고 해요. 자전거들이 붙어서 달리다가 누군가 갑자기 멈추면 다 같이 쓰러져 큰 사고가 날 수 있기 때문이에요. 하지만 도로에서는 아주 위험해요. 브레이크가 없다 보니 갑자기 길에 사람이 나타나거나 차가 튀어나오면 제때 멈추기가 어렵지요. 그래서 빠른 속도로 달리다가 사고가 나면 크게 다칠 수 있어요. 실제로 2025년 7월 서울에서 픽시 자전거를 타던 중학생이 속도를 줄이지 못해 목숨을 잃기도 했어요.

경찰, 픽시 자전거 단속 나서

도로교통법은 보행자에게 위험한 자전거는 운전을 금지하고 있어요. 그런데 여기서 자전거는 '사람의 힘으로 페달이나 손페달을 사용해 움직이는 제동장치 등이 있는 바퀴가 둘 이상인 차'예요. 이 분류에 따르면 제동장치(브레이크)가 없는 픽시 자전거는 '자전거'가 아니기 때문에 그동안은 법으로 막을 수 없었어요.

하지만 사망 사고까지 발생하자 경찰청은 법률을 다시 검토했어요. 도로교통법은 운전자가 '차'의 제동장치를 정확히 조작하도록 규정해요. 픽시 자전거는 '두 바퀴 차'에 해당하는 만큼, 제동장치가 안 달려 있다면 도로교통법 위반으로 볼 수 있다고 판단했어요. 경찰은 2025년 8월부터 브레이크를 달지 않은 픽시 자전거를 타지 못하게 정하고 이를 단속하기로 했어요. 경고가 누적되면 처벌도 받아요. 어린 청소년은 부모를 대신 처벌하고요. 이제 픽시 자전거를 타고 싶다면 앞뒤 모두 브레이크를 달아야 해요. 안전모와 보호 장비를 착용하는 것도 잊어서는 안 돼요.

똑똑한 배경지식

픽시 자전거(Fixie, Fixed Gear Bike)
변속기나 브레이크 없이 단 하나의 기어만을 사용하며 축과 톱니가 고정되어 있는 고정 기어 자전거를 말해요. 경륜장에서 실내 자전거 경기용으로 사용되던 자전거였는데, 일상에서 속력을 즐기기 위해 개조해서 타고 다니는 사람이 늘면서 대중화됐어요. 브레이크가 없는 경우가 많아, 멈추려면 페달을 멈추거나 반대로 밟아 속도를 조절해야 해요.

알쏭달쏭 어휘 풀이

- **경륜**: 일정한 거리를 자전거를 타고 달려 빠르기를 겨루는 경기.
- **구동장치**: 기계의 동력 기구를 움직이는 장치.
- **조향장치**: 차의 진행 방향을 바꾸기 위하여 앞바퀴의 회전축 방향을 조절하는 장치.

✏️ 다음 빈칸에 알맞은 말을 쓰세요.

브레이크 없는 ☐☐ 자전거의 위험성이 커지자, 경찰이 단속에 나섰다.

✏️ 이 글을 통해 알 수 있는 내용에 ○, 알 수 없는 내용에 ×표 하세요.

- 픽시 자전거는 페달을 뒤로 밟으면 뒤로 달릴 수 있다. ( )
- 픽시 자전거는 경륜 경기에서 사용되던 자전거에서 유래되었다. ( )
- 도로교통법상 픽시 자전거는 단속 대상이었지만 경찰은 그동안 눈감아 주었다. ( )

✏️ 생각해 보기

픽시 자전거의 문제점을 생각해 보세요.

한밤중에는 스쿨존에서 과속해도 될까요?

2025년 1월 새벽 5시쯤 경기도의 한 스쿨존을 시속 48㎞로 지나다 과태료를 물게 된 사람이 헌법재판소에 구제를 요청했어요. 아이들이 학교에 없는 시간에도 스쿨존에서 무조건 시속 30㎞로 달려야 하는 게 과도한 규제라는 주장이 나온 거예요.

어린이가 많이 다니는 시간에 차량 통행을 제한한 스쿨존의 표지판.

스쿨존 시간 제한, 찬성 vs 반대

스쿨존은 1995년에 처음 생겼어요. 초등학교와 유치원, 어린이집, 학원 주변 300m 안에서 어린이를 교통사고로부터 지키기 위해 만들어졌지요. 이곳에서 시속 30㎞ 이상으로 달리면 과태료를 내야 해요. 또 신호 위반이나 주정차 위반은 더 무거운 처벌을 받아요. 이렇게 스쿨존을 만들고 나서 실제로 교통사고가 줄어들었어요. 그래서 현재 스쿨존은 전국 6,280곳으로 늘었으며, 서울시교육청은 중·고등학교 근처도 스쿨존으로 만들려고 하고 있어요.

하지만 일부 운전자들은 이른 새벽이나 늦은 밤, 또 주말과 방학에는 아이들이 없으니 속도 제한을 풀어 달라고 말하고 있어요. 2025년 4월 자치경찰위원회와 국민권익위원회가 1,995명에게 물었을 때, 82.0%가 시간대별로 제한 속도를 바꾸는 것에 찬성했다고 해요. 차도 덜 막히고 불필요한 단속도 줄어들 거라고 하면서요.

그렇지만 안전은 아무리 강조해도 지나치지 않다는 반대 의견도 있어요. 시간대에 따라 제한 속도가 달라지면 운전자들이 헷갈려서 오히려 사고가 날 수도 있어요. 주택가에 스쿨존이 있으면 등하교 시간이 아니라도 아이들이 다닐 수 있기도 하고요.

노인·장애인 보호 구역도 많이 필요해요

2007년부터는 경로당 근처처럼 노인이 많이 다니는 주변을 노인 보호 구역(실버존)으로 정할 수 있어요. 서울시는 2021년부터 노인들이 많이 찾는 전통 시장 근처도 지정 가능 대상에 포함시켰어요. 하지만 아직 스쿨존에 비해 관심이 부족해요. 장애인 보호

구역 역시 마찬가지예요. 모든 장애인 복지 시설 근처에 보호 구역을 정할 수 있어요. 하지만 홍보가 잘 안 된 탓인지 많이 생기지 않고 있어요.

전문가들은 신체적 약자인 어린이·노인·장애인들의 교통사고 위험을 낮추기 위해 보호 구역을 더 늘리고 카메라 같은 단속 장비도 더 많이 설치해서 안전하게 만들어야 한다고 해요.

똑똑한 배경지식

스쿨존(School Zone)
어린이들을 교통사고의 위험으로부터 보호하기 위해 유치원과 초등학교, 학원 주변에 설정한 특별보호구역이에요. 1995년 도로교통법에 의해 도입된 제도로, 공식 명칭은 어린이 보호 구역이에요. 스쿨존에서는 속도를 시속 30㎞ 이내로 제한하고 주·정차를 금지해요.

알쏭달쏭 어휘 풀이

◆ **구제**: 어려운 처지에 있는 사람을 도와줌.
◆ **단속**: 규칙이나 법령, 명령을 지키도록 통제함.
◆ **약자**: 힘이나 세력이 약한 사람이나 생물. 또는 그런 집단.

✏️ 다음 빈칸에 알맞은 말을 쓰세요.

　　□□□의 제한 속도를 시간에 따라 조정해야 한다는 의견이 생기고 있다.

✏️ 이 글을 통해 알 수 있는 내용에 ○, 알 수 없는 내용에 ×표 하세요.
- 스쿨존은 초등학교·유치원·어린이집·학원 주변에 지정된다. (　)
- 스쿨존이 도입된 이후에도 교통사고는 줄어들지 않았다. (　)
- 노인·장애인의 교통사고를 줄이기 위해 보호 구역이 더 늘어야 한다. (　)

✏️ 생각해 보기

스쿨존 속도 제한을 시간대별로 조정하는 것에 대한 의견을 써 보세요.

인형 뽑기, 너도 해 봤니?

학교 끝나고 학원 가는 길에 인형 뽑기 기계를 본 적 있나요? 알록달록 예쁜 인형들이 가득 들어 있는 유리 상자 앞에 나도 모르게 발걸음을 멈추고, 부모님이 주신 용돈을 꺼내 뽑기를 해 본 적은요? 조심조심 집게발로 인형을 잡고 올리는데, 출구 근처에서 툭 떨어져요. 그러면 나도 모르게 다시 돈을 넣고 인형을 뽑을 때까지 계속하게 되지요.

일본에서 유행하던 인형 뽑기가 한국에도 상륙했다.

다시 유행하는 인형 뽑기

2010년대에 유행했던 인형 뽑기가 다시 인기를 얻고 있어요. 그때는 번화가에 많았는데 요즘에는 학원가와 지하철역, 골목에도 생기고 있어요. 기계 종류도 무척 다양해졌지요. 옛날에는 돈을 넣어야 했는데 이제는 카드 결제가 되어 더 편리해졌어요. 최근에는 일본에서 유행한 '가챠'라는 기계도 인기예요. 피규어나 열쇠고리, 작은 장난감이 들어 있는 캡슐을 뽑는 기계인데, 어린이들보다 20~30대 어른들이 더 많이 한다고 해요.

왜 멈추기 힘들까?

인형 뽑기는 작은 돈으로 누구나 쉽게 조작할 수 있어서 나도 모르게 중독될 수 있어요. 멈추지 못하고 한 달 용돈을 다 써 버리거나, 밤늦게까지 인형 뽑기를 하기도 하지요. 전문가들은 인형 뽑기가 도박이나 게임 중독과 비슷하다고 해요. 인형이 뽑힐 듯 말 듯하게 설계되어서 조금만 더 하면 뽑을 수 있을 것 같거든요. 그러다 갑자기 인형이 뽑히면 도파민 분비를 일으켜서 기분이 좋아져요. 특히 뇌가 아직 다 발달하지 않은 초등학생들은 더 쉽게 중독에 빠질 수 있어요.

전자파 등 부작용 많아

중독 문제뿐 아니라 건강도 문제예요. 인형 뽑기 기계에서는 전자파도 많이 나와요.

과학기술정보통신부가 2024년 생활제품 13종의 전자파 노출량을 측정한 결과, 인형 뽑기 기계의 전자파 노출량이 가장 많다고 발표했어요. 전문가들은 뜻밖의 행운으로 인형 얻기를 바라기보다는 용돈을 모아서 가지고 싶은 것을 사는 것이 바람직하다고 설명해요. 인형 뽑기 대신 친구들과 함께 뛰어놀거나 시간을 보내 봐요. 스스로 인형 뽑기를 그만두기 힘들다면 부모님이나 선생님께 솔직하게 도움을 청해야 해요.

똑똑한 배경지식

중독
어떤 행동이나 물질을 스스로 조절하지 못하고 반복하게 되는 상태를 말해요. 뇌에서 기분을 좋게 만드는 도파민이 나오면서 그 행동을 반복하게 만들지요. 처음에는 재미있어서 시작하지만, 점점 그것 없이는 불안하거나 짜증이 나게 돼요. 게임·스마트폰·음식·약물 등 다양한 것에서 발생할 수 있어요.

알쏭달쏭 어휘 풀이

◆ **번화가**: 번성하여 화려한 거리.
◆ **피규어**: 캐릭터나 인물을 모형으로 만든 작은 인형.
◆ **도파민**: 뇌에서 분비되는 신경 전달 물질로, 흥분 전달에 중요한 구실을 함.

🖉 다음 빈칸에 알맞은 말을 쓰세요.

인형 뽑기는 ☐☐될 수 있고 전자파 위험이 있어 조심해야 한다.

🖉 이 글을 통해 알 수 있는 내용에 ○, 알 수 없는 내용에 ×표 하세요.

- 우리나라에서 인형 뽑기가 유행한 것은 이번이 처음이다.   ( )
- 인형 뽑기는 어른보다 어린이가 더 쉽게 중독된다.   ( )
- 인형 뽑기 기계에서 전자파가 많이 나와 건강에 해롭다.   ( )

🖉 생각해 보기

인형 뽑기를 그만두기 어려운 이유는 무엇일까요?

요즘 10대들, 외모가 고민이에요

'키빼몸 120'. 청소년들 사이에서 키에서 몸무게를 뺀 숫자가 120이 넘어야 예쁜 몸이라고 기준을 정한 거래요. 이런 몸을 만들기 위해 밥도 잘 안 먹으면서 심한 다이어트를 하는 친구들이 있다고 해요. 귀는 '엘프귀'. 얼굴을 앞에서 봤을 때 귀가 양옆으로 쫑긋 서 있어야 귀여운 인상을 준다고 해요. 그래서 귀 뒤쪽에 붙여 귀를 세워 주는 귀 테이프가 인기래요.

굶어서 살을 빼기보다 운동으로 건강한 몸을 만드는 게 중요하다.

청소년기 외모 고민은 당연하지만

여성가족부가 발표한 '2025 청소년 통계'에 따르면, 우리 청소년들은 공부(32.7%), 직업(26.1%) 다음으로 외모(12.0%)에 대한 고민이 많대요. 예전보다 외모에 대한 고민이 더 늘고 있어요. 그래서인지 화장하는 친구도 많아졌어요. 2024년 식품의약품안전처가 조사한 결과, 초등학생의 11%, 중고등학생의 26%가 화장을 한다고 밝혔어요.

아름다운 외모를 원하는 것은 당연해요. 감정과 몸의 변화가 큰 청소년기에는 자신의 외모에 불만을 느끼기도 쉬워요. 이럴 때 운동을 하고 건강한 식생활로 몸을 관리하면 자기 만족감도 커지고 건강도 좋아지지요. 문제는 키빼몸 120, 엘프귀처럼 말도 안 되는 기준이 널리 퍼지고 있다는 거예요.

'뷰티 필터'로 얼굴을 내 마음대로?

요즘은 스마트폰에 있는 '뷰티 필터' 때문에 진짜 자신의 얼굴을 좋아하지 않는 사람들도 많아졌어요. 뷰티 필터는 피부는 하얗게, 얼굴은 갸름하게, 눈은 크게 조절해 줘요. 이렇게 만들어진 사진과 영상이 소셜미디어(SNS)에 넘쳐 나면서, 청소년들의 자존감을 떨어트린다는 비판이 커졌어요. 결국 2024년 11월 틱톡은 만 18세 미만 사용자들에게 뷰티 필터를 제공하지 않기로 했어요. 최근에는 마른 몸을 뜻하는 '#SkinnyTok' 해시태그도 금지했지요. 지나치게 마른 몸이 예쁘다고 생각하고 배고픈 걸 참는 방법을 공유하는 영상이 섭식장애를 일으킬 수 있기 때문이에요.

외모 강박에서 벗어나려면 무엇보다 우리 스스로의 노력이 가장 중요해요. SNS를 지나치게 많이 하지 말고, 친구와 비교하거나 외모를 평가하는 습관은 고치는 게 좋아요. 진짜 예쁜 모습은 겉모습이 아니라 말씨와 태도, 노력하는 자세에서 나와요. 거울 속 내 모습을 사랑하고, 우리 모두가 특별하고 아름다운 존재라는 것을 잊지 마세요.

똑똑한 배경지식

외모 강박
자신의 외모에 대해 지나치게 집착하고 불안해하는 심리적 상태를 말해요. 다른 사람의 평가에 민감하게 반응하며, 자신의 외모에 만족하지 못하지요. SNS나 미디어에서 이상적인 외모가 강조되면서 외모 강박이 더 심해지고 있어요. 외모 강박에 빠지면 자존감이 낮아지고 우울감이나 대인기피증이 생길 수 있어요.

알쏭달쏭 어휘 풀이

◆ **뷰티 필터**: 얼굴을 인위적으로 보정해 이상적인 외모처럼 보이게 만드는 디지털 효과.
◆ **해시태그**: 소셜미디어에서 관련된 주제나 관심사를 쉽게 검색하도록 하는 키워드.
◆ **섭식장애**: 음식 섭취에 대한 비정상적 행동이나 태도로 인해 건강에 심각한 영향을 주는 상태.

✏️ 다음 빈칸에 알맞은 말을 쓰세요.

청소년들 사이에서 SNS 등을 통해 왜곡된 ☐☐ 강박이 심해지고 있다.

✏️ 이 글을 통해 알 수 있는 내용에 ○, 알 수 없는 내용에 ×표 하세요.

- 감정과 몸의 변화가 큰 청소년기에는 자신의 외모에 불만을 느끼기 쉽다 ( )
- 청소년들이 가장 많이 고민하는 것은 외모이다. ( )
- 틱톡은 만 18세 미만 사용자에게 뷰티 필터를 제공하지 않기로 했다. ( )

✏️ 생각해 보기

외모 강박이 일으키는 문제점은 무엇일지 생각해 보세요.

우리나라는 부유한데 왜 행복 순위는 낮죠?

우리나라 청소년들이 행복에 필요한 요소 1위로 재산(52.1%)을 꼽았어요. 2025년 6월 대학내일20대 연구소가 전국 14~18세 청소년 800명에게 물은 결과예요. 2위가 부모(39.5%), 3위가 친구(34.6%)라고 답했어요. 그다음은 쉼·휴식(32.8%), 외모(32.1%), 취미·취향(30.8%), 삶의 목표·꿈(30.3%)이 꼽혔어요. 행복하기 위해 가장 필요한 건 정말 '돈'일까요?

《세계 행복 보고서 2025》는 서로 돕고 더불어 사는 문화가 행복도를 높인다고 보았다.

돈? 건강? 한 가지로는 느끼기 어려운 행복

서울시교육청 교육정보연구원도 2022년 10월 서울 초·중·고생 1만 2,739명에게 같은 질문을 했어요. 이때 1위로 꼽힌 건 몸이 건강한 것(26.7%)이었지요. 그다음은 화목한 가족(26.6%), 돈을 많이 버는 것(15.8%), 꿈이나 삶의 목표를 이루는 것(14.8%), 좋은 친구를 사귀는 것(8.2%)이었어요. 대체로 건강한 성장기 아이들이 건강을 이만큼이나 중요하게 꼽은 건, 코로나19 팬데믹을 겪으며 학교생활을 제대로 하지 못했기 때문일 거라고 해요. 이처럼 조사한 시기나 대상에 따라 결과가 다르게 나올 수 있어요. 행복은 한 가지 요소만으로 느껴지는 게 아니라 여러 가지가 함께 있어야 느낄 수 있는 감정이기 때문이지요.

경제 강국 한국, 행복도는 58위

우리나라는 세계 10위 안에 들 만큼 경제적으로 부유한 나라예요. 의료 기술이나 공중 보건도 다른 나라에 비해 뛰어나지요. 그런데 행복도는 매우 낮아요. 국제연합(UN)의 《세계 행복 보고서 2025》에 따르면, 우리나라 사람들이 느끼는 행복도는 147개국 중 58위였어요. 2024년에는 52위였는데 더 떨어졌지요. '삶에서 선택의 자유'와 '사회적 지지 수준'이 낮기 때문이었어요. 우리나라는 좋은 대학과 직장에 가야 하고 결혼까지 해야 사회적으로 성공했다고 생각하는 편이에요. 그래서 다른 나라에 비해 경쟁이 심하고 스트레스도 많이 받아요.

같은 조사에서 핀란드·덴마크·아이슬란드 같은 북유럽 국가는 행복도가 높게 나왔어요. 이들 나라는 가족이나 친구와 보내는 시간을 중요하게 생각해요. 또 성인이 되어서도 꾸준히 교육받고 훈련받을 수 있는 평생교육 참여도가 높아요. 이 나라들처럼 행복도가 높아지려면 돈이나 성공보다 서로를 믿으며 함께하는 문화가 퍼져야 해요.

똑똑한 배경지식

행복도

사람들이 얼마나 행복하다고 느끼는지를 나타내는 지표예요. 가장 대표적인 국제 행복도 지표는 국제연합의 지속가능발전해법네트워크(SDSN)에서 발표하는 《세계 행복 보고서》예요. 이 보고서는 매년 발표되며, 다양한 국가의 행복 수준을 비교하고 분석해요. 조사 항목에는 소득·건강·자유·사회적 지원 등이 포함돼요.

알쏭달쏭 어휘 풀이

- ◆ **공중 보건**: 지역사회 전체의 건강을 보호하고 증진하기 위한 노력.
- ◆ **평생교육**: 가정, 학교, 사회에서 전 생애에 걸쳐 이루어지는 교육.
- ◆ **신뢰**: 굳게 믿고 의지함.

✏️ **다음 빈칸에 알맞은 말을 쓰세요.**

　□□은 돈이나 성공만으로는 느낄 수 없고, 건강·신뢰·자유 등 여러 요소가 함께해야 한다.

✏️ **이 글을 통해 알 수 있는 내용에 ○, 알 수 없는 내용에 ×표 하세요.**

- 한 조사 결과, 올해 우리나라 청소년들이 뽑은 행복 요소 1위는 재산이었다. ( )
- 우리나라의 2025년 세계 행복도 순위는 지난해보다 높아졌다. ( )
- 핀란드와 덴마크, 아이슬란드는 행복도가 높은 나라이다. ( )

✏️ **생각해 보기**

어떻게 하면 행복해질 수 있을지 생각해 보세요.

세계 최초, 루게릭병 전문 요양병원 생기다

2025년 3월 경기 용인시에 승일희망요양병원이 문을 열었어요. 이 병원은 세계 최초로 루게릭병을 비롯한 중증 근육성 희귀 질환 환자를 위한 전문 요양병원이에요. 루게릭병을 앓던 농구 코치 박승일 씨와 가수 션이 힘을 합쳐 병원 설립을 추진한 지 14년 만에 완공됐어요.

경기 용인 승일희망요양병원 전경.

33만 명 뜻 모아 병원 완공

루게릭병의 정식 명칭은 근위축성측삭경화증(ALS)이에요. 이 병을 앓았던 미국 프로야구 선수 루 게릭의 이름을 땄어요. 이 병에 걸리면 운동신경세포가 점점 사라지면서 근육 힘이 약해져요. 병이 진행될수록 온몸이 마비되고, 말하거나 음식 먹는 것도 힘들어져요. 하지만 정신은 또렷해서 눈을 깜빡이는 것으로 의사소통이 가능하지요.

프로농구 선수로도 활동했던 박승일 코치는 2002년에 루게릭병 진단을 받았어요. 그는 투병 중에도 희망의 끈을 놓지 않고, 눈동자 움직임으로 글을 쓰는 '안구 마우스'를 이용해 책을 쓰며 루게릭병을 알리는 데 앞장섰지요. 박승일 코치와 가수 션을 이어 준 것도 이 책들이었어요. 루게릭병이 진행되면 24시간 간병이 필요하고, 일반 병원에서는 관리가 어려워 환자를 잘 받아 주지 않기 때문에 전문병원이 필요하다는 데 두 사람은 깊이 공감했지요.

병원이 설립되기까지는 총 239억 원이 들었어요. 코로나19 팬데믹으로 인해 건축비가 크게 올라 어려움이 많았지만 33만여 명의 기부로 무사히 완공될 수 있었어요.

아이스버킷 챌린지로 기부 이어져

'아이스버킷 챌린지'는 미국 골프 선수 크리스 케네디가 고안한 릴레이 캠페인이에요. 야구 선수 출신이자 루게릭병 환자인 피트 프레이츠가 소셜미디어(SNS)에 올리며 유명해졌죠. 차가운 얼음물을 양동이에 받아 뒤집어쓰면서, 근육이 위축되는 루게릭병 환자의 고통을 간접적으로 느껴 보자는 취지였지요. 챌린지를 진행하는 사람이 다음 사람 3명을 지목하면, 그들이 다시 얼음물을 뒤집어쓰는 영상을 올리거나 루게릭병 환자를 위해 100달러를 기부하는 방식으로 이어졌어요. 우리나라에서도 이 챌린지에 많은 유명인이 참여하고 승일희망재단에 기부했어요. 2018년부터는 달리기를 결합한 '아이스 버킷 챌린지 런'으로 확대되어 루게릭병에 대한 관심을 이어 나가고 있지요.

똑똑한 배경지식

루게릭병
정식 명칭은 근위축성측삭경화증(ALS)이에요. 운동신경세포가 점점 죽어 가는 병이에요. 병이 진행될수록 팔다리에 힘이 빠지고, 말하거나 숨 쉬는 것도 어려워져요. 기억과 생각은 그대로지만 몸이 점점 움직이지 않게 되어 환자에게 더 큰 고통을 줘요. 아직 완치법이 없어서 증상을 늦추는 연구를 계속하고 있어요.

알쏭달쏭 어휘 풀이

- ◆ **희귀**: 드물어서 특이하거나 매우 귀하다.
- ◆ **챌린지**: 어떤 목표나 뜻을 이루기 위해 스스로 도전하는 활동이나 캠페인.
- ◆ **취지**: 어떤 일의 근본이 되는 목적이나 중요한 뜻.

✏️ **다음 빈칸에 알맞은 말을 쓰세요.**

많은 이들의 기부를 통해 우리나라에 세계 최초의 ☐☐☐☐ 전문 요양병원이 생겼다.

✏️ **이 글을 통해 알 수 있는 내용에 ○, 알 수 없는 내용에 ×표 하세요.**

- 루게릭병에 걸리면 근육과 함께 정신도 약해지게 된다. ( )
- 박승일 코치는 루게릭병을 알리기 위해 안구 마우스로 글을 썼다. ( )
- 아이스버킷 챌린지를 통해 승일희망재단에 기부하는 사람이 많아졌다. ( )

✏️ **생각해 보기**

아이스버킷 챌린지는 어떤 캠페인일까요?

크보빵은 안 먹겠어요!

야구팬들이 크보빵(KBO) 불매 운동에 나섰어요. 크보빵은 한 식품 회사가 한국야구위원회(KBO), 한국프로야구선수협회와 협업해 2025년 3월에 출시한 빵이에요. 크보빵은 빵 봉지 안에 야구 선수의 얼굴 스티커가 들어 있어서 한 달 만에 1000만 개가 팔릴 만큼 야구팬들에게 인기가 많았어요. 그런데 왜 야구팬들은 갑자기 크보빵을 사지 않겠다고 했을까요?

한 식품회사 공장에서 쿠키가 만들어지고 있다.

왜 빵 불매 운동을 했을까요?

2025년 5월 경기도 시흥, 어느 식품 회사 공장에서 50대 노동자가 사망하는 사고가 일어났어요. 이 공장은 크보빵을 생산하던 곳이었지요. 이 식품 회사는 빵·도너츠·아이스크림 등 여러 식품 분야에서 유명한 브랜드를 많이 가지고 있어요. 그런데 이 회사에서 2022년부터 2025년까지 일터에서 다치거나 사망하는 사고가 계속 일어나고 있어요. 회사는 사고가 날 때마다 사과문을 내고 안전에 투자하겠다고 했지만 실제 근무 환경은 크게 달라지지 않았다고 해요. 이 때문에 사람들은 불매 운동을 했고, 결국 식품 회사는 크보빵을 더 이상 만들지 않기로 했어요.

산업 재해, 이제는 막아야 해요

회사에서 일하다가 다치거나 병에 걸리는 것을 산업 재해라고 해요. 한 회사만의 문제가 아니라 우리나라에서는 1년에 2만 명이 넘는 사람들이 산업 재해를 겪고 있어요. 높은 곳에서 일하다가 떨어지거나, 미끄러져 넘어지기도 하고, 무거운 것에 깔리거나 부딪히거나 끼이는 등 산업 현장에서는 크고 작은 사고가 일어날 수 있어요. 그런데 사고가 나는 가장 큰 이유로, 회사들이 돈을 아끼려고 안전에 투자하지 않았기 때문이라는 비판이 있어요. 안전 장비를 제대로 갖추지 않거나, 인건비를 줄이기 위해 직원에게 휴식 시간을 주지 않고 오랫동안 일을 시켜 사고가 나는 경우도 많기 때문이에요. 미리 돈을 투자하면 얼마든지 막을 수 있는 사고가 계속 일어나고 있는 거예요.

산업 재해 사고가 빈번하게 발생하자 정부도 나섰어요. 이재명 대통령은 "산업 재해 책임자를 강하게 처벌하고, 회사에 큰 벌금을 물리는 방안을 검토하라"고 지시했어요. 또 "누구나 안심하고 일할 수 있는 안전한 일터를 만들어 나가겠다"고 약속했어요.

똑똑한 배경지식

산업 재해

일터에서 일하는 중에 발생하는 사고나 질병을 말해요. 산업 재해 사고는 근로자의 부주의나 안전 장비 부족, 작업 환경의 문제 때문에 일어나요. 산업 재해로 인해 근로자는 큰 피해를 입게 돼요. 산업 재해를 예방하기 위해 회사는 안전한 환경을 제공하고, 근로자는 안전 수칙을 지키는 것이 매우 중요해요.

알쏭달쏭 어휘 풀이

- **불매 운동**: 어떤 특정한 상품을 사지 않는 일. 보통 그 상품을 만든 회사에 항의하는 뜻을 전하기 위해 한다.
- **투자하다**: 이익을 얻기 위하여 어떤 일이나 사업에 자본을 대거나 시간이나 정성을 쏟다.
- **빈번하다**: 일이 발생하는 횟수가 매우 잦다.

✏️ 다음 빈칸에 알맞은 말을 쓰세요.

야구팬들은 크보빵을 만든 회사에서 산업 ☐☐ 가 반복되어 불매 운동에 나섰다.

✏️ 이 글을 통해 알 수 있는 내용에 ○, 알 수 없는 내용에 ×표 하세요.
- 한 식품 회사에서 크보빵을 만들다가 산업 재해가 일어났다. ( )
- 해당 식품 회사는 사고가 날 때마다 사과하고 근무 환경을 전면적으로 바꿨다. ( )
- 산업 재해는 회사가 안전에 투자하지 않아 생기는 경우도 있다. ( )

✏️ 생각해 보기

산업 재해가 일어나지 않게 하려면 어떻게 해야 할까요?

무안 공항 비행기 추락 사고 진실은?

2024년 12월 29일 전라남도 무안국제공항에서 제주항공 여객기가 활주로를 빠르게 미끄러져 활주로 끝 콘크리트 둔덕을 정면으로 들이받으며 산산조각이 났어요. 폭발도 나서 큰 화재까지 발생했어요. 여객기에는 승객 등 181명이 타고 있었지만 생존자는 2명뿐이었어요.

비행기 주위를 날고 있는 새 떼.

'버드 스트라이크'가 1차 원인

사고가 난 비행기 근처 폐쇄회로(CCTV)를 보니 비행기 주변으로 새 떼가 찍혀 있었어요. 국토교통부 조사 결과, 사고기 엔진에서 철새인 가창오리의 깃털이 발견됐어요. 새 떼가 비행기 엔진으로 빨려 들어간 거예요. 이걸 '버드 스트라이크'라고 해요. 오른쪽 엔진에 새 떼가 빨려 들어가며 고장을 일으켰고, 그 결과 급히 착륙을 시도하다가 활주로 끝 로컬라이저 시설에 충돌했어요. 무안 공항은 철새들이 많이 사는 곳이에요.

활주로 코앞, 콘크리트 둔덕도 사고 키워

〈뉴욕타임스〉는 무안 공항의 잘못된 설계와 정부의 방치로 인해 피해가 커졌다고 지적했어요. 로컬라이저는 항공기의 안전한 착륙을 돕기 위한 일종의 안테나 시설이에요. 충돌하면 쉽게 부서지는 구조로 만들어야 하는데 무안 공항의 로컬라이저는 단단한 콘크리트로 되어 있었어요. 앞서 국토부도 이를 개선하라고 했지만 점검은 하지 않았어요. 또 국제민간항공기구(ICAO) 기준에 따르면 로컬라이저는 안전상 활주로에서 충분히 떨어져 있어야 했지만 무안 공항은 가깝게 설계돼 있었어요. 사고 후 국토부는 전국 공항 내 로컬라이저의 콘크리트 둔덕을 제거하겠다고 했어요.

조종사 과실 제기돼

그런데 2025년 7월 국토부 항공철도사고조사위원회에서 조사한 결과에는 조종사의 과실이 있을 수도 있다고 해요. "조종사가 조류 충돌로 손상된 오른쪽 엔진을 꺼야 했는데 정상적으로 작동 중이던 왼쪽 엔진을 잘못 껐다"고 해요. 이 때문에 비행기가 힘을 완전히 잃어서 착륙 바퀴가 제대로 작동하지 않았다는 것이지요. 하지만 유가족과 제주항공 조종사들은 "사고 원인을 새 떼와 조종사에게만 돌리는 것은 옳지 않다"며 반발하고 있어요. 공항 시설이 제대로 설계되어 있었거나, 관리 감독이 철저히 이뤄졌다면 피할 수 있는 참사였다는 것이죠.

똑똑한 배경지식

버드 스트라이크(Bird Strike)
항공기의 이착륙이나 순항 중 조류가 항공기 엔진이나 동체에 부딪히는 현상을 말해요. 우리말로는 '조류 충돌'이라고 해요. 특히 조류가 엔진과 충돌하면 엔진을 고장 내서 대형 항공기 사고로 이어지는 경우가 많아요. 이착륙이나 낮은 비행 중에 버드 스트라이크가 주로 발생하는 것은 이 지점이 새들이 날아다니는 고도와 겹치는 경우가 많기 때문이에요.

알쏭달쏭 어휘 풀이

- **둔덕**: 가운데가 솟아서 불룩하게 언덕이 진 곳.
- **로컬라이저**: 항공기가 활주로 중심선에 정확히 접근하도록 도와주는 항법 장비.
- **과실**: 부주의로 인하여 어떤 결과의 발생을 미리 내다보지 못한 일.

✏️ **다음 빈칸에 알맞은 말을 쓰세요.**

2024년 무안국제공항 여객기 참사 원인은 ☐☐ 스트라이크 외에도 여러 가지가 있다.

✏️ **이 글을 통해 알 수 있는 내용에 ○, 알 수 없는 내용에 ✕표 하세요.**

- 무안 공항 사고의 1차 원인은 버드 스트라이크였다. ( )
- 무안 공항의 로컬라이저는 유연한 구조로 설계되어서 충격을 흡수했다. ( )
- 국제 기준에 따르면 로컬라이저는 활주로에서 일정 거리 떨어져 있어야 한다. ( )

✏️ **생각해 보기**

무안국제공항 여객기 사고가 남긴 교훈은 무엇일까요?

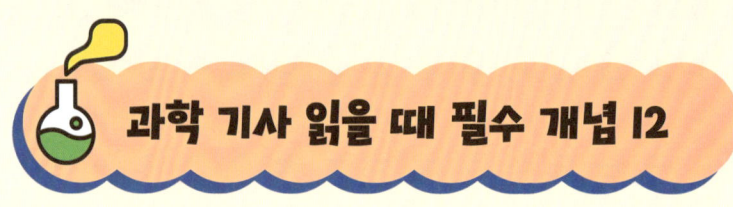

과학 기사 읽을 때 필수 개념 12

과학
우리 주변에 있는 모든 것을 관찰하고 연구해서 얻어 낸 지식이에요. 물질의 특성을 연구하는 화학, 물질의 운동을 연구하는 물리학, 살아 있는 생물의 구조와 특징을 연구하는 생물학, 지구와 그 주위 천체를 연구하는 지구과학이 있어요.

뇌
우리 머리뼈 안에 있는 중추신경계를 이루는 기관이에요. 우리 온몸의 신경을 지배하는 매우 중요한 곳이지요. 근육의 운동을 조절하고 감각을 인식해요. 말하고 기억하며 생각하고 감정을 일으키는 역할을 해요.

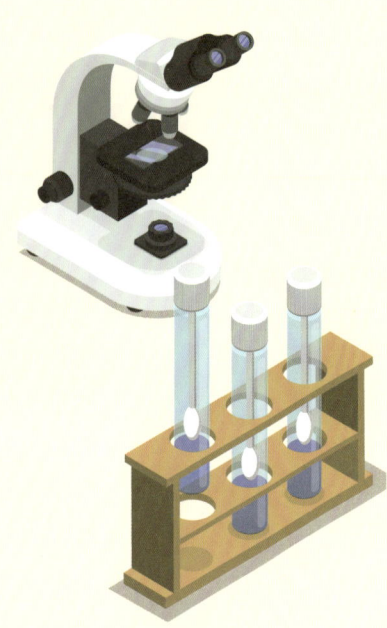

호르몬
내분비물이라고도 해요. 동물의 내분비샘에서 분비되는 체액과 함께 몸속을 순환하여, 다른 기관이나 조직의 작용을 촉진·억제하는 물질을 통틀어 이르는 말이에요. 우리 기분을 조절하는 세로토닌과 도파민, 성별 특성을 조절하는 에스트로겐과 테스토스테론 등 수많은 호르몬이 다양한 역할을 해요.

원소
원소는 세상을 이루는 가장 기본적인 물질의 단위예요. 수소(H), 산소(O), 철(Fe)처럼 각 원소는 고유한 성질을 가지고 있어요. 원소는 서로 결합해서 물·소금·공기 같은 다양한 물질이 돼요. 현재 과학자들이 발견한 원소는 100가지가 넘어요. 과학자들은 각 원자에 번호를 붙였어요. 원소를 정리한 표를 주기율표라고 불러요.

미생물
눈으로는 볼 수 없는 아주 작은 생물이에요. 보통 세균·효모·원생동물 따위를 일컫는데, 바이러스를 포함하는 경우도 있어요.

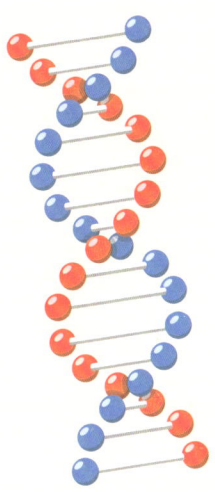

유전자

생물체의 유전 형질이 나타나는 원인이 되는 인자예요. 염색체 가운데 일정한 순서로 배열되어, 생식 세포를 통하여 어버이로부터 자손에게 유전 정보를 전달해요. 본체는 디엔에이(DNA)이며, 아르엔에이(RNA)를 거쳐 세포 속에서 합성되는 단백질 종류를 조정해요.

유전자 가위 기술

유전자 가위 기술은 세균이 바이러스로부터 자신을 보호하는 원리로 이뤄졌어요. 원하는 부위의 DNA를 정교하게 잘라 내거나 교정하는 생명공학 기술이에요. 3세대 기술인 크리스퍼(CRISPR) 가위 기술이 최근 많이 사용되고 있어요.

인공지능(AI)

컴퓨터가 사람처럼 생각하고 학습하고 말하며 스스로 행동하도록 만드는 기술이에요. 최근 등장한 챗GPT와 자율 주행 자동차 등이 모두 인공지능이에요.

3D 프린팅

물체를 깎아 내는 방식이 아니라 기존 프린터처럼 차곡차곡 쌓는 방식으로 3D 입체 물체를 제작하는 기술을 말해요. 컴퓨터로 제어하기 때문에 만들 수 있는 형태가 다양하고 다른 제조 기술에 비해 사용하기 쉬워요.

에너지

일을 얼마나 할 수 있는지 나타내는 힘을 말해요. 에너지 형태에 따라 운동·위치·열·전기 에너지 등으로 구분해요.

온실가스

지구 대기를 오염시켜 온실 효과를 일으키는 가스를 통틀어 이르는 말이에요. 이산화탄소·메탄·프레온 등이 이에 해당돼요.

소행성

화성과 목성 사이 궤도에서 태양 둘레를 공전하는 작은 행성들이에요. 숫자가 무수히 많은데, 대부분 반지름이 50km 이하예요. 태양계 밖에도 존재할 가능성은 있지만 현재로서는 발견 가능성이 낮아요.

희토류가 뭐예요?

중국이 가진 것 중에 미국이 부러워하는 것이 있어요. 바로 자동차·반도체·스마트폰을 만들 때 꼭 필요한 광물, 희토류예요. 2025년 상반기에 있었던 미국과 중국의 '관세 전쟁'을 멈춘 것도 사실 이 희토류 덕분이에요. 미국이 관세를 올리는 것을 멈추면 중국이 미국에 희토류 수출을 계속하겠다고 했거든요.

첨단 전자제품에는 희토류 원석에서 추출한 다양한 원소가 사용된다.

현대 산업의 소금, 희토류

희토류는 총 17가지 금속 원소를 일컫는 말로, 대개 은백색이나 회색을 띠는 금속을 말해요. 희토류는 스마트폰이나 컴퓨터의 화면, 전기자동차의 모터, 배터리, 자석, 풍력 발전기, 태양광, 암 진단용 의료기기 등에 쓰여요. 쓰이지 않는 곳이 없을 정도라서 '현대 산업의 소금'이라고 불리지요. 희토류는 지구가 탄생할 때부터 있었지만, 1787년에 스웨덴의 군인이 마을 채석장에서 발견하면서 세상에 알려졌어요.

사실은 희귀하지 않다고?

희토류라는 이름은 '지구에서 나는 희귀한 성분'이라는 의미예요. 그런데 이름과 달리 희토류는 사실 지구상에 꽤 많이 분포하고 있어요. 하지만 문제는 토륨이나 우라늄처럼 몸에 해로운 방사능을 가진 원소와 붙은 채 발견되는 경우가 많아서 희토류만 골라내기가 무척 어렵다는 거예요. 그래서 희토류 함유량이 높은 특정 지역에서만 채굴하다 보니 희토류라고 부르게 된 것이지요.

중국에 최대 80% 매장

세계에서 희토류가 가장 많이 나오는 나라는 바로 중국이에요. 2017년 기준 전 세계 채굴량의 약 80%가 중국에서 나와요. 우크라이나와 호주 등도 희토류를 채굴하지만 양이 많지는 않아요. 중국은 다른 희토류는 수출하지만 사마륨(Sm)이라는 희토류는 미국에 수출하지 않겠다고 해요. 이 희토류는 섭씨 700도 이상에서도 자성을 유지할 수 있어서 미국의 스텔스 전투기 제작에 꼭 필요한 광물이지요.

똑똑한 배경지식

희토류(Rare Earth Element)
원소 주기율표의 란타넘족 원소 15개에 스칸듐·이트륨이 포함된 총 17개의 금속 원소(스칸듐·이트륨·란탄·세륨·프라세오디뮴·네오디뮴·프로메튬·사마륨·유로퓸·가돌리늄·테르븀·디스프로슘·홀뮴·에르븀·툴륨·이테르븀·루테튬)를 말해요. 최근 첨단 기술 산업에 필수적인 소재로 사용되고 있어요.

알쏭달쏭 어휘 풀이

◆ **원소**: 모든 물질을 구성하는 기본적 요소.
◆ **분포하다**: 일정한 범위에 흩어져 퍼져 있다.
◆ **채굴하다**: 땅을 파고 땅속에 묻혀 있는 광물을 캐내다.

✏️ 다음 빈칸에 알맞은 말을 쓰세요.

　　□□□는 첨단 산업 전반에 필수적으로 쓰이는 광물로, 대부분 중국에서 생산돼요.

✏️ 이 글을 통해 알 수 있는 내용에 ○, 알 수 없는 내용에 ×표 하세요.
- 희토류는 전기차·스마트폰·발전기 등 첨단 기술 제품에 꼭 필요하다. (　)
- 희토류는 다른 광물과 함께 붙어 있는 경우가 많다. (　)
- 현재 세계에서 가장 많은 희토류를 생산하는 나라는 미국이다. (　)

✏️ 생각해 보기

희토류가 지구에 널리 퍼져 있는데도 희토류라고 부르는 이유는 무엇일까요?

....

....

소행성, 달에 충돌할 수 있다고?

한때 지구와 충돌할 수도 있다고 알려졌던 소행성 '2024 YR4'가 이번에는 달에 충돌할 가능성이 높아졌다는 관측 결과가 나왔어요. 과연 지구가 소행성과 충돌할 위기 상황을 담은 영화 같은 일이 일어나는 걸까요?

2025년 3월 26일 NASA의 제임스 웹 우주 망원경이 촬영한 2024 YR4.

지구 충돌 위험은 낮아졌어요

우주 관련 잡지 〈스페이스닷컴〉에 따르면 2024년 12월 27일 처음 발견된 2024 YR4는 길이 약 53~67m로 무려 10층 건물 크기의 소행성이에요. 발견 당시 소행성은 지구와 충돌할 확률이 1%를 넘는 것으로 나왔는데, 대형 소행성 중에서는 꽤나 높은 확률이었어요. 2025년 1~2월의 관측에서는 지구 충돌 위험이 1.2~3.1%까지 늘어나서 많은 사람들이 걱정했지요. 다행히 추가 관측에서 지구 충돌 위험은 0.004~0.3%로 크게 줄었어요. 2025년 2월 24일 미국 항공우주국(NASA)은 소셜미디어(SNS)를 통해 "이 소행성은 2032년에 지구 옆으로 안전하게 지나갈 것"이라고 발표했어요.

달 충돌 확률은 높아졌나요?

그런데 이번에는 지구를 도는 달과 충돌할 확률이 높다는 관측 결과가 나왔어요. 2025년 5월 미국 존스홉킨스대 연구팀이 제임스 웹 우주 망원경(JWST)을 통해 분석한 결과, 2024 YR4가 달에 충돌할 확률이 3.8~4.3%로 올라갔다고 발표했어요. 미국 항공우주국은 다만 "달과 충돌하더라도 달의 궤도는 변하지 않을 것"이라고 덧붙였지요. 또 달과 충돌해 생긴 소행성의 파편이 지구로 날아와도 대부분은 지구 대기권에서 타 버릴 것이라고 해요. 그리고 아주 드물게 일부 파편이 지구에 떨어지더라도 쓰나미를 일으킬 가능성은 높지 않다고 예측했어요.

'행성 방어 전략' 연습할 수 있어

2025년 4월 이후부터는 2024 YR4가 너무 희미해져서 지구에서 관측하기 어려워졌어요. 2028년에 다시 관측할 수 있다고 해요. 2024 YR4가 더 이상 위협이 되지는 않지만, 이번 일을 '행성 방어 전략'을 연습할 수 있는 좋은 기회로 삼고 있어요. 소행성을 일찍 발견하고 분석해서 사람들에게 알리는 방법을 더 잘 준비할 수 있게 된 것이죠.

똑똑한 배경지식

2024 YR4
지구 근처를 지나갈 것으로 예상되는 소행성이에요. 이 소행성은 2024년에 처음 발견되었고 지구와 충돌할 가능성이 있어 주목을 받았어요. 과학자들은 이런 소행성의 위치와 움직임을 계속 관찰하면서 위험 여부를 확인해요. 만약 충돌 위험이 생기면 소행성의 궤도를 바꾸는 등 행성 방어 전략을 사용할 수 있어요.

알쏭달쏭 어휘 풀이

- **소행성**: 화성과 목성 사이의 궤도에서 태양의 둘레를 공전하는 작은 행성.
- **궤도**: 행성·혜성·인공위성이 중력의 영향을 받아 다른 천체의 둘레를 돌면서 그리는 곡선의 길.
- **파편**: 깨어지거나 부서진 조각.

✏️ 다음 빈칸에 알맞은 말을 쓰세요.

소행성 2024 YR4는 지구 충돌 위험은 줄었지만 ☐과 충돌할 가능성이 커졌다.

✏️ 이 글을 통해 알 수 있는 내용에 ○, 알 수 없는 내용에 ✕표 하세요.

- 2024 YR4가 지구와 충돌할 확률은 점점 커지고 있다. ( )
- 2024 YR4가 달과 충돌하더라도 달의 궤도는 변하지 않을 것이다. ( )
- 2024 YR4는 행성 방어 전략을 연습할 기회가 되었다. ( )

✏️ 생각해 보기

만약에 지구에 소행성이 충돌한다면 어떤 일이 벌어질까요?

한국이 함께 만든 우주 망원경, 스피어엑스!

2025년 3월 12일 낮 12시 10분, 미국 캘리포니아주 반덴버그 우주기지에서 스페이스X사의 '팰컨 9' 로켓이 캄캄한 밤하늘을 힘차게 가르며 날아올랐어요. 이 로켓에는 한국과 미국이 함께 개발한 우주 망원경 '스피어엑스(SPHEREx)'가 실려 있었지요. 스피어엑스는 성공적으로 궤도에 도착한 뒤 교신했어요.

발사를 앞두고 있는 스피어엑스.

우주에서 물과 생명체 관련 연구

한국 우주항공청(KASA)에 따르면 스피어엑스는 2019년부터 미국 항공우주국(NASA)이 우주를 탐사하기 위해 시작한 프로젝트로, 적외선을 이용해 우주를 관측하는 망원경이에요. 미국 캘리포니아공과대학과 한국 천문연구원(KASI)이 함께 만들었지요.

스피어엑스 망원경은 영상 관측 기술과 분광 관측 기술을 합쳐 만들어졌어요. 영상 관측은 우주의 모습을 넓게 촬영하는 기술이에요. 분광 관측은 빛을 무지개처럼 여러 가지 색깔로 나누어 분석하는 기술이에요. 어떤 색깔의 빛이 얼마나 밝게 보이는지를 측정해서 천체가 무엇으로 이루어져 있는지, 얼마나 뜨거운지 등을 알 수 있어요. 별과 행성들의 빛을 102가지 색깔로 나누어 분석해요. 그래서 우주의 모습을 입체적이고 자세하게 파악할 수 있어요. 스피어엑스를 이용해 10억 개의 천체에 대한 데이터를 수집할 예정이에요. 한국 우주항공청은 이를 통해 우주의 탄생부터 변화해 온 과정을 알 수 있고, 우리 은하에 물이나 다른 생명체가 있는지도 연구할 수 있다고 해요.

지구 하루 14.5바퀴 돌아

적외선을 이용한 탐사는 이번이 전 세계적으로 처음인데, 인류 최초의 '적외선 3차원 우주 지도'를 제작하는 게 연구팀의 목표라고 해요. 스피어엑스는 지구를 하루에 약 14.5바퀴씩 돌면서 우주를 600회 이상 촬영해요. 2년 동안 모두 4차례 지도를 만들 예정이에요. 스피어엑스는 2025년 5월부터 본격적으로 관측에 들어가, 7월에는 관측 데이터 6,000여 장이 처음 공개됐어요. 타란툴라 성운 이미지 등 다양한 천체의 모습이 담겨 있었어요. 스피어엑스가 보내 주는 정보들은 우주 연구뿐 아니라 미국항공우주국의 또 다른 우주 망원경을 연구하는 데도 큰 도움을 줄 거라고 해요.

똑똑한 배경지식

스피어엑스(SPHEREx)
세계 최초의 적외선 영상 분광 탐사 우주 망원경으로, 미국 항공우주국 제트추진연구소, 미국 캘리포니아공과대학, 한국 천문연구원 등이 공동으로 개발했어요. 스피어엑스는 영상 관측과 분광 관측을 결합한 기술을 적용해 하늘 전역 99% 이상을 관측할 수 있으며 전 우주를 102가지 색깔로 관측할 수 있어요. 이러한 기술을 통해 우주 입체 지도를 제작할 거예요.

알쏭달쏭 어휘 풀이

- **교신**: 우편·전신·전화로 정보나 의견을 주고받음.
- **분광**: 빛이 파장의 차이에 따라서 여러 가지 색의 띠로 나누어지는 것.
- **성운**: 구름 모양으로 퍼져 보이는 천체.

✏️ 다음 빈칸에 알맞은 말을 쓰세요.

□□□□□는 한국과 미국이 공동 개발한 적외선 우주 망원경이다.

✏️ 이 글을 통해 알 수 있는 내용에 ○, 알 수 없는 내용에 ×표 하세요.

- 스피어엑스는 적외선을 이용해 우주를 관측한다. ( )
- 스피어엑스는 5개 색깔의 빛만 분석할 수 있다. ( )
- 스피어엑스는 하루에 지구를 약 14.5바퀴 돈다. ( )

✏️ 생각해 보기

우주 관측이 중요한 이유는 무엇일까요?

우주 다녀왔더니 폭삭 늙었어요

미국 현지시간 2025년 3월 18일 오후 5시 57분, 미국 항공우주국(NASA) 소속 우주 비행사 수니 윌리엄스(60세)와 배리 부치 윌모어(63세)가 돌아왔어요. 이들이 지구를 떠난 지 286일 만이었지요. 그런데 윌리엄스의 갈색 머리는 하얗게 변해 있었고, 윌모어도 주름이 더 늘어 보였어요. 우주에 있던 이들에게 무슨 일이 있었던 것일까요?

미국 우주비행사 부치 윌모어와 수니 윌리엄스를 태운 스타라이너 우주선의 모습.

8일 임무가 9개월로 늘어났어요

미국 항공우주국의 우주 비행사였던 두 사람은 2024년 6월 5일 우주로 향했어요. 원래는 8일만 우주에 있으려고 했는데 그들이 타고 갔던 우주선 '스타라이너 캡슐'이 도착하자마자 문제가 생겨 두 우주 비행사는 국제우주정거장(ISS)에 머물게 되었어요. 이렇게 예상치 못하게 오랫동안 우주에 있다 보니 몸에 여러 가지 변화가 생긴 거예요.

뼈·근육 약해지고, 방사선도 있어

우주에는 중력이 거의 없어요. 지구에서는 중력 때문에 뼈와 근육을 계속 사용하는데 우주에서는 몸이 둥둥 떠다니다 보니 쓸 일이 거의 없지요. 그래서 뼈가 약해지고 근육도 줄어들게 돼요. 또한 우주에는 방사선이 있어서 몸이 빨리 늙을 수 있어요. 나이가 들어서 신체가 약해지는 것처럼요. 다만 윌리엄스의 머리가 하얗게 된 이유는 정확히 설명할 수 없지만 스트레스의 영향이거나 염색을 하지 못했기 때문이라고도 해요.

아인슈타인은 우주에 가면 젊어진다던데?

아인슈타인의 일반 상대성 이론에 따르면 엄청 빠른 속도로 움직이면 시간이 상대적으로 천천히 흐른다고 해요. 영화 〈인터스텔라〉에서 중년의 아버지가 우주 여행을 마치고 돌아왔더니 아버지는 그대로였고 지구에 있던 딸은 노인이 되어 있었던 것처럼요. 이를 '시간 지연 효과'라고 해요. 하지만 현재 우주선은 그만큼 빠르지 않아요. 국제 우주정거장에서 1년을 지내도 지구에 있는 사람보다 100분의 1초 정도 젊어지는 정도예요. 그러니까 우주의 시간이 다르게 흘러서라기보다는 우주 환경 때문에 몸이 약해졌거나 스트레스를 받아 나이 들어 보이는 변화가 일어났을 확률이 더 큰 셈이지요.

똑똑한 배경지식

상대성 이론

아인슈타인이 만든 이론으로, 빛의 속도는 누구에게나 같지만 시간과 공간은 관찰하는 사람에 따라 달라질 수 있다는 이론이에요. 일반 상대성 이론은 중력이 공간을 휘게 만들고, 이로 인해 행성들이 움직인다고 설명해요. 우리가 알고 있는 중력은 시공간이 휘어져서 생기는 현상이에요. 이 이론은 위치정보시스템(GPS)처럼 정밀 기술에 꼭 필요한 과학이에요.

알쏭달쏭 어휘 풀이

- **국제우주정거장**: 여러 나라가 함께 만들어 우주인들이 지내면서 우주 실험을 하는 기지.
- **중력**: 지구 위의 물체가 지구로부터 받는 힘.
- **지연**: 무슨 일을 더디게 끌어 시간을 늦춤. 또는 시간이 늦추어짐.

✏️ 다음 빈칸에 알맞은 말을 쓰세요.

우주에는 ☐☐이 없기 때문에 뼈와 근육을 쓸 일이 적어서 몸이 쉽게 약해질 수 있다.

✏️ 다음 설명으로 알맞은 것에 ○표 하세요.

- 윌리엄스와 윌모어는 원래 8개월간 우주에 머무를 예정이었다. ( )
- 우주에서는 방사선 때문에 노화가 빨라질 수 있다. ( )
- 현재 우주 기술로는 시간 지연 효과로 눈에 띄게 젊어질 수 없다. ( )

✏️ 생각해 보기

만약 우주 기술이 발달해서 우주 여행을 엄청 빠른 속도로 오랫동안 하면 어떻게 될까요?

3D 프린팅, 우주선까지 만든다고요?

2025년 5월 미국 텍사스의 어느 마을에 스타벅스가 새로 생겼어요. 평범해 보이는 이 건물은 사실 평범하지 않아요. 바로 3D 프린팅 기술을 사용해서 커다란 로봇이 노즐로 콘크리트를 겹겹이 쌓아서 지은 건물이기 때문이에요.

3D 프린팅 기술로 집을 짓고 있다.

시제품 만들기 위해 처음 개발

3D 프린팅은 말 그대로 프린터를 이용해 물체를 만들어 내는 기술이에요. 컴퓨터에 그린 대로 녹인 플라스틱 등을 아주 얇게 층층이 쌓아올린 뒤 딱딱하게 굳혀서 모양을 만들지요. 1983년 찰스 헐이라는 사람이 생각해 냈어요. 제품을 만들어 팔기 전에 미리 디자인과 기능을 살펴보기 위해 시제품을 만드는데, 여기 드는 시간과 비용을 줄이기 위해서였어요.

제조업 넘어 의료 분야에서도 활발히 사용

3D 프린팅은 이제 모형뿐만 아니라 완제품도 만들어요. 세계적인 시장 조사 회사 '포춘비즈니스인사이트'에 따르면 전 세계 3D 프린팅 시장 규모는 2018년 98억 달러(약 14조 원)에서 2023년 223억 달러(약 31조 원)로 커졌고, 2032년에는 1502억 달러(약 213조 원)까지 성장할 전망이라고 해요. 제조업을 넘어 다양한 영역에서 활용하고 있는데, 의료 분야에서도 점차 확대되고 있어요. 다리를 다쳐서 뼈가 부러졌을 때 3D 프린터를 활용하면, 사람마다 다른 뼈 모양에 따라 딱 맞는 인공뼈를 만들 수 있어요. 치아도 3D 프린터로 만들어 사용할 수 있지요. 심지어 피부나 장기를 만드는 연구도 하고 있어요.

바다·우주에서도 바로 만들어 쓸 수 있어요

HD현대중공업은 선박용 금속 3D 프린터를 개발 중이에요. 바다 한가운데에서 배가 고장 나면 다시 항구까지 들어와 수리하고 나가야 해서 시간과 비용이 많이 들거든요. 그래서 배 안에서 필요한 부품을 바로 만들어 수리할 수 있는 3D 프린터를 개발하는 거예요. 항공우주 분야도 마찬가지예요. 미국 항공우주국(NASA)은 부품을 보내는 비용을 줄이기 위해 국제우주정거장에서 3D 프린터로 부품을 인쇄하는 실험을 하고 있어요. 나중에 우주에 집을 지을 때도 지구에서 재료를 가져가지 않고, 우주에 있는 재료를 이용해서 3D 프린터로 제작할 계획이라고 해요.

똑똑한 배경지식

3D 프린팅(Three Dimensional Printing)
컴퓨터를 이용한 설계를 바탕으로 플라스틱·금속 등과 같은 다양한 소재를 층층이 쌓아 입체적인 물체를 만들어 내는 기술이에요. 복잡한 구조도 정밀하게 제작할 수 있고 제작 속도도 빠르고 비용도 줄일 수 있어요. 산업·의료·건축 등 다양한 분야에서 활용해요.

알쏭달쏭 어휘 풀이

- **노즐**: 액체나 기체를 내뿜는 대롱형의 작은 구멍.
- **시제품**: 시험 삼아 만들어 보는 제품.
- **시장 조사**: 기업이 돈이나 물건, 일자리와 관련된 자료를 통계적으로 수집·기록·분석하는 일.

✏️ 다음 빈칸에 알맞은 말을 쓰세요.

☐☐☐☐ 기술이 발달하여 건축, 의료 등 다양한 분야에서 활용하고 있다.

✏️ 이 글을 통해 알 수 있는 내용에 ○, 알 수 없는 내용에 ×표 하세요.
- 3D 프린팅 기술은 시제품을 저렴하게 만들기 위해 처음 시작되었다. ( )
- 3D 프린팅은 사용하기 까다로워 시장 규모가 점차 줄어들 것이다. ( )
- 3D 프린터를 사용하면 사람마다 다른 뼈나 치아 모양을 본떠 만들 수 있다. ( )

✏️ 생각해 보기

3D 프린팅을 이용해서 만들고 싶은 것과 이유를 생각해 보세요.

....

....

챗GPT가 그린 그림이 문제라고요?

"그래픽처리장치(GPU)가 녹아내리고 있다." 오픈AI의 최고경영자(CEO) 샘 올트먼이 2025년 3월 소셜미디어에 올린 글이에요. 인공지능(AI) 기술이 발전하면서 사진을 그림으로 만들어 주는 기능이 새로 생겼어요. 그 기능을 써 보고 싶은 사람들이 몰려들면서 서버에 과부하가 걸린 거예요.

지브리 스타일 그림 만들기가 유행하며 챗GPT 신규 사용자가 급증했다.

텍스트·이미지·오디오 함께 처리 가능

오픈AI가 만든 챗GPT-4o는 텍스트·이미지·오디오를 함께 처리할 수 있는 모델이에요. 전에는 번거로웠던 작업을 이제는 손쉽게 할 수 있게 됐어요. 챗GPT에 사진을 올리고 '지브리 스타일로 그려 줘'라고 입력만 하면 일본 애니메이션 제작사 지브리 스튜디오에서 만든 만화 작품처럼 멋진 그림을 뚝딱 만들어 줘요. 너무 신기하고 재미있어서 많은 사람이 몰려들면서 1주일 만에 생성된 이미지가 7억 장에 달했어요. 카카오톡 프로필 사진도 이렇게 챗GPT가 만든 이미지로 넘쳐 났어요. 지브리 열풍 덕분에 챗GPT를 이용하는 사람은 일주일에 7억 명을 넘었어요.

저작권 침해와 전력 소모 문제 심각

AI 기술이 발달할수록 챗GPT를 만든 오픈AI의 저작권 문제도 심각해지고 있어요. 지브리 설립자인 미야자키 하야오는 인터뷰에서 AI가 그린 그림은 사람의 마음이 느껴지지 않아 기분이 나쁘다고 말하기도 했어요. 어떤 작가의 스타일을 따라 그린 그림은 괜찮을 수 있지만, 눈에 띄는 구체적인 표현을 모방할 경우에는 저작권 침해가 될 수 있어요.

또 다른 문제도 있어요. 미국 카네기멜런대와 허깅페이스 연구에 따르면 챗GPT로 이미지를 하나 만드는 데 평균 2.9와트시(Wh)의 전력이 소모돼요. 단어 100개 미만의 짧은 텍스트로 질문할 때 드는 전력 소모량(0.3Wh)의 10배예요. 영상을 만들 때는 더 많은 전력이 소모되겠지요. 그러면 뜨거운 열을 식혀야 하기 때문에 냉각 조치도 필요해요. 챗GPT와 대화를 20~50번 정도 주고받는 데 생수 500㎖ 1병 정도가 필요하다는 연구 결과도 나왔어요. 빅테크 기업들도 새로운 전력원을 찾아 나섰어요. 마이크로소프트(MS)는 물속에 데이터 센터를 짓고, 구글과 메타는 한파로 열을 낮추는 등 다양한 실험을 진행 중이에요.

똑똑한 배경지식

오픈AI(OpenAI)
2015년에 미국에서 설립된 AI를 연구하고 개발하는 회사예요. 원래는 비영리 단체로 시작했지만, 현재는 AI 개발에 필요한 막대한 자금을 확보하기 위해 비영리 법인과 영리 법인을 함께 운영하고 있어요. 오픈AI는 사람들이 더 쉽게 AI를 사용할 수 있도록 다양한 도구를 만들고 있어요. 챗GPT도 이 회사가 만든 AI 서비스 중 하나예요.

알쏭달쏭 어휘 풀이

◆ **그래픽처리장치**: 화면에 보이는 이미지나 영상을 빠르게 처리하고 보여 주는 장치.
◆ **서버**: 주된 정보 제공이나 작업을 수행하는 컴퓨터 시스템.
◆ **과부하**: 기기나 장치가 다룰 수 있는 정도를 넘음.

✏️ 다음 빈칸에 알맞은 말을 쓰세요.

챗 □□□ 가 생성한 이미지가 인기를 끌고 있지만 저작권 등 문제가 함께 제기되고 있다.

✏️ 이 글을 통해 알 수 있는 내용에 ○, 알 수 없는 내용에 ×표 하세요.

● 많은 사람이 챗GPT의 이미지 생성 서비스를 사용해 서버에 과부하가 걸렸다. ( )
● 미야자키 하야오는 AI가 그린 그림을 좋아하지 않았다. ( )
● 챗GPT로 이미지를 만들 때, 텍스트로 질문하는 것보다 전력이 적게 든다. ( )

✏️ 생각해 보기

챗GPT 같은 AI 발달이 우리에게 미칠 영향을 생각해 보세요.

챗GPT 위협하는 중국 딥시크

무엇이든 10초도 안 돼서 척척 대답해 주는 인공지능(AI) 프로그램, 바로 미국에서 만든 챗GPT예요. 그런데 2025년 1월 중국에서 새로운 인공지능 프로그램 '딥시크 R1'을 개발했어요. 딥시크 R1은 어려운 수학이나 코딩 부분에서 챗GPT만큼 뛰어난 성능을 선보였지요. 어떤 분야에서는 챗GPT보다 더 잘하기도 했고요.

중국 AI 기술 발전 속도가 세계를 놀라게 하고 있다.

챗GPT 개발비 20분의 1로 만들어

사람들을 더 놀라게 한 건 바로 비용이었어요. 챗GPT를 개발하는 데 들어간 비용은 1억 달러(약 1400억 원) 정도인데, 딥시크 R1 개발에 투자한 돈은 558만 달러(약 80억 원)에 불과하다고 알려졌기 때문이에요. 또한 챗GPT는 1,200명이 개발했는데, 딥시크 R1은 139명이 참여했지요. 게다가 챗GPT는 고성능 반도체 칩을 사용해 학습한 것과 달리, 딥시크 R1은 성능이 좋지 않은 반도체 칩을 사용했어요.

그리고 챗GPT는 어떻게 만들었는지 다른 사람들에게 알려 주지 않았어요. 하지만 딥시크는 모두가 볼 수 있도록 만든 방법을 공개했어요. 그래서 누구나 손쉽게 딥시크 모델을 사용해 새로운 AI를 만들 수 있게 되었지요. 의료·금융·교육 등에서 각 분야가 원하는 방식으로 AI 서비스를 만들 수 있을 거라고 해요.

우리나라 AI 현주소는?

중국과 미국은 똑똑한 젊은이들을 모아 AI를 만들기 위해 열심히 노력하고 있어요. 하지만 우리나라는 아직 AI 전문가들이 많이 부족해요. 똑똑한 인재들은 의사가 되고 싶어 하는 사람들이 많고, AI 전문가라도 더 좋은 환경에서 일하기 위해 외국으로 떠나는 경우도 많거든요. 미국 시카고대 폴슨 연구소에 따르면 2022년 기준 한국에서 대학원을 마친 AI 인재의 40%가 해외로 갔다고 해요. 적당한 일자리를 찾아 떠난 것이지요. 인재 유출로 인해 기술 발전 속도가 느려졌다고 판단한 우리 정부는 AI 발전에 힘을 쏟겠다고 약속했어요. 정부가 앞장서서 AI를 개발하는 기업을 지원하겠다고 했지요. 초·중·고등학교에서도 AI를 가르치기로 했어요.

똑똑한 배경지식

챗GPT
미국의 오픈AI가 2022년에 공개한 대화 전문 AI 챗봇을 말해요. 챗은 채팅(Chatting)의 줄임말이고 GPT는 Generated Pre-trained Transformer(미리 많은 글을 학습해서 만든 인공 지능 모델) 앞 글자를 딴 단어예요. 주어진 질문에 답하거나 글쓰기·번역·요약 같은 작업도 도와줘요. 챗GPT는 공개 단 5일 만에 하루 이용자 100만 명을 돌파하면서 돌풍을 일으켰어요.

알쏭달쏭 어휘 풀이

- ◆ **코딩**: 프로그램 언어로 프로그램을 만드는 일.
- ◆ **반도체**: 전기를 일부 통하게 하여 전자 기기의 작동을 조절하는 핵심 부품.
- ◆ **인재**: 어떤 일을 할 수 있는 학식이나 능력을 갖춘 사람.
- ◆ **유출**: 밖으로 흘러 나가거나 흘려 내보냄.

✏️ 다음 빈칸에 알맞은 말을 쓰세요.

중국의 ☐☐☐☐ 프로그램인 딥시크 R1은 적은 비용으로 높은 성능을 보여 주목받았다.

✏️ 이 글을 통해 알 수 있는 내용에 ○, 알 수 없는 내용에 ×표 하세요.

- 딥시크 R1은 모두가 볼 수 있도록 만든 방법을 공개했다. ( )
- 딥시크 R1 개발 비용은 챗GPT보다 더 많이 들었다. ( )
- 우리나라도 AI 기업을 지원하고, 학교에서 AI 교육을 하기로 했다. ( )

✏️ 생각해 보기

우리나라가 AI 산업을 키우려면 어떻게 해야 할까요?

내 방에서 노트르담 대성당 볼 수 있어요

프랑스 파리에 가지 않아도 노트르담 대성당을 볼 수 있게 됐어요. 글로벌 빅테크 기업 마이크로소프트(MS)는 2025년 7월 프랑스와 협력해서 노트르담 대성당의 '디지털 트윈(Digital Twin)'을 만든다고 밝혔어요. 이제 방 안에서 유명 관광지를 즐길 수 있게 된 거예요.

공사 중인 프랑스 노트르담 대성당.

디지털로 똑같이 구현한 쌍둥이

디지털 트윈은 말 그대로 디지털로 만든 쌍둥이를 말해요. 현실 세계의 물건이나 장소를 컴퓨터 속 가상 세계에 똑같이 만드는 거예요. 단순히 입체(3D)로 만든 모형이 아니라 실시간으로 정보를 주고받아 가상 모델에 연동시켜요.

2019년에 큰불로 무너졌던 노트르담 대성당은 디지털 트윈 덕분에 다시 태어날 수 있었어요. 불이 나기 전 찍어 둔 성당 사진 100만 장과 화재 이후 촬영한 사진 5,000장을 활용해 화재 전과 흡사하게 복원할 수 있었어요.

마이크로소프트는 2019년부터 그리스의 고대 올림피아, 프랑스의 몽생미셸 같은 다양한 문화유산과 행사를 디지털로 보존하는 프로젝트를 진행하고 있어요. 디지털 트윈 방식으로 문화유산을 보존하고 유지·관리하기 위해서예요. 또한 실제 관광지에 지나치게 많은 사람이 한꺼번에 몰리는 것을 막을 수 있어요.

우리나라에서도 문화재 복원에 디지털 기술을 활용하는 사례가 늘고 있어요. 신라시대 대표 사찰인 황룡사는 800년 전 몽골 침입으로 소실됐지만, 증강현실(AR) 기술로 옛 모습을 복원했어요. 관람객은 태블릿을 활용해 건물 내부를 둘러볼 수 있어요.

시간·비용 아끼는 경제적 효과도

디지털 트윈은 다양한 분야로 확장되어 시간을 아끼고 돈을 절약해 줘요. 새로운 자동차를 만들 때 실제 차로 충돌 실험을 하면 시간과 비용이 많이 들지만, 디지털 트윈으로는 마음껏 실험할 수 있어요. 국토교통부는 디지털 트윈 국토 플랫폼을 만들어 다양한 서비스를 개발하고 있어요. 전국 지상·지하 지도를 3D 디지털 공간으로 옮겨 재난 상황이 닥쳤을 때 피해 규모를 예측하거나 도시 경관 계획을 세울 수 있어요. 해양수산부는 부산신항 국제터미널에 디지털 트윈을 활용해 선박 도착 시간을 예측했고, 그 결과 기다리는 시간을 1시간 이상 줄이기도 했어요.

똑똑한 배경지식

디지털 트윈(Digital Twin)
현실 세계의 기계·장비·사물 등을 컴퓨터 속 가상 세계에 구현한 것을 말해요. 예측, 모의실험, 문제 진단 등을 효율적으로 수행할 수 있어 다양한 분야에서 활용하고 있어요. 이렇게 디지털 트윈은 현실을 더 잘 이해하고 제어하는 데 도움을 줘요.

알쏭달쏭 어휘 풀이

- **가상 모델**: 현실의 사물이나 시스템을 컴퓨터 안에 모사해 만든 디지털 형태의 모형.
- **연동**: 기계나 장치에서 한 부분을 움직이면 연결된 다른 부분도 잇따라 함께 움직이는 일.
- **복원하다**: 원래대로 회복시키다.

✏️ 다음 빈칸에 알맞은 말을 쓰세요.

　　□□□ 트윈 기술은 문화유산 복원부터 산업까지 다양하게 활용되고 있다.

✏️ 이 글을 통해 알 수 있는 내용에 ○, 알 수 없는 내용에 ×표 하세요.
- 디지털 트윈은 실시간 정보가 반영되지 않는 것이 한계다.　　　　　　　(　　)
- 노트르담 대성당은 디지털 트윈 기술을 활용해 복원되었다.　　　　　　(　　)
- 디지털 트윈을 잘 활용하면 시간과 비용을 줄일 수 있다.　　　　　　　(　　)

✏️ 생각해 보기

디지털 트윈을 우리 주변에서 어떻게 활용하면 좋을지 생각해 보세요.

유전자 가위의 두 얼굴

'까만 눈동자와 하얀 피부에 키가 크고 어떠한 병도 없는 남자아이를 만들어 주세요.' 만약 이렇게 원하는 대로 아이를 낳을 수 있다면 어떨까요? 과학 영화에서나 볼 법한 이야기이지만 실제로 과학이 발달하면서 가능한 기술이 되었어요. 그것이 바로 '유전자 가위' 기술이에요.

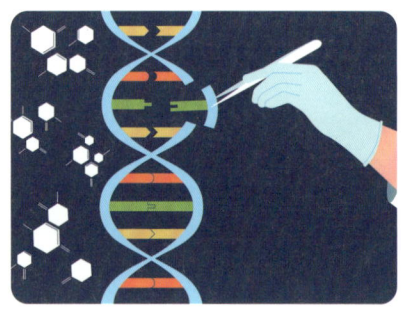

유전자 편집 기술의 발달로 윤리적인 문제가 논의되고 있다.

유전자를 바꿀 수 있어요

우리 몸에는 DNA라는 설계도가 있어요. 이 설계도에는 머리카락 색깔, 키, 눈동자 색깔, 혈액형 같은 정보가 담겨 있어요. 이 설계도에 있는 내용을 유전자라고 해요. 지금까지는 이 유전자를 바꿀 수 없었지만, 최근에 유전자 가위라는 도구가 나타났어요. 잘못 쓴 글자를 찾아서 지우고 다시 쓰는 것처럼 우리 몸속 유전자도 고칠 수 있게 된 거예요. 대표적인 기술로 크리스퍼 유전자 가위가 있어요.

난치병 고치고 맞춤형 아기 낳게 될까?

유전자 가위 기술을 둘러싸고 찬성과 반대 입장이 맞서고 있어요. 유전자 가위 기술이 발전하면 유전병이나 난치병을 치료할 수 있어요. 유전병을 일으키는 유전자를 유전자 가위로 잘라 내면 그 병에 걸리지 않거든요. 기술이 발전하면 암과 에이즈 같은 난치병도 고칠 수 있게 돼요. 몸의 약한 부분을 강하게 만들 수도 있어요. 기억력과 집중력을 더 좋게 만들고 강한 체력으로 오래 살 수도 있지요. 동식물의 유전자를 고쳐서 가뭄이나 병충해에 강한 농작물, 영양가 높은 식품을 대량 생산할 수도 있어요.

하지만 대부분의 나라에서는 인간 배아를 활용한 유전자 조작 기술 연구를 법적으로 금지하고 있어요. 인간의 유전자를 마음대로 바꿀 수 있다면 사회는 엄청난 혼란을 맞게 될 거라고 생각하기 때문이에요. 돈이 많은 사람들은 더 똑똑하고 예쁜 아기를 원할 거예요. 부모가 원하는 대로 맞춤형 아기를 만들 수 있어요. 반면 돈이 없는 사람은 유전자를 고치지 못해 건강하지 못한 아기를 낳을 수 있어요. 유전자로 인해 사람을 차별하는 일도 생길 수 있고요. 또 유전자를 고치다가 미처 생각하지 못한 다른 병이 생길 수도 있어요. 유전자는 복잡하게 얽혀 있어서 한 부분을 고치면 다른 부분이 망가질 수도 있지요. 우리는 유전자 가위 기술을 어디까지 어떻게 사용할지 고민해 봐야 해요.

똑똑한 배경지식

유전자 가위

DNA는 생명체의 유전 정보를 담고 있는데 이에 저장된 유전 정보를 유전자라고 해요. 유전자 가위는 이 유전자를 자르거나 붙일 수 있는 기술을 말해요. 이 기술은 유전병 치료, 암이나 난치병 연구에 큰 도움이 되고 있어요. 특히 크리스퍼라는 유전자 가위는 정확하고 빠르며 비용도 적게 들어요. 하지만 생명 윤리 문제로 인해 많은 논의가 필요해요.

알쏭달쏭 어휘 풀이

- **DNA**: 생물의 유전 정보를 담고 있는 이중 나선 구조의 분자로, 생명체의 설계도 역할을 함.
- **유전자**: 생물의 특징을 결정하는 유전 정보를 담고 있는 DNA의 특정 구간.
- **배아**: 수정 후 초기 발달 단계에 있는, 장기와 기관이 형성되기 전 상태.

✏️ **다음 빈칸에 알맞은 말을 쓰세요.**

□□□ 가위 기술은 유전병 치료 등을 할 수 있지만 윤리적 문제를 지니고 있다.

✏️ **이 글을 통해 알 수 있는 내용에 ○, 알 수 없는 내용에 ×표 하세요.**

- 유전자 가위 기술은 유전자를 잘라 내거나 고칠 수 있는 기술이다. ( )
- 유전자 가위 기술은 유전병과 난치병을 치료하는 데 도움이 될 수 있다. ( )
- 모든 나라에서 인간 배아를 이용한 유전자 조작 연구가 허용되어 있다. ( )

✏️ **생각해 보기**

유전자 가위 기술에 대한 찬성과 반대 입장을 선택해 주장해 보세요.

내 몸 지켜 주는 작은 생명체, 미생물

우리 몸속에는 눈에 보이지 않는 아주 작은 생명체들이 살고 있어요. 바로 미생물이에요. 특히 우리 장 속에는 100조 개가 넘는 미생물이 살고 있어요. 이걸 장내 미생물 또는 장내 마이크로바이옴(Microbiome)이라고 불러요.

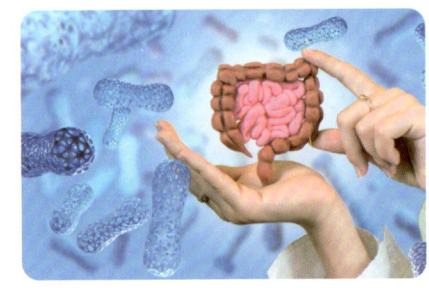

장내 미생물 환경이 건강 전반에 영향을 미친다.

건강 좌우하는 우리 몸속 장내 미생물

장내 미생물은 세균·바이러스·곰팡이 등 다양한 종류로 구성되어 있어요. 최근 연구에 따르면, 우리 장 속의 미생물 생태계가 마치 오케스트라의 지휘자처럼 면역 시스템을 조율한다고 해요. 단순히 음식 찌꺼기를 분해하는 정도가 아니라 우리 건강을 좌우하는 핵심적인 역할을 한다는 거예요.

먼저 장내 미생물은 우리가 먹는 음식의 소화를 도와요. 우리 몸이 혼자 소화하기 어려운 섬유질 같은 성분들을 분해해 우리에게 좋은 물질로 바꿔 줘요. 또한 나쁜 세균들이 우리 몸에 들어오지 못하게 막아 주고 면역 시스템이 잘 작동하게 도와줘요. 그래서 장을 우리 몸의 '면역 본부'라고 부르기도 해요.

그리고 장내 미생물은 우리의 기분도 좌우해요. 기분을 좋게 하는 세로토닌이라는 호르몬의 90% 이상은 뇌가 아니라 장에서 만들어져요. 장이 세로토닌을 분비하며 '기분 좋다'고 신호를 보내면 뇌도 행복을 느끼고, 장내 미생물 균형이 깨져 장이 '힘들다'고 신호를 보내면 뇌도 기분이 우울하다고 느끼지요. 장이 건강해야 우리 기분도 즐겁고 행복할 수 있어요.

미생물 위한 좋은 습관 키워요

우리가 건강해지려면 우리 몸속 미생물도 건강해야 해요. 그러려면 채소·과일·통곡물같이 섬유질이 풍부한 음식을 많이 섭취해요. 또 요거트나 김치 같은 발효 음식을 꾸준히 먹는 것도 몸에 이로운 미생물을 늘리는 데 도움을 줘요. 햄버거나 튀김 같은 기름진 음식은 조금만 먹어요. 운동을 꾸준히 하고 잠도 충분히 자요. 항생제를 자주 먹으면 우리 장의 균형을 깨뜨릴 수 있으니 조심해서 복용해야 해요. 이런 건강한 습관이 우리 몸속 미생물을 늘리고, 우리 몸을 튼튼하게 만들며, 기분도 좋아지게 만들 거예요.

똑똑한 배경지식

장내 미생물
미생물은 맨눈으로 관찰하기 어려운 아주 작은 생물을 말해요. 장내 미생물은 주로 대장에 살며 다양한 세균들로 구성되어 있어요. 이들은 음식물 소화를 돕고 면역 체계를 조절하는 등 건강에 핵심적인 역할을 해요. 사람마다 장내 미생물 구성은 다르며 식습관과 생활 방식에 따라 변화해요. 최근에는 이를 활용한 치료와 의학 연구도 활발히 이뤄지고 있어요.

알쏭달쏭 어휘 풀이

- **조율하다**: 악기의 음을 표준음에 맞추어 조정하다. 문제를 어떤 대상에 알맞거나 마땅하도록 조절하는 것을 비유적으로 일컬음.
- **분해하다**: 여러 부분이 결합되어 이루어진 것을 낱낱으로 나누다.
- **항생제**: 미생물이 만들어 내는 항생 물질로 된 약제. 다른 미생물이나 생물 세포를 선택적으로 억제하거나 죽이는 약.

✏️ **다음 빈칸에 알맞은 말을 쓰세요.**

장내 ☐☐☐은 소화, 면역, 기분 조절 등 우리 건강에 중요한 역할을 한다.

✏️ **이 글을 통해 알 수 있는 내용에 ○, 알 수 없는 내용에 ×표 하세요.**

- 우리 장 속에는 100조 개가 넘는 미생물이 산다. ( )
- 세로토닌은 대부분 뇌에서 만들어진다. ( )
- 발효 음식은 장내 미생물을 건강하게 유지하는 데 도움을 준다. ( )

✏️ **생각해 보기**

장내 미생물이 우리 기분에 어떻게 영향을 미칠까요?

숏폼 때문에 '뇌 썩음' 진짜일까?

'뇌 썩음(Brain Rot)'. 2024년 《옥스퍼드 영어 사전》이 선정한 올해의 단어예요. 매년 사회상을 반영해 그해를 대표할 만한 단어를 발표하는데, 3만 7,000여 명이 참여한 대중 투표와 자체 평가 결과 뇌 썩음이 뽑혔어요.

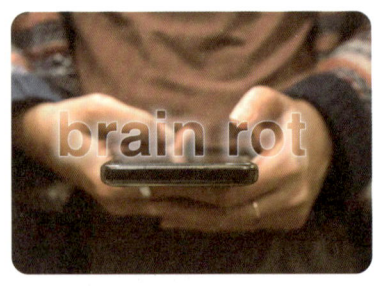

2024 올해의 단어로 선정된 뇌 썩음.

자극적 콘텐츠로 뇌 기능 떨어져

뇌 썩음은 1854년 미국 작가 헨리 데이비드 소로의 수필집 《월든》에서 처음 등장한 단어예요. "영국은 썩은 감자(Potato Rot) 문제를 해결하기 위해 노력하는데 뇌 썩음을 고치려는 시도는 왜 없냐"며 영국 사람들이 깊이 생각하지 않고 정신적으로 퇴보하는 모습을 비판한 글에서 쓰였어요. 최근에는 뜻이 조금 바뀌었는데, 짧고 자극적인 숏폼 같은 콘텐츠를 너무 많이 봐서 생각하는 능력이 떨어지는 것 같다고 스스로를 한탄할 때 쓰는 말이 되었어요. 지난 1년 동안 이 단어 사용이 230%나 늘어났어요.

학습·기억 담당 영역에 악영향

단순히 기분 탓이 아니라, 숏폼 같은 영상은 실제로 뇌에 부정적인 영향을 미쳐요. 책을 읽거나 영화를 볼 때는 뇌의 해마라는 부분이 활발하게 움직여서 정보를 기억하고 학습해요. 그런데 틱톡·릴스·쇼츠 같은 숏폼 영상은 순간적으로 웃기거나 슬픈 장면만 맥락 없이 짧게 보여 주기 때문에 해마가 쓰이지 않게 돼요. 자주 사용하지 않는 뇌세포는 퇴화되어서 기억력·학습력·사고력 등이 나빠질 수 있어요.

점점 더 강한 자극 찾아

자극적인 영상을 보면 뇌에서는 '쾌락 호르몬'으로 알려진 도파민이 분비돼요. 도파민은 행복을 느끼게 하는 신경전달물질로, 감정을 조절해요. 한번 숏폼을 보고 도파민 분비로 행복을 느끼면 숏폼 영상이 자꾸 보고 싶어져요. 시간이 지날수록 점점 더 자극적인 콘텐츠를 봐야 도파민이 분비돼요. 그러다 보면 일상의 작고 느린 즐거움에는 무감각해지고, 강하고 즉각적인 자극에만 반응하게 돼요. 이런 상태를 팝콘이 터지듯 강한 자극에만 반응한다고 해서 '팝콘 브레인(Popcorn Brain)'이라고 부르기도 해요.

똑똑한 배경지식

뇌 썩음(Brain Rot)
스마트폰이나 게임에 지나치게 몰두해 정신적으로 피곤하거나 생각이 멍해지는 상태를 말해요. 주로 강렬한 디지털 콘텐츠에 지나치게 빠져들 때 이를 지적하기 위해 사용해요. 《옥스퍼드 영어 사전》이 2024년 올해의 단어로 선정하면서 유명해졌어요. 1854년 헨리 데이비드 소로의 수필집 《월든(Walden)》에서 처음 사용된 단어예요.

알쏭달쏭 어휘 풀이

- **수필**: 일정한 형식을 따르지 않고 인생이나 자연 또는 일상생활에서의 느낌이나 체험을 생각나는 대로 쓴 산문 형식의 글.
- **퇴보**: 정도나 수준이 이제까지의 상태보다 뒤떨어지거나 못하게 됨.
- **맥락**: 사물 따위가 서로 이어져 있는 관계나 연관.

✏️ 다음 빈칸에 알맞은 말을 쓰세요.

☐ 썩음은 숏폼처럼 짧고 자극적인 콘텐츠 때문에 정신적으로 피곤할 때 사용하는 단어다.

✏️ 이 글을 통해 알 수 있는 내용에 ○, 알 수 없는 내용에 ✕표 하세요.

- 뇌 썩음은 2024년 《옥스퍼드 영어 사전》이 선정한 올해의 단어이다. ( )
- 숏폼 영상은 뇌의 해마를 활발하게 자극해 기억력을 높여 준다. ( )
- 팝콘 브레인은 뇌가 강한 자극에만 반응하는 상태를 말한다. ( )

✏️ 생각해 보기

숏폼 같은 영상이 뇌에 미치는 영향은 무엇일까요?

아침으로 시리얼, 이제 그만!

바쁜 아침 달콤한 시리얼에 시원한 우유를 부어 먹으면 정말 맛있죠? 시리얼은 1894년 미국의 켈로그 형제가 요양소 환자들을 위해 처음 개발했어요. 1950년대에는 '호랑이 기운이 솟아나요'라는 광고 문구가 인기를 끌면서, 간편한 아침 식사의 대명사처럼 여겨지기도 했지요. 하지만 시리얼에는 단맛을 내기 위한 설탕이 많이 들어 있고, 곡물을 가공하는 과정에서 식이섬유 같은 몸에 좋은 성분들이 많이 사라지기 때문에 건강에 좋지 않아요. 그래서 전문가들이 시리얼을 '최악의 아침 식사'로 꼽기도 했어요.

시리얼에는 정제 탄수화물 등 당류가 많아 노화를 촉진한다.

혈당 갑자기 오르면 금세 배고파져

시리얼처럼 설탕이 많고 정제된 탄수화물을 먹으면 우리 몸속 혈당이 갑자기 오르는 '혈당 스파이크'가 일어나요. 식사 후 갑자기 졸리거나 집중력이 떨어지고 금방 다시 허기지는 것이 혈당 스파이크 증상이에요. 혈당이 갑자기 오르면 췌장에서는 인슐린이 급격히 분비되지요. 인슐린이 갑자기 많이 나오면 혈당이 다시 뚝 떨어져서 금세 배가 고파져요. 이런 증상이 반복되면 우리 몸에 염증과 노폐물이 쌓여 노화가 빨리 일어나요. 또한 당뇨병이나 고혈압 같은 질병에 걸릴 위험도 커질 수 있고요.

아산병원 노년내과 교수였던 정희원 교수는 '저속노화'를 위해 식단이 중요하다고 강조해요. 저속노화란 몸이 천천히 나이 들도록 건강하게 관리하는 것을 말해요. 정 교수는 우리 몸에 좋은 아침 식사 방법으로 채소를 가장 먼저, 그다음 단백질, 마지막으로 탄수화물 순서로 먹는 게 좋다고 말했어요. 지나치게 달콤한 시리얼, 잼을 바른 하얀 식빵, 섬유질을 모두 걸러 낸 과일 주스는 피하는 것이 좋다고 했고요. 가장 중요한 것은 달걀·두부·생선 같은 단백질을 충분히 섭취하고, 정제탄수화물은 최소화하는 거예요.

어린이도 '저속노화' 해야 할까요?

노화라는 단어는 어른들에게만 해당하는 것 같지만 우리 몸속 '노화 시계'는 태어나는 순간부터 흐른다고 해요. 그래서 정 교수는 어린이도 건강 관리 차원에서 저속노화를 위한 노력이 필요하다고 해요. 균형 잡힌 식사, 충분한 수면, 규칙적인 운동으로 성조숙증이나 소아비만 같은 문제를 예방할 수 있거든요.

똑똑한 배경지식

정제 탄수화물

정제 탄수화물은 가공을 거치며 식이섬유나 영양소가 많이 제거된 탄수화물이에요. 흰쌀·흰밀가루·설탕 등이 있어요. 이런 음식은 소화가 빨라서 혈당이 빠르게 올라가고 금세 배가 고파져요. 과하게 섭취하면 비만·당뇨·심장병 위험이 높아져요. 탄수화물은 우리 몸에 에너지를 공급하는 주요 영양소지만 질 좋은 탄수화물을 먹는 것이 중요해요.

알쏭달쏭 어휘 풀이

◆ **정제**: 물질에 섞인 불순물을 없애 그 물질을 더 순수하게 함.
◆ **혈당**: 혈액 속에 포함되어 있는 당.
◆ **인슐린**: 탄수화물을 조절하는 호르몬 단백질.

✏️ 다음 빈칸에 알맞은 말을 쓰세요.

□□□□를 위해서 시리얼 같은 정제된 탄수화물은 피하고 채소, 단백질, 탄수화물 순서로 식사해야 한다.

✏️ 이 글을 통해 알 수 있는 내용에 ○, 알 수 없는 내용에 ×표 하세요.

● 시리얼은 요양소 환자들을 위해 개발되었다. ( )
● 시리얼은 설탕과 정제된 탄수화물이 많아 건강에 좋지 않다. ( )
● 저속노화는 어린이를 제외한 어른을 위한 건강 관리 방법이다. ( )

✏️ 생각해 보기

시리얼이 우리 몸에 좋지 않은 이유는 무엇일까요?

_____

_____

당류 제로 과자는 먹어도 좋을까요?

요즘 편의점에 가 보면 '제로 슈거' 라벨을 붙인 음료수나 과자가 많아졌어요. 설탕이 없다는 뜻의 제로 제품이 유행이에요. 설탕은 건강에 해롭다고 생각하는 소비자들이 이런 제품을 많이 찾게 되었거든요. 최근에는 과자나 음료뿐 아니라 고추장이나 케첩 같은 소스, 통조림 캔, 케이크 같은 음식에도 제로 제품이 등장했어요.

제로 슈거 제품에는 단맛을 내는 인공감미료가 들어간다.

빵·과자·떡 모두 당이 많아요

식약처가 공개한 2019~2023년 '당류 섭취 실태 분석 결과'에 따르면 우리나라의 여성·어린이·청소년·청년 모두가 세계보건기구(WHO)가 정한 하루 권장량을 넘어서는 설탕을 먹고 있다고 해요. 탄산음료·빵·과자·떡·주스·아이스크림 등을 많이 소비하고 있기 때문이에요. 제로 식품을 먹으면 당류 섭취를 줄일 수 있지만 최근에는 그 대신 과자나 빵, 떡의 소비가 늘고 있대요. 제로 음료를 마시고 있다고 안심하면서 다른 단 음식을 너무 많이 먹고 있지는 않은지 살펴봐야 해요.

제로 표시 제품, 안전할까?

제로 표시 제품은 안전할까요? 여기에는 설탕 대신 인공감미료가 들어가요. 인공감미료는 설탕보다 수백 배 강한 단맛을 내면서 열량은 거의 없는 아스파탐·수크랄로스·액상과당 같은 것이에요. 인공감미료를 넣은 식품을 먹으면 살찌는 것을 줄일 수는 있지만 무조건 믿고 먹으면 안 된다고 해요. 우리 몸에 어떤 영향을 미치는지 아직 정확히 밝혀지지 않았거든요. 어떤 연구에서는 인공감미료를 많이 먹으면 머리가 아프거나 어지럽고, 오히려 살이 찔 수도 있다는 결과가 나왔어요.

저지방이나 유기농도 조심!

'저지방'이나 '무지방'이 쓰인 제품도 조심해야 해요. 지방이 적게 들었을 뿐, 설탕이나 인공감미료를 더 넣기도 하거든요. '유기농'이라고 쓰인 제품도 화학 비료나 농약을 안 썼다는 뜻일 뿐, 유기질 비료와 천연 살충제를 사용하기도 해요.

가장 좋은 방법은 가공식품 대신 제철에 나는 채소나 통곡물, 건강한 식재료로 만든 음식을 골고루 먹는 거예요. 몸에 좋은 음식을 많이 섭취해야 성장에도 도움이 됩니다.

똑똑한 배경지식

제로 식품

제로 식품은 설탕·지방 등의 함량을 거의 0에 가깝게 줄인 식품을 말해요. 이런 식품은 일반 식품보다 열량이 낮아 부담 없이 섭취할 수 있다는 장점이 있어요. 하지만 인공감미료나 첨가물이 들어 있는 경우가 많아 과도하게 먹으면 오히려 건강에 해로울 수 있지요.

알쏭달쏭 어휘 풀이

◆ **인공감미료**: 화학 합성으로 만든 감미료. 일반적으로 천연 감미료의 수백 배의 단맛을 낸다.
◆ **열량**: 우리 몸이 음식을 통해 얻는 에너지의 양.
◆ **가공식품**: 농산물·축산물·수산물을 인공적으로 처리하여 만든 식품.

✏️ 다음 빈칸에 알맞은 말을 쓰세요.

제로 식품에는 설탕이 없지만 ☐☐☐☐☐ 가 들어가 있어 조심해야 한다.

✏️ 이 글을 통해 알 수 있는 내용에 ○, 알 수 없는 내용에 ×표 하세요.

- 건강을 신경 쓰는 사람이 늘면서 제로 제품이 인기다. ( )
- 인공감미료는 설탕보다 열량이 높다. ( )
- 저지방 제품에 설탕이나 인공감미료를 더 첨가하기도 한다. ( )

✏️ 생각해 보기

설탕 섭취를 줄이기 위해 우리는 어떤 노력을 해야 할까요?

남을 도우면 내 몸이 건강해져요

길을 걷다가 무거운 짐을 들고 힘들어하는 할머니를 도운 적 있나요? 내가 조금 피곤하고 바쁘더라도 누군가를 돕고 나면, 돕기 전보다 훨씬 기분이 좋아지는 경험을 해 본 적이 있을 거예요.

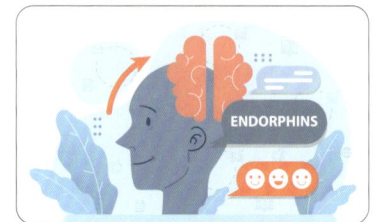

남을 도우면 엔도르핀이 분비된다.

도움 주는 사람도 받는 사람도 행복

실제로 다른 사람을 돕는 일은 도움을 받는 사람은 물론, 돕는 사람에게도 정말 좋은 영향을 줘요. 이것을 '헬퍼스 하이(Helper's High)'라고 해요. 헬퍼스 하이는 미국 의사이자 자선사업가인 앨런 룩스가 2001년 발표한 연구에서 처음 이야기한 개념이에요. 그가 많은 사람을 조사한 결과 꾸준히 남을 돕는 사람들이 그렇지 않은 사람들보다 더 건강하다는 것을 알아냈어요.

엔도르핀 뿜뿜! 몸은 튼튼!

남을 도울 때 기분이 좋아지는 이유는 그때 우리 뇌에서 '엔도르핀(Endorphin)'이라는 특별한 물질이 많이 나오기 때문이에요. 엔도르핀은 우리를 기쁘고 행복하게 만들어 주는 물질이에요. 특히 남을 돕는 일을 꾸준히 하면 엔도르핀이 더 많이 나와서 스트레스도 줄고, 심장도 건강해지고, 혈압도 낮아지는 등 신체가 더욱 건강해진다고 해요.

다른 사람을 도울 방법이 많아요

남을 돕는 일은 어렵지 않아요. 매년 연말 어려운 이웃을 위해 돈을 기부하는 익명의 자선가들도 있고, 어린아이들이 용돈을 모아 기부하는 경우도 많아요. 꼭 돈이 아니더라도 자신의 재능을 나누면서 행복을 느끼는 사람들도 많아요. 예를 들어 의사나 변호사가 어려운 사람들을 위해 무료로 진료나 상담을 해 주거나, 예술가들이 병원이나 요양원에서 공연을 여는 것처럼요.

요즘에는 우리 일상생활 속에서 쉽게 참여할 수 있는 기부 문화도 많아졌어요. 소

소셜미디어(SNS) 챌린지에 참여하면 해당 기업이 어려운 아이들에게 도시락을 기부하는 '행복 두 끼 챌린지' 같은 캠페인도 기부 행사예요. 이탈리아의 '서스펜디드 커피(Suspended Coffee)' 운동처럼 내가 마실 커피 외에 한 잔 값을 더 결제해서 어려운 이웃이 커피를 마실 수 있도록 하는 것도 기부 활동이지요.

똑똑한 배경지식

헬퍼스 하이(Helper's High)
다른 사람을 도울 때 느끼는 기분 좋은 감정을 말해요. 누군가를 도와주면 우리 뇌에서 엔도르핀이라는 호르몬이 나와 스트레스가 줄고, 정신 건강에도 긍정적인 영향을 줘요. 즉, 남을 위한 행동이 결국 자기 자신에게도 큰 이로움을 주는 현상이에요.

알쏭달쏭 어휘 풀이

- **엔도르핀**: 포유류의 뇌에서 나오는 기분을 좋게 하고 통증을 줄여 주는 물질.
- **기부**: 자선 사업이나 공공사업을 돕기 위하여 돈이나 물건 등을 대가 없이 내놓음.
- **익명**: 이름을 숨김.

✏️ 다음 빈칸에 알맞은 말을 쓰세요.

남을 돕는 행동을 하면 기분이 좋아지는데 이것을 ☐☐☐ ☐☐ 라고 한다.

✏️ 이 글을 통해 알 수 있는 내용에 ○, 알 수 없는 내용에 ×표 하세요.
- 남을 돕는 행동을 많이 하면 건강해진다. ( )
- 엔도르핀이 많이 분비될수록 건강에 해롭다. ( )
- 남을 돕기 위해 돈 대신 재능을 기부하기도 한다. ( )

✏️ 생각해 보기

누군가를 도울 수 있는 방법을 생각해 보세요.

귀찮은 초파리, 어디서 생겨나나요?

더운 여름이면 어김없이 찾아오는 귀찮은 곤충, 초파리예요. 자꾸 나타나는 초파리를 보면, 아주 예전에 사람들이 믿었던 '자연발생설'이 사실인가 싶은 엉뚱한 생각도 들어요. 과연 초파리는 어디에서 올까요?

초파리를 관찰 중인 실험실 풍경.

어디에서 생겨나는 걸까?

초파리 역시 다른 모든 생명체처럼 자연발생할 수는 없어요. 바나나를 담아 둔 밀폐된 봉지 안에 초파리가 생겼다면, 이미 바나나에 초파리 알이 묻어 있었던 거예요. 초파리 알은 0.5㎜정도로 아주 작아서 우리 눈에 보이지 않거든요. 게다가 성충이라도 2㎜밖에 안 되어서 집에 있는 방충망을 어렵지 않게 통과할 수 있어요. 또 하수 배관을 타고 이동하기도 해요. 초파리는 후각이 매우 발달해서 1㎞ 떨어진 거리의 냄새도 맡을 수 있기 때문에, 집 안에 음식이나 음식물 쓰레기가 있다면 어떻게든 들어올 거예요. 초파리는 번식력도 엄청나요. 25℃에서 13일 만에 알에서 성충이 되고, 짝짓기 후 이틀 만에 한 번에 약 400개의 알을 낳지요.

어떻게 없앨 수 있을까?

상한 음식물에 옮겨 다니는 초파리는 세균이나 바이러스를 옮길 수 있으니 조심해야 해요. 초파리가 생기지 않게 하려면 음식을 봉지에 잘 싸서 냉장고에 보관해야 해요. 음식물 쓰레기는 바로바로 버리는 게 좋아요. 싱크대나 하수구를 자주 청소하고 뜨거운 물을 부어 주면 초파리 알을 없앨 수 있어요. 초파리 퇴치제를 쓰레기봉투나 하수구에 뿌리는 것도 좋아요. 이미 생긴 초파리는 트랩으로 잡아요. 설탕·식초·주방세제를 1:1:1 비율로 섞어 빈 페트병에 넣고 입구에 랩을 씌운 뒤, 구멍을 몇 개 뚫어 놓으면 냄새에 이끌려 들어간 초파리가 밖으로 빠져나오지 못해요.

노벨상에 큰 도움을 준 초파리

이렇게 귀찮은 초파리가 아주 중요한 일을 하는 곳이 있어요. 바로 실험실이에요. 초파리는 크기가 작고 키우기 쉬우며 빨리 자라서 여러 세대를 빠르게 관찰할 수 있거든요. 그리고 우리 유전자와 약 60%가 겹쳐서 유전학 연구에 큰 도움이 돼요. 초파리가 실험실 동물로 쓰인 것은 1900년 이후부터인데, 역대 노벨상 중에 초파리를 연구해서 수상한 것이 6개나 되지요.

똑똑한 배경지식

자연발생설

자연발생설은 생명체가 흙이나 썩은 음식에서 저절로 생겨난다고 믿었던 옛날 이론이에요. 예를 들어 썩은 고기에서 구더기가 자연스럽게 생긴다고 생각했어요. 하지만 19세기에 파스퇴르가 실험을 통해 생명은 반드시 다른 생명을 통해서만 생긴다는 것을 증명했어요.

알쏭달쏭 어휘 풀이

- **성충**: 다 자란 곤충.
- **번식**: 생물이 자손을 만드는 것.
- **트랩**: 무엇인가를 잡기 위해 장치한 함정.

✏️ 다음 빈칸에 알맞은 말을 쓰세요.

□□□는 귀찮지만, 노벨상 수상에도 도움을 준 중요한 실험 동물이다.

✏️ 이 글을 통해 알 수 있는 내용에 ○, 알 수 없는 내용에 ×표 하세요.

- 초파리는 음식에서 저절로 생겨난다. ( )
- 초파리는 한 번에 약 400개의 알을 낳는다. ( )
- 초파리는 우리 유전자와 약 60%가 겹친다. ( )

✏️ 생각해 보기

초파리가 실험실 연구에 적절한 이유는 무엇일까요?

....

....

일기예보는 왜 자꾸 틀릴까요?

오늘은 우산을 챙겨야 할까? 소풍 가는 날인데 비가 오면 어쩌지? 아침에 눈을 뜨면 제일 먼저 확인하는 것. 바로 날씨예요. 오늘뿐만 아니라 일주일, 한 달 뒤 계획을 세울 때도 날씨는 우리 생활에 아주 중요하게 활용되는 정보예요. 안전과도 연결되어 있어서 자연재해를 미리 알고 대비하면 생명을 구하는 데 도움이 되지요. 반면

우리나라의 지리적 특성에 기후변화 영향까지 더해져 날씨 예측이 더 어려워졌다.

정확하지 않은 예보는 우리를 불편하게 해요. 비행기가 날지 못하거나, 소풍을 취소하는 경우 등이 생기지요. 그런데 요즘 들어 일기예보가 자주 틀려요. 날씨는 슈퍼컴퓨터로 예측한다고 하는데 왜 이렇게 틀리는 걸까요?

장마도 사라지게 만든 기후변화

기상청은 일기예보가 자주 틀리는 이유로, 산과 바다로 둘러싸여 있는 우리나라 국토 특성을 원인으로 꼽았어요. 산이 많으면 비구름이 이리저리 부딪히면서 방향을 바꾸는 경우가 많다고 해요. 또 바다에 둘러싸여 있어서 갑자기 수증기가 많아지면서 예상하지 못한 비가 내리기도 하고요.

지구 온난화로 인한 기후변화도 원인 중 하나예요. 기상청은 예전에는 여름철 비가 많이 내리는 장마 기간을 발표했지만 2009년부터 하지 않고 있어요. 장마 전선이 물러난 뒤에도 갑자기 많은 비가 오기도 하거든요. 기상청은 '장마'라는 말 대신 '한국형 우기'라는 새로운 단어로 바꿀지 검토해야 한다고 해요. 우리나라뿐만 아니라 다른 나라에서도 기후변화로 인해 날씨를 예측하기 더욱 어려워졌대요.

일기예보에 AI 활용해 정확도 높여

날씨는 현재 기상 상황을 비롯해 대기와 해양·온도·습도·풍속 등의 변화를 실시간으로 관찰하고 자료를 수집해서 이를 바탕으로 예측해요. 그 뒤 예보관이 종합적으로 분

석해서 우리에게 날씨를 알려 주는데, 이때 아주 많은 계산을 해야 해서 슈퍼컴퓨터를 사용해요. 그런데 날씨는 시시각각 변하기 때문에 계산이 정확하지 않을 수 있어요. 그래서 요즘에는 정확도를 높이기 위해 인공지능(AI) 모델을 활용하기도 해요. AI는 이전 방식 대신에 수많은 기상 데이터를 스스로 학습해서 날씨를 예상해요. 구글·마이크로소프트·엔비디아·IBM·화웨이 같은 큰 회사들도 이 기술을 개발하고 있어요.

똑똑한 배경지식

슈퍼컴퓨터(Supercomputer)
슈퍼컴퓨터는 빠르고 강력한 성능을 가진 컴퓨터예요. 복잡한 수학 계산이나 방대한 데이터를 빠르게 처리할 수 있어 날씨 예보, 기후변화 연구, 우주 탐사, 인공지능 개발 등 다양한 분야에 활용되지요. 특히 기상청에서는 정확한 예보를 위해 슈퍼컴퓨터를 사용해 날씨를 예측해요.

알쏭달쏭 어휘 풀이

◆ **장마 전선**: 여름철에 우리나라의 남쪽 지방에 머물면서 장마를 가져오는 전선.
◆ **우기**: 일 년 중 비가 많이 오는 시기.
◆ **예보관**: 날씨 자료를 분석해 앞으로의 기상 상황을 예측하는 전문가.

✏️ 다음 빈칸에 알맞은 말을 쓰세요.

☐☐☐☐가 자주 틀리는 이유는 우리나라 지형과 기후변화 때문이다.

✏️ 이 글을 통해 알 수 있는 내용에 ○, 알 수 없는 내용에 ×표 하세요.

- 일기예보는 우리의 안전과 관련되어 있다. ( )
- 우리나라는 산과 바다로 둘러싸여 있기 때문에 날씨를 예측하기 어렵다. ( )
- 기상청은 매년 장마 기간을 발표하고 있다. ( )

✏️ 생각해 보기

최근 들어 일기예보를 예측하기 어려운 이유는 무엇일까요?

....

....

재생에너지 때문에 전기요금이 올라요?

2025년 여름은 무더위가 심해서 에어컨 없이는 견디기 힘들었어요. '전기요금 폭탄' 걱정이 여기저기서 들려왔지요. 그런데 경제협력개발기구(OECD) 국가의 가정용 전기요금 평균을 100이라고 했을 때, 우리나라는 54 정도로 저렴한 편이에요. 2025년 8월 이재명 대통령은 "전기요금은 앞으로 더 오를 수밖에 없다"고 말했어요. 우리나라는 재생에너지 설비를 늘려야 하기 때문에 전기요금이 오를 거라는 의미였어요.

제주의 해상풍력발전기.

영국 온실가스 81% 줄인다는데, 우리나라는?

2015년에 전 세계 195개 나라는 '파리협정'을 맺었어요. 지구의 온도가 너무 많이 올라가지 않도록 온실가스 배출을 줄이자는 약속이었지요. 이를 위해 5년마다 목표를 세워야 하는데 국제기구는 2019년에 비해 60%를 줄이자고 권하고 있어요. 영국은 81%, 독일은 77%를 줄이겠다고 했어요. 우리나라도 올해 목표치를 제출해야 하는데, 경제협력개발기구 국가 중 다섯 번째로 온실가스를 많이 배출하기 때문에 목표를 높게 잡아야 한다는 압박을 받고 있어요. 지구온난화에 미친 영향이 크기 때문에 책임도 큰 것이지요. 2025년 7월 국제사법재판소는 "파리협정에 서명한 나라들은 온실가스 배출량을 줄이지 않으면 국제적 불법 행위에 해당할 수 있다"고 말했어요.

재생에너지 늘려야 하는데… 돈이 문제

2024년 우리나라 전기 원료는 주로 원자력(31.7%), 석탄(28.1%), 가스(28.1%)였어요. 재생에너지는 10.6%로 다른 나라에 비해 적은 수준이라 시설을 늘려야 해요. 그런데 재생에너지 시설을 처음 만들 때는 큰돈이 들어요. 우리 정부는 해상 풍력 발전을 중점적으로 늘리려고 하는데, 2030년까지 연간 14기가와트(GW) 전기를 생산하는 설비를 만드는 데 100조 원이 필요해요. 2023년 우리나라 총 전기 사용량이 55만 7,000기가와트인 점을 보면, 전체 전기를 재생에너지로 대체하려면 엄청 큰돈이 필요해요. 또 햇빛이 쨍하거나 바람이 세게 불 때는 전기를 많이 만들 수 있지만, 흐리거나 바람이 없을 때는 전기를 만들 수 없어요. 그래서 남는 전기를 모아두는 전기 저수지가 필요해요. 이것을 에너지 저장 장치(ESS)라고 하는데, 여기에도 수십조 원이 든다고 해요. 따라서 전기요금 상승이 예상되지만 재생에너지로의 전환을 미룰 수 없는 상황이에요.

똑똑한 배경지식

재생에너지

태양·바람·물 등 천연자원으로부터 얻는 에너지를 말해요. 석유나 석탄 같은 화학연료는 한 번 쓰면 없어지지만 재생에너지는 무한으로 쓸 수 있어요. 최근 환경오염이 심해지고 지구온난화가 가속화되면서 재생에너지에 대한 관심이 크게 높아졌어요.

알쏭달쏭 어휘 풀이

- **온실가스**: 지구 대기를 오염시켜 온실 효과를 일으키는 물질을 통틀어 이르는 말.
- **해상 풍력 발전**: 바다 위에 설치된 풍력 터빈을 이용해 바람의 힘으로 전기를 생산하는 방식.
- **에너지 저장 장치**: 전기를 저장해 두었다가 필요할 때 다시 사용할 수 있도록 해 주는 장치.

✏️ **다음 빈칸에 알맞은 말을 쓰세요.**

우리나라는 ☐☐에너지를 확대하는 데 많은 비용이 필요해 전기요금 인상이 불가피하다.

✏️ **이 글을 통해 알 수 있는 내용에 ○, 알 수 없는 내용에 ×표 하세요.**

- 우리나라 전기요금은 경제협력개발기구 국가 중 가장 비싸다. ( )
- 파리협정은 온실가스 배출을 줄이자는 국제 약속이다. ( )
- 재생에너지 발전은 초기 설치 비용이 많이 든다. ( )

✏️ **생각해 보기**

재생에너지의 장단점을 생각해 보세요.

문화 기사 읽을 때 필수 상식 9

문화

사람들이 함께 생활하면서 만들어지고 전해지는 생활 방식을 말해요. 계급·성별·나이·직업·인종 등을 뛰어넘어 개인과 집단이 살아가는 다양한 삶의 방식이지요. 각 나라와 지역의 고유한 문화를 문화 다양성이라고 해요. 모두가 함께 평화롭게 살기 위해 꼭 필요한 것이지요.

문화유산

조상들의 문화 중에서 후손들에게 물려줄 만한 가치가 있는 유산이에요. 생활 도구, 유물과 유적, 성터와 궁터, 전통 음악, 춤, 놀이, 문학 작품 등이 모두 문화유산이에요. 이를 통해 그 시대를 살아가던 조상들의 생활 모습이나 생각에 대해 알 수 있지요.

박물관

유물이나 예술품을 전시해서 여러 사람들에게 보여 주거나 연구하는 시설이에요. 국립중앙박물관과 국립민속박물관이 대표적이죠. 전시된 물건들을 통해 옛날 사람들의 생활에 대한 많은 정보를 얻을 수 있어요.

클래식

클래식은 오랜 옛날부터 전해 내려오는 아름다운 음악이에요. 바이올린·피아노·플루트 같은 다양한 악기로 연주해요. 베토벤·모차르트·바흐 같은 유명한 작곡가들이 만들었어요. 최근에는 한국 음악가들이 세계에서 활약하고 있어요. 피아니스트 조성진과 임윤찬은 세계에서 인정받는 아주 유명한 피아노 연주자예요. 또 바이올리니스트 이지윤과 플루티스트 유채연도 세계 무대에서 클래식을 아름답게 들려주고 있어요.

공연

공연은 사람들이 무대에서 노래를 부르거나 춤을 추고, 연기를 하면서 이야기를 들려주는 것이에요. 뮤지컬·연극·음악회 같은 것이 공연에 포함돼요. 많은 사람들이 모여서 함께 보고 즐기기 때문에 재미있고 감동적이에요. 공연을 보면 다른 사람들의 생각이나 감정을 느낄 수 있어요.

콘텐츠

인터넷이나 컴퓨터 통신 등을 통해 제공되는 정보나 내용을 말해요. 글·사진·소리·영상 등 다양한 형태로 구성되어 있어요. 책·음악·영화·인터넷·텔레비전 등에서 콘텐츠를 활용하지요. 사람들은 다양한 콘텐츠를 보고 들으며 지식이나 정보, 즐거움을 얻을 수 있어요.

OTT

온라인 동영상 서비스(OTT)는 인터넷으로 드라마나 영화 같은 콘텐츠를 볼 수 있는 서비스예요. 넷플릭스·티빙·웨이브 같은 서비스가 바로 OTT예요. 시간의 제약 없이 시청자가 원하는 시간에 볼 수 있고, 공간의 제약도 적어 해외에서도 쉽게 접할 수 있어요. 요즘 한국 콘텐츠가 OTT에서 전 세계 사람들에게 큰 인기를 얻고 있어요. 예를 들어 드라마 〈오징어 게임〉과 예능 프로그램 〈흑백요리사〉는 외국 사람들도 많이 보고 좋아했어요.

저작권

새로운 것을 발견하거나 개발하거나 창작한 것을 저작물이라고 해요. 이 저작물을 만든 사람이 법적으로 보호받을 수 있는 권리를 저작권이라고 하지요. 저작물은 글·그림·영화·음악·사진·과학 등 많은 종류가 있어요. 저작권을 가진 사람은 저작물을 이용하고 판매하거나 나눌 수 있는 권리가 있답니다.

굿즈

굿즈는 원래 상품을 뜻해요. 최근에는 좋아하는 캐릭터나 연예인과 관련된 물건을 말해요. 예를 들어 인기 만화 주인공이 그려진 노트·인형·스티커 등이 있어요. 좋아하는 연예인이 그려진 포토카드 같은 굿즈는 팬들이 갖고 싶어 하는 특별한 물건이에요. 그래서 친구들과 함께 굿즈를 수집하거나 바꾸기도 해요. 요즘은 박물관 유물도 굿즈로 제작돼 인기를 끌고 있답니다.

뮤지컬 〈어쩌면 해피엔딩〉 토니상 6관왕!

2025년 6월 우리나라의 뮤지컬 〈어쩌면 해피엔딩〉이 미국에서 가장 영향력 있는 연극·뮤지컬 상인 토니상을 받았어요. 작품상·연출상·각본상·작사작곡상·무대디자인상·남우주연상 6개 부문을 휩쓸었지요. 영국 BBC는 "한국은 미국 엔터테인먼트 분야에서 가장 중요한 4대 상인 에미상(2022년 드라마 〈오징어 게임〉), 그래미상(1993년 소프라노 조수미), 오스카상(2020년 영화 〈기생충〉), 토니상을 모두 받아 '에고트(EGOT; 4대 상의 앞글자를 딴 단어)' 지위를 얻었다"고 평가했어요.

〈어쩌면 해피엔딩〉 영어 간판이 걸린 미국 뉴욕 벨라스코 극장.

뉴욕에서 만난 '윌휴 콤비'의 탄생

〈어쩌면 해피엔딩〉은 우리나라의 박천휴 작가와 미국인 작곡가 윌 애런슨이 같이 만든 작품이에요. 이 두 사람은 뮤지컬 팬들 사이에서 '윌휴 콤비'라고 불리는데, 2008년 미국 뉴욕대 대학원에서 처음 만나 친해졌어요. 〈어쩌면 해피엔딩〉은 21세기 후반 서울이 배경이에요. 주인에게 버려진 오래된 로봇이 서로 의지하며 사랑이라는 감정을 배워 가는 이야기이지요. 벌써 6번째 시즌이 공연될 만큼 사람들에게 인기가 많아요. 두 사람은 이 작품에 "한국의 대중음악과 미국의 재즈, 현대 클래식, 전통적인 브로드웨이 뮤지컬을 모두 담으려고 노력했다"면서 "모든 감성이 어우러진 용광로 같은 작품"이라고 말했어요.

처음부터 한국어·영어로 동시 공연

〈어쩌면 해피엔딩〉은 처음 만들 때부터 특별했어요. 한국어 버전과 영어 버전을 동시에 만들었거든요. 2016년 서울 대학로에서 한국어 공연을 준비하면서, 뉴욕에서 영어로도 공연을 했어요. 그때 토니상을 8차례 받은 유명 프로듀서 제프리 리처드가 이 작품을 보고는 미국의 브로드웨이에서 공연하기로 결정했대요.

우리나라 뮤지컬, 전 세계로!

〈어쩌면 해피엔딩〉 말고도 우리나라 뮤지컬들이 세계 여러 나라에서 인기를 얻고 있어요. 〈팬레터〉는 일본과 중국에서 각종 상을 받으며 인기를 얻고 있고, 〈마리 퀴리〉는 폴란드에서 상을 받고 영국에서 오랫동안 공연했어요. 처음부터 해외에서 먼저 선보이는 뮤지컬도 등장했어요. 〈위대한 개츠비〉는 미국에서 시작해 영국에서도 공연하고 있어요.

똑똑한 배경지식

뮤지컬(Musical)
뮤지컬은 노래·춤·연기가 함께 어우러진 공연 예술이에요. 등장인물들이 대사뿐만 아니라 노래와 춤으로 감정을 표현해요. 연극과 비슷하지만 뮤지컬은 음악도 중요해요. 미국 브로드웨이와 영국 웨스트엔드가 뮤지컬의 중심지로 여겨져요. 최근 한국 뮤지컬의 활약이 두드러지고 있어요.

알쏭달쏭 어휘 풀이

- **영향력**: 어떤 사물의 효과나 작용이 다른 것에 미치는 힘.
- **콤비**: 어떤 일을 하기 위해 짝을 이룬 두 사람.
- **용광로**: 높은 온도로 광석을 녹여서 쇠붙이를 뽑아내는 가마.

✏️ 다음 빈칸에 알맞은 말을 쓰세요.

〈어쩌면 해피엔딩〉은 ☐☐☐ 6관왕에 오르며 우리나라 뮤지컬의 위상을 높였다.

✏️ 이 글을 통해 알 수 있는 내용에 ○, 알 수 없는 내용에 ×표 하세요.

- 〈어쩌면 해피엔딩〉의 배경은 21세기 후반 서울이다. ( )
- 〈어쩌면 해피엔딩〉은 한국어 버전을 만든 뒤 인기를 얻자 영어 버전도 만들었다. ( )
- 우리나라의 뮤지컬들이 해외에서 인기를 얻고 있다. ( )

✏️ 생각해 보기

〈어쩌면 해피엔딩〉의 토니상 수상이 우리나라 뮤지컬에 어떤 영향을 미칠까요?

K클래식, 세계 최고로 우뚝

2025년은 '콩쿠르의 해'예요. 콩쿠르는 음악가들이 실력을 겨루는 대회인데, 4~5년에 한 번씩 열리는 큰 대회들이 한꺼번에 몰려 있어요. 5월 퀸 엘리자베스 콩쿠르(벨기에)를 시작으로 6월 반 클라이번 콩쿠르(미국), 9월 부조니 콩쿠르(이탈리아), 10월 쇼팽 콩쿠르(폴란드)까지 이어지지요.

K클래식은 피아노와 바이올린을 넘어 다양한 악기에서 두각을 나타내고 있다.

콩쿠르 휩쓰는 임윤찬과 조성진

이 대회들은 유명한 스타 음악가들이 처음으로 이름을 알리는 곳이기도 해요. 유명한 피아니스트 임윤찬은 2022년 반 클라이번 콩쿠르에서 우승하며 전 세계에 이름을 알렸어요. 2024년에는 영국 그라모폰에서 피아노 부문과 젊은 연주자 상을 동시에 받았어요. 전 세계적으로 유명한 이 상을 우리나라 피아니스트가 수상한 것은 처음이에요. 2015년에 쇼팽 콩쿠르에서 우승한 피아니스트 조성진도 활발하게 활동 중이에요. 올해는 이혁·이효가 쇼팽 콩쿠르 본선 3라운드에 진출해 새로운 스타 탄생에 대한 기대감을 높이고 있어요.

유럽에서 활약하는 우리나라 음악가들

K클래식은 이제 각종 콩쿠르에서 수상하는 수준을 넘어 음악의 본고장인 유럽에서도 중요한 역할을 하고 있어요. 지휘자 정명훈은 동양인 최초로 이탈리아 오페라 극장 라 스칼라의 음악 감독이 되었어요. 2018년부터 베를린 슈타츠카펠레 오케스트라를 이끌고 있는 바이올리니스트 이지윤 등 많은 한국 연주자들이 악장으로 활약 중이에요. 예전에는 피아노와 바이올린 연주자가 많았지만 최근에는 악기도 다양해졌지요. 플루티스트 유채연은 2025년 5월 독일 함부르크 필하모닉이라는 유명 오케스트라에서 평생 연주할 수 있게 되었어요. 이곳에서 악장을 맡고 있는 바이올리니스트 다니엘

조를 비롯해서 바순·비올라·트럼펫 등 한국인 연주자가 7명이나 돼요.

　멋진 음악을 만드는 작곡가도 늘고 있어요. 작곡가 이하느리와 김신은 2024년 바르토크 콩쿠르(헝가리)에서 나란히 1, 2위를 차지했어요. 국내에서도 이러한 K클래식 열풍을 반영해 새로운 시도가 이어지고 있어요. 서울시국악관현악단은 상주 작곡가 제도를 만들어 이하느리와 함께 젊은 작곡가들이 멋진 곡을 만들 수 있도록 돕고 있어요.

똑똑한 배경지식

콩쿠르(Concours)
프랑스어로 '경쟁'을 뜻하며, 음악이나 무용 같은 예술 분야에서 실력을 겨루는 국제적인 경연 대회를 말해요. 대표적인 음악 콩쿠르로는 쇼팽 콩쿠르, 반 클라이번 콩쿠르, 퀸 엘리자베스 콩쿠르 등이 있어요. 이들 대회는 젊은 음악가들이 세계 무대에 데뷔할 수 있는 발판이에요. 수상자는 국제적인 명성과 연주 기회를 얻게 돼요.

알쏭달쏭 어휘 풀이

◆ **클래식**: 서양의 전통적 작곡 기법이나 연주법에 의한 음악.
◆ **악장**: 음악 연주 단체의 우두머리.
◆ **상주**: 항상 머무름.

🖊 **다음 빈칸에 알맞은 말을 쓰세요.**

우리나라 □□□ 음악가들이 세계적으로 활발하게 활동하고 있다.

🖊 **이 글을 통해 알 수 있는 내용에 ○, 알 수 없는 내용에 ×표 하세요.**

● 조성진은 2022년 반 클라이번 콩쿠르 우승으로 세계적인 주목을 받았다. （　）
● 유채연은 독일 함부르크 필하모닉에서 평생 연주할 자격을 얻었다. （　）
● 서울시국악관현악단은 젊은 작곡가들의 창작 활동을 돕고 있다. （　）

🖊 **생각해 보기**

한국 클래식 연주자들의 세계적 활약은 우리나라 음악계에 어떤 영향을 미칠까요?

영화도 음악도 성공! 〈케이팝 데몬 헌터스〉

애니메이션 영화 〈케이팝 데몬 헌터스(K-Pop Demon Hunters)〉 인기가 뜨거워요. 2025년 6월 20일 넷플릭스 공개 이후 6주 만에 역대 애니메이션 영화 1위에 올랐지요. 9월엔 누적 시청 수 2억 6600만 회를 넘기며 〈오징어 게임〉을 제치고 넷플릭스에서 가장 많이 본 콘텐츠가 되었어요.

〈케이팝 데몬 헌터스〉에 한국 구석구석이 배경으로 등장했다. 사진은 서울 북촌 한옥마을.

한국계 외국인 제작진 총출동

이 영화는 세계적인 제작사인 소니 픽처스 애니메이션이 제작을 맡았고, 한국계 캐나다인 매기 강과 미국인 크리스 애펄헌즈가 연출했어요. 영화 속 인물들도 여러 나라 사람들이 등장하지요. 주인공인 K팝 아이돌 그룹 헌트릭스 멤버 루미·미라·조이의 목소리를 연기한 배우들도 모두 한국계 미국인이에요. 한국과 미국을 오가며 활동하는 배우 이병헌과 김윤진도 조연으로 출연했어요.

저승사자부터 아이돌까지

이 영화는 악령을 물리치는 K팝 아이돌 그룹 헌트릭스의 이야기를 다루고 있어요. 어릴 때 캐나다로 이민 간 매기 강 감독은 "한국 문화를 세계에 제대로 알리고 싶었다"고 해요. 몇 년 전부터 K팝이 전 세계에서 주목받으면서 이와 관련된 영화를 만들게 되었어요. 그는 K팝 아이돌뿐만 아니라, 한국 전통문화인 도깨비와 저승사자 같은 신비한 존재들을 담아 재미있는 영화를 만들었어요. 한국 전통문화가 현대 K팝과 잘 어우러지면서 전 세계에서 성공을 거둘 수 있었지요. 한국 문화를 사랑하는 마음이 영화 속에 잘 담겨 있어서 많은 사람의 공감을 얻을 수 있었지요.

영국과 미국 음악 차트까지 1위

이 영화의 또 다른 성공 비결은 바로 영화에 나오는 주제곡이에요. K팝 아이돌 그룹 헌트릭스가 부른 〈골든(Golden)〉은 미국 빌보드와 영국 오피셜 싱글 차트 1위에 올랐어요. 전 세계에서 가장 유명한 음악 순위 차트인데, K팝이 두 차트에서 동시에 1위를 한 것은 이번이 처음이에요. K팝 대표 주자인 싸이·방탄소년단(BTS)·블랙핑크를 뛰어넘는 기록을 세우게 된 거예요.

똑똑한 배경지식

K팝(K-Pop)

대한민국에서 만들어진 대중음악 장르를 말해요. 영미권 대중음악인 팝(Pop)에 우리나라(Korea) 이니셜을 붙인 것이지요. K팝은 최근에 전 세계에서 많은 인기를 얻고 있어요. 노래뿐만 아니라 화려한 춤과 패션, 무대 연출이 눈길을 끌면서 유튜브와 소셜미디어(SNS)를 통해 빠르게 세계로 퍼졌어요. BTS·블랙핑크 등이 대표적인 K팝 그룹이에요.

알쏭달쏭 어휘 풀이

◆ **누적**: 포개어 여러 번 쌓음.
◆ **조연**: 한 작품에서 주역을 도와 극을 전개해 나가는 역할을 함.
◆ **이민**: 자기 나라를 떠나 다른 나라로 이주하는 일.

✏️ **다음 빈칸에 알맞은 말을 쓰세요.**

애니메이션 영화 〈☐☐☐ 데몬 헌터스〉가 세계적으로 큰 인기를 얻었다.

✏️ **이 글을 통해 알 수 있는 내용에 ○, 알 수 없는 내용에 ×표 하세요.**

- 〈케이팝 데몬 헌터스〉에는 한국 전통문화가 등장한다. ( )
- 이 영화를 만든 제작진은 모두 한국인이다. ( )
- 이 영화의 주제곡 〈골든〉은 영국과 미국 음악 차트에서 1위를 했다. ( )

✏️ **생각해 보기**

〈케이팝 데몬 헌터스〉의 성공이 우리나라에 미치는 영향을 생각해 보세요.

영어 사전에 '달고나'가 실렸어요

2025년 1월 영국 《옥스퍼드 영어 사전》에 한국어 단어 7개가 새롭게 등재됐어요. 수록된 단어는 '달고나(Dalgona)', '찌개(Jjigae)', '떡볶이(Tteokbokki)', '형(Hyung)', '막내(Maknae)', '노래방(Noraebang)', '판소리(Pansori)'예요. 한국어 단어가 추가된 것은 2021년 이후 3년 만이에요.

〈오징어 게임〉에 등장한 달고나는 드라마 인기에 힘입어 전 세계적으로 유명해졌다.

실생활에서 자주 사용되는 단어를 실어요

영국 옥스퍼드대 출판부에서 만드는 《옥스퍼드 영어 사전》은 1928년에 처음 나온 영어권에서 유명한 사전 중 하나예요. 2010년 이후 종이 출판 대신 인터넷으로 공개해서 편하게 찾아 볼 수 있어요. 영어권에서 실제로 많이 사용되는 단어가 3개월마다 새롭게 등재돼요. 새로운 단어가 쌓이면서 사전에 실린 단어만 50만 개에 달해요.

〈오징어 게임〉 덕분에 한국어 단어에 주목

한국어 단어가 왜 영어 사전에 이렇게 많이 실리게 되었을까요? 그건 바로 문화 콘텐츠 덕분이에요. 넷플릭스 드라마 〈오징어 게임〉이 전 세계적인 인기를 끌면서 드라마에 등장했던 달고나도 많은 사람들이 알게 되었지요. 한국어 자문가로 사전 편찬 작업에 참여하고 있는 조지은 옥스퍼드대 아시아중동학부 교수는 "K드라마와 K팝을 통해 영어권 사람들도 한국 단어를 많이 접하고 사용하게 됐다"고 말했어요. 알파벳 'K'와 별개로 한국 문화를 가리키는 접두사 'K-'도 2021년에 사전에 실렸지요.

한국어 제대로 배울 수 있게 연구 필요

지금까지 《옥스퍼드 영어 사전》에 실린 한국어 단어는 56개지만, 앞으로 더욱 늘어날 거예요. '김치(Kimchi, 1976)', '비빔밥(Bibimbap, 2011)' 등 우리 음식에 대한 관심이 꾸준히 늘고 있거든요. 2021년에 실린 '치맥(Chimaek)', '파이팅(Fighting)', '콩글리시

(Konglish)'처럼 한국어와 영어가 섞인 단어도 있어요. 이런 관심이 오래가려면 한국어를 제대로 가르치고 배우는 것이 중요해요. 그래서 옥스퍼드대에서는 한류를 연구하는 센터를 만들려고 준비 중이에요. 국립민속박물관도 《한류문화사전》을 만들어 한국 문화를 더 쉽고 깊이 있게 알려 주고 있어요.

똑똑한 배경지식

옥스퍼드 영어 사전(Oxford English Dictionary)
1857년 영국에서 천여 명의 학자가 자료 수집을 거쳐 1884년 만들기 시작해서 1928년에 초판이 완성된 방대한 분량의 영어 사전이에요. 단순히 어휘의 사전적 정의만 싣는 것이 아니라 언어의 발전 과정을 담고 있어 학문적 가치가 매우 높아요. 2000년부터 온라인 버전도 제공되어 계속해서 새로운 어휘를 업데이트해 주고 있어요.

알쏭달쏭 어휘 풀이

- **등재하다**: 서적이나 잡지에 싣다.
- **자문가**: 어떤 일을 좀 더 효율적이고 바르게 처리하려고 의견을 묻기 위한 전문가.
- **편찬하다**: 여러 가지 자료를 모아 체계적으로 정리하여 책을 만들다.

✏️ 다음 빈칸에 알맞은 말을 쓰세요.

한국 문화의 인기로 《☐☐☐☐ 영어 사전》에 한국어 단어들이 새롭게 실리고 있다.

✏️ 이 글을 통해 알 수 있는 내용에 ○, 알 수 없는 내용에 ×표 하세요.

- 2025년에 처음으로 한국어 단어가 《옥스퍼드 영어 사전》에 실렸다. ( )
- 《옥스퍼드 영어 사전》에는 3개월마다 새로운 단어가 등재된다. ( )
- 《옥스퍼드 영어 사전》에 실리려면 실제로 영어권에서 자주 사용돼야 한다. ( )

✏️ 생각해 보기

한국어 단어가 《옥스퍼드 영어 사전》에 실린 이유는 무엇일까요?

〈흑백요리사〉 인기 편의점에도!

2024년에 방영된 넷플릭스 예능 프로그램 〈흑백요리사〉가 엄청난 인기를 끌었어요. 프로그램에 출연한 요리사들이 운영하는 식당은 물론, 편의점에 새로 나오는 제품까지 화제가 되고 있어요.

〈흑백요리사〉의 인기로 파인다이닝에 대한 관심도 높아졌다.

예능 최초로 큰 상을 받았어요!

2025년 5월 백상예술대상에서 〈흑백요리사〉가 대상을 받았어요. 드라마가 아닌 예능 프로그램이 방송 부문 대상을 받은 것은 이번이 처음이에요. 이 프로그램은 유명한 요리사 20명과 이름이 알려지지 않았지만 실력 좋은 요리사 80명이 각각 백수저와 흑수저로 나눠 요리 대결을 펼치는 내용이에요. 100명이나 되는 요리사가 한자리에 모여 동시에 요리하는 엄청난 스케일과 심사위원들이 눈을 가리고 공정하게 평가하는 방식이 큰 화제를 모았어요. 덕분에 3주 동안이나 넷플릭스 비영어권 TV 시리즈 부문 시청수 1위에 오를 만큼 해외에서도 주목받았지요.

파인다이닝 인기도 높아져

프로그램이 인기를 얻으면서, 출연했던 요리사들이 운영하는 식당들도 덩달아 유명해졌어요. 그중 '파인다이닝(Fine-dining)'이라고 부르는 고급 식당이 많아서 이에 대한 관심도 높아졌어요. 수만 명이 한꺼번에 몰려 식당 예약 앱이 먹통이 될 정도였지요. 한국 식당 최초로 미쉐린 가이드 별 3개를 받은 '모수 서울'의 안성재 요리사가 심사위원으로 나와 사람들의 호기심을 자극했지요.

편의점에서도 즐길 수 있어요

편의점도 〈흑백요리사〉의 인기를 이어받았어요. CU는 우승자 권성준 요리사의 '밤 티라미수 컵'을 출시했는데 한 달 만에 130만 개가 넘게 팔렸어요. GS25는 '편수저 시리즈'를 만들어서 김미령 요리사의 '보쌈 수육', 임태훈 요리사의 '마라샹궈' 등 특별한 요리들을 내놓았어요. 외식 브랜드도 신제품 출시 경쟁에 뛰어들었어요. 권성준 요리사는 롯데리아·푸라닭·피자알볼로 등 여러 브랜드와 협업했어요. 준우승을 차지한 에드워드 리 요리사도 맘스터치·7번가피자 등과 협업하면서 좋은 반응을 얻고 있어요.

똑똑한 배경지식

파인다이닝(Fine-dining)
질 높은이라는 뜻을 가진 '파인(Fine)'과 식사라는 뜻의 '다이닝(Dining)'을 합친 말이에요. 고급 식당에서 특별한 서비스를 제공하는 식사를 뜻하지요. 파인다이닝은 프랑스식 최고급 요리를 바탕으로 고급 식재료를 사용한 창의적인 코스 요리를 제공해요.

알쏭달쏭 어휘 풀이

- **스케일**: 일이나 계획의 틀이나 범위.
- **먹통**: 물건이나 서비스가 제대로 작동하지 않음.
- **협업**: 많은 사람들이 협력하여 계획적으로 하는 일.

✏️ 다음 빈칸에 알맞은 말을 쓰세요.

예능 〈흑백요리사〉의 인기로 고급 식당을 뜻하는 ☐☐☐☐☐에 대한 관심도 높아졌다.

✏️ 이 글을 통해 알 수 있는 내용에 ○, 알 수 없는 내용에 ×표 하세요.

- 〈흑백요리사〉에는 유명한 요리사 100명이 출연해 요리 대결을 펼쳤다. ( )
- 〈흑백요리사〉는 해외에서도 인기를 끌었다. ( )
- 편의점에서 〈흑백요리사〉 출연 요리사들과 협업한 제품이 출시되었다. ( )

✏️ 생각해 보기

〈흑백요리사〉의 인기가 편의점과 외식 브랜드에 어떤 영향을 주었나요?

미쉐린 가이드, 새로운 3스타 탄생

우리나라에 새로운 《미쉐린 가이드》 3스타 레스토랑이 탄생했어요. 바로 강민구 셰프가 운영하는 서울 청담동의 밍글스라는 식당이에요. 한식과 양식의 퓨전 레스토랑으로 2017년 1스타, 2019년 2스타를 받은 데 이어 2025년 3스타 레스토랑으로 선정됐어요.

사람들은 미쉐린 별점을 받은 식당은 수준 높은 음식을 제공할 것이라 기대한다.

《미쉐린 가이드》 무슨 책이에요?

《미쉐린 가이드》는 1900년 프랑스 타이어 제조회사인 미쉐린이 만들기 시작한 여행 안내 책자예요. 자동차를 타고 여행하는 사람들을 위해 맛있는 식당이나 좋은 호텔 정보를 알려 주려고 만들었어요. 이 책은 별점으로 식당을 평가해요. 1스타는 요리가 훌륭한 식당, 2스타는 요리가 훌륭하여 멀어도 일부러 찾아갈 만한 식당을 뜻해요. 3스타는 요리가 매우 훌륭하여 이 식당 때문에 특별한 여행을 떠날 가치가 충분한 식당을 의미하지요. 평가하는 사람들이 몰래 식당에 가서 음식 맛을 보고, 요리 재료가 신선한지, 요리사의 특별한 아이디어가 담겨 있는지 등을 꼼꼼하게 살펴요.

서울·부산까지 확장된 미쉐린 가이드

《미쉐린 가이드》가 전 세계적인 미식 안내서로 떠오르면서 현재는 20여 개국에서 발간되고 있어요. 2016년 서울에 이어 2024년에 부산이 추가됐어요. 현재 우리나라에서는 밍글스가 유일한 3스타 레스토랑이에요. 2017년 신라호텔 라연과 광주요 가온이 나란히 3스타에 올랐지만 지금은 아니에요. 7년 연속 3스타를 지킨 가온은 2023년 폐업했고, 라온은 6년 만에 2스타로 내려갔어요. 2023~2024년 3스타를 받은 안성재 셰프의 모수 서울은 기존 식당 폐업 후 다시 문을 열면서 심사 대상에서 제외됐지요.

별, 받기도 어렵고 유지도 힘들어

《미쉐린 가이드》의 별점은 받기도 어렵지만 유지하기도 쉽지 않다고 해요. 매년 까다로운 평가를 통과해야 하고 그만큼 높아진 고객 눈높이도 맞춰야 하기 때문이에요. 좋은 음식을 만들기 위해 비싼 식자재를 쓰고 인건비를 많이 지불하는 것도 부담이 되지요. 지속적인 투자를 위해 기업과 손잡는 경우도 많아요. CJ는 한식의 세계화를 목표로 여러 요리사와 협업 중이에요.

똑똑한 배경지식

미쉐린 가이드
프랑스 타이어 회사에서 매년 발간하는 여행 안내 책자예요. 영어로는 미쉐린, 프랑스어로는 미슐랭으로 발음해요. 음식점을 별로 평가하는데, 1개부터 3개까지 있어요. 별 3개는 요리가 매우 훌륭해 특별히 여행을 떠날 가치가 있는 식당을 뜻해요. 별을 받는 것이 매우 어려워서 별 3개가 최고의 식당이라는 상징이 되었어요.

알쏭달쏭 어휘 풀이

- **퓨전**: 서로 다른 두 종류 이상의 것을 섞어 새롭게 만든 것.
- **미식**: 좋은 음식. 또는 그런 음식을 먹음.
- **폐업**: 사업이나 영업을 그만둠.

✏️ 다음 빈칸에 알맞은 말을 쓰세요.

《☐☐☐가이드》 3스타를 받으면 최고의 식당으로 평가된다.

✏️ 이 글을 통해 알 수 있는 내용에 ○, 알 수 없는 내용에 ×표 하세요.

- 우리나라 식당 밍글스는 2025년에 《미쉐린 가이드》 3스타를 받았다. ( )
- 《미쉐린 가이드》는 프랑스 여행사에서 만든 요리책이다. ( )
- 《미쉐린 가이드》 별점은 받기도 어렵지만 유지하기도 어렵다. ( )

✏️ 생각해 보기

내가 아는 식당 중에 《미쉐린 가이드》에 추천할 만한 식당을 소개해 보세요.

버추얼 아이돌, 이제 낯설지 않아요

2025년 상반기 음원 플랫폼 멜론에서 가장 많이 재생된 노래는 무엇일까요? 바로 플레이브의 〈대시(Dash)〉예요. 플레이브는 요즘 무척 인기 있는 아이돌인데, 실제 사람이 아니라 컴퓨터 그래픽으로 만들어진 캐릭터가 활동해요. 바로 버추얼(Virtual) 아이돌이지요. 유명 아이돌인 세븐틴과 지드래곤 노래보다 인기가 높았어요.

모션 캡쳐는 인간이 기기를 차고 움직이면 컴퓨터 속 캐릭터가 동일하게 움직이는 기술이다.

애니메이션 그룹이지만 AI는 아니에요

플레이브는 2021년 3월 데뷔한 5인조 보이 그룹이에요. '만화를 찢고 나온 아이돌'이라는 콘셉트에 걸맞게 애니메이션 캐릭터로 구성되어 있어요. 하지만 인공지능(AI) 기술로 만들어진 가상 아이돌은 아니에요. 캐릭터 뒤에 실제 사람이 움직이고 있거든요. 사람이 특별한 옷을 입고 움직이면 컴퓨터 속 캐릭터에게 그대로 전해지는 모션 캡처 기술과 렌더링 기술을 활용한 거예요. 덕분에 음악 방송에서 멋지게 춤추고 노래하는 모습을 연출할 수 있고, 팬들과 인터넷으로 실시간 대화도 할 수 있어요.

앨범 100만 장 팔리고 아시아 투어까지

사실 버추얼 아이돌이 처음 나온 건 아니에요. 하지만 그동안 나온 아이돌은 큰 성공을 거두지 못했어요. 그래서 플레이브의 성공이 버추얼 아이돌 그룹을 바라보는 시선을 많이 바꾸어 놓았어요. 2025년 3월 발매한 미니 3집 앨범은 100만 장 넘게 팔렸어요. 케이스포돔과 고척스카이돔 같은 큰 공연장에서 콘서트를 하고, 아시아 투어까지 할 정도예요.

가상 존재가 아닌 실체가 있다고 판단해요

사람들은 버추얼 아이돌 뒤에 있는 진짜 가수들을 궁금해하지만 플레이브는 철저히 비밀에 부치고 있어요. 그런 버추얼 아이돌을 실제 존재하는 사람으로 보아야 하는지 의문을 품는 사람도 있어요. 그러나 2025년 5월 플레이브 소속사에서 가수들을 모욕하고 비방한 사람들에 대해 소송을 진행한 결과가 나왔어요. 플레이브를 비방한 사람들은 캐릭터는 실체가 없기 때문에 모욕죄가 아니라고 주장했지만, 법원은 플레이브 캐릭터 뒤에 사람이 존재하므로 모욕죄가 된다며 손해배상책임을 일부 인정했어요.

똑똑한 배경지식

버추얼(Virtual)

버추얼 기술은 현실처럼 보이지만 실제로는 존재하지 않는 가상의 공간이나 환경을 만들어 주는 기술이에요. 대표적으로 VR(가상현실), AR(증강현실), 메타버스 같은 기술이 여기에 포함돼요. 교육·게임·의료·산업 등 다양한 분야에서 우리의 경험을 확장시키고 있어요.

알쏭달쏭 어휘 풀이

- ◆ **버추얼**: 컴퓨터 기술을 이용해 만들어진 가상의 세계나 존재.
- ◆ **모션 캡처**: 사람이나 사물의 움직임을 센서로 포착하여 디지털 데이터로 기록하는 기술.
- ◆ **렌더링**: 3차원 정보를 2차원으로 빠르게 변환하는 과정.

✏️ 다음 빈칸에 알맞은 말을 쓰세요.

최근 컴퓨터 그래픽으로 만들어진 ☐☐☐ 아이돌 그룹 플레이브가 큰 인기를 얻고 있다.

✏️ 이 글을 통해 알 수 있는 내용에 ○, 알 수 없는 내용에 ×표 하세요.

- 플레이브는 AI로 만들어진 완전한 가상 캐릭터 그룹이다. ( )
- 플레이브는 팬들에게 큰 인기를 얻어 아시아 투어까지 했다. ( )
- 플레이브는 실제로 캐릭터를 움직이는 사람들을 공개하지 않고 있다. ( )

✏️ 생각해 보기

플레이브가 다른 가상 아이돌보다 성공한 이유는 무엇일까요?

'파산핑'이 '대박핑'으로 변신했다고요?

어린이들에게 인기 있는 애니메이션 〈캐치! 티니핑〉이 주식시장에서도 인기가 높아지고 있어요. 이 만화는 140여 개의 캐릭터가 등장하는데, 이를 이용한 다양한 상품들이 만들어지고 있어요. 부모님의 지갑을 계속 열게 만들었다고 해서 '파산핑'이라는 별명으로도 불렸어요. 하지만 요즘에 이 만화를 만든 회사인 SAMG엔터테인먼트에서 수익을 많이 내서 주가도 엄청나게 올라 이 회사에 투자한 사람들에게 '대박핑'으로 불리게 됐어요. 한국거래소에 따르면 이 회사의 주가는 2025년 1월에 비해 6월에는 6배 넘게 올랐다고 해요.

문구점의 캐릭터 상품들.

뽀로로를 이겼어요!

〈캐치! 티니핑〉은 2020년에 처음 선보였는데, 정말 빨리 인기를 얻었어요. 한국콘텐츠진흥원 캐릭터산업백서에 따르면 만 3~9세 어린이들이 가장 좋아하는 캐릭터 1위로 꼽혔어요. 오랫동안 1위를 지키던 '뽀로로'를 이겼다고 하니 티니핑 인기가 실감이 나지요? 지난해에 〈사랑의 하츄핑〉이라는 영화가 개봉했는데 국내 애니메이션 영화 중에서 역대 흥행 2위의 기록을 세웠을 정도로 인기가 많았어요. 이 인기에 힘입어 장난감은 물론 마트의 각종 음식, 편의점의 음료, 빵집 등 어디서든 티니핑을 쉽게 볼 수 있어요.

에스파가 티니핑이 된대요

요즘 인기 많은 아이돌 그룹 에스파가 티니핑으로 변신한다고 해요. 멤버 각자의 개성에 맞춰 티니핑 세계관 속에서 두 가지의 새로운 캐릭터를 만들었어요. 이를 바탕으로 다양한 콘텐츠와 상품이 나올 거라고 해요.

다른 나라에서도 티니핑처럼 캐릭터를 이용해 수익을 거두고 있어요. 일본의 기업 산리오는 헬로키티·마이멜로디·시나모롤·쿠로미 등을 만들어 꾸준히 성장하고 있어요. 세계적으로 유명해진 덕에 최근에도 높은 주가를 보이고 있지요.

티니핑 역시 우리나라에서뿐만 아니라 외국의 투자자들에게도 관심을 받고 있어요. 세계적인 투자 회사 모건스탠리의 자산운용사 중 한 곳과 영국계 투자 은행은 2025년 6월에 SAMG엔터의 주식을 많이 샀다고 밝혔어요.

똑똑한 배경지식

캐릭터 산업

캐릭터 산업은 캐릭터를 활용해 상품이나 콘텐츠를 만들어 수익을 창출하는 산업이에요. 뽀로로·카카오프렌즈·시나모롤처럼 사람들이 좋아하는 캐릭터로 인형·옷·게임·애니메이션 등 다양한 상품을 만들지요. 캐릭터는 단순한 그림이 아니라 브랜드 가치를 가진 자산으로 활용돼요. 콘텐츠·디자인·유통이 결합된 고부가가치 산업으로 주목받고 있어요.

알쏭달쏭 어휘 풀이

- **파산**: 자산을 모두 잃고 망함.
- **주가**: 주식의 가격.
- **세계관**: 작가나 제작자가 만들어 낸 이야기 속 가상의 세상.

✏️ **다음 빈칸에 알맞은 말을 쓰세요.**

인기 만화 〈캐치! 티니핑〉을 만든 제작사가 큰 수익을 거두어 ☐☐도 크게 올랐다.

✏️ **이 글을 통해 알 수 있는 내용에 ○, 알 수 없는 내용에 ×표 하세요.**

- 티니핑은 어린이들이 가장 좋아하는 캐릭터로 뽑혔다. ( )
- 인기 있는 여자 아이돌 그룹과 협업으로 새로운 티니핑 캐릭터가 생긴다. ( )
- 티니핑에 대한 관심은 국내에 한정되어 있다. ( )

✏️ **생각해 보기**

〈캐치! 티니핑〉이 인기가 높아지면 이 애니메이션을 만든 제작사는 어떻게 될까요?

초등학생, 가장 인기 있는 게임은?

게임 마인크래프트를 실사화한 영화 〈마인크래프트 무비〉는 2025년 4월 개봉 첫 주에만 1억 5700만 달러(약 2200억 원)를 벌었어요. 우리나라에서도 큰 인기를 끌어 135만 8,000명이 넘는 관객을 모았지요. 특히 어린이날에는 박스오피스 1위에 올랐어요. 초등학생들이 좋아하는 게임을 원작으로 둔 덕분이지요.

초등학생이 가장 좋아하는 게임은 로블록스다.

내 마음대로 만드는 게임의 매력

2024년 한국콘텐츠진흥원의 조사에 따르면 초등학생의 64.5%가 휴대전화로 게임을 한다고 해요. 앱 분석업체 모바일인덱스의 조사에 따르면 2025년 7월 기준으로 가장 인기 있는 모바일 게임은 '로블록스'예요. 로블록스는 레고처럼 생긴 아바타를 이용해 가상공간에서 다른 사람들과 어울릴 수 있고, 직접 게임을 만들 수 있다는 점이 큰 매력이에요. 그 뒤를 로얄 매치(139만 명), 브롤스타즈(136만 명), 클래시 로얄(127만 명), 마인크래프트(114만)가 따르고 있지요.

그런데 매출을 기준으로 인기 게임을 꼽으면 순위가 완전히 달라져요. 매출 1위는 리니지M인데, 이 게임은 이용자들이 원하는 아이템을 얻으려면 계속 돈을 쓰도록 유도하는 확률형 아이템을 도입하고 있기 때문이에요. 그렇지 않은 로블록스나 마인크래프트는 매출 순위가 낮은 편이에요.

e스포츠 금메달도 따는데…WHO "게임 중독은 질병"

리그오브레전드, FC온라인, 스트리트파이터V 등 6개의 게임은 e스포츠로 인정받아 2023 항저우 아시안게임 정식 종목으로 채택됐어요. 우리나라는 4개 종목에 15명의 선수를 내보내, 금2·은1·동1로 중국에 이어 2위를 차지했어요. 2026 아이치·나고야 아시안게임에서도 e스포츠는 정식 종목으로 치러져요.

하지만 뭐든 과하면 문제가 될 수 있어요. 세계보건기구(WHO)는 2019년에 게임 이용 장애를 중독 질병으로 정했어요. 게임을 못 할 때 초조하거나, 스스로 정한 시간을 지키지 못하는 일이 반복되면 문제로 볼 수 있지요. 따라서 게임을 할 때는 부모님과 상의해 규칙을 정하고 스스로 지키는 것이 중요해요.

똑똑한 배경지식

e스포츠

컴퓨터를 이용하여 온라인상에서 게임을 통해 승부를 겨루는 경기로, e스포츠 대회는 전 세계적으로 인기를 얻고 있어요. 아시아의 가장 큰 스포츠 행사인 아시안 게임은 2023년과 2026년에 e스포츠를 정식 종목으로 채택했어요. 국제올림픽위원회(IOC)는 e스포츠를 정식 종목으로 채택하는 데는 소극적이지만 2023년에 '올림픽 e스포츠 시리즈 2023'을 열어 온라인으로 양궁·야구·태권도 게임을 했어요.

알쏭달쏭 어휘 풀이

- **실사화**: 만화나 애니메이션 등의 이야기를 실제 배우와 영상으로 만드는 것.
- **아바타**: 가상 세계에서 사용자를 대신해 활동하는 디지털 캐릭터.
- **채택하다**: 작품·의견·제도 등을 골라서 다루거나 뽑아 쓰다.

✏️ **다음 빈칸에 알맞은 말을 쓰세요.**

초등학생에게 로블록스 같은 ☐☐이 인기인데, 규칙을 잘 지키며 이용해야 한다.

✏️ **이 글을 통해 알 수 있는 내용에 ○, 알 수 없는 내용에 ×표 하세요.**

- 초등학생들이 가장 많이 하는 모바일 게임은 마인크래프트이다. ( )
- 로블록스는 확률형 아이템이 없어 매출 순위가 낮다. ( )
- 세계보건기구는 게임 이용 장애를 중독 질병으로 분류했다. ( )

✏️ **생각해 보기**

게임을 건강하게 이용하기 위해 부모님과 함께 규칙을 만들어 보아요.

인기 최고 '인상주의', 처음에는 혹평

인상주의 탄생 150년이던 2024년 11월 서울 예술의전당 한가람미술관에서 '불멸의 화가 반 고흐 전'이 열렸어요. 〈별이 빛나는 밤〉, 〈밤의 카페 테라스〉 같은 고흐의 대표작이 없는데도 2025년 3월까지 50만 명이 관람했어요. 반 고흐는 '한국인이 가장 좋아하는 화가'로 꼽혀요.

〈인상, 해돋이〉 클로드 모네, 캔버스에 유채, 1872~1873 추정

"인상적이네" 비판에서 시작된 '인상주의'

인상주의는 지금은 전 세계 많은 사람이 좋아하지만 처음에는 혹평을 받았어요. 클로드 모네가 1874년 전시회에 낸 〈인상, 해돋이〉는 안개 낀 프랑스 르아브르 항구의 일출을 담은 그림이에요. 당시 사람들은 희미하게 그린 그림을 이해하지 못했어요. 한 비평가가 모네의 그림을 비꼬며 "인상적이기는 하다"고 했는데 그 혹평에서 '인상주의'라는 이름이 시작됐어요.

인상주의 화가들은 빛에 따라 달라지는 주변의 풍경과 사물을 탐구하고 화폭에 담았어요. 같은 대상이라도 아침에 볼 때와 저녁에 볼 때 우리가 느끼는 색은 달라지지요. 형태보다 빛과 색에 집중했던 거예요. 클로드 모네, 피에르 오귀스트 르누아르, 에두아르 마네가 대표적인 인상주의 화가예요.

인상주의 화가들이 빛과 색에만 집중하다 보니, 그림 속 대상의 원래 모습이나 화가의 감정을 소홀히 한다는 비판이 나왔어요. 그래서 후기 인상주의가 탄생했지요. 폴 세잔, 반 고흐, 폴 고갱이 후기 인상주의의 대표 화가예요.

시대정신과 상황에 따라 변하는 미술

미술에는 시대가 담겨 있어요. 인상주의는 19세기 산업혁명이 없었다면 태어나지 못했을 거예요. 사진기가 등장하면서 사물을 사실적으로 묘사하는 그림의 가치가 줄어들고, 교통이 발달하면서 화가들은 다양한 장소를 다니며 더 자유롭게 그림을 그릴 수 있게 됐어요. 이 시기 휴대하기 편리한 튜브형 물감이 발명된 것도 야외에서 빛을 관찰하며 그림을 그리는 데 큰 영향을 주었죠. 이렇듯 미술이 지닌 사상의 흐름을 미술사조라고 해요.

똑똑한 배경지식

미술사조

동굴 벽화 같은 원시 미술은 기원전 2만 5,000년에 시작됐어요. 그리스 조각상 등 '고대 미술', 비잔틴 모자이크와 고딕 성당 등 '중세 미술', 르네상스와 바로크를 거쳐 로코코까지 '근세미술'이 이어졌어요. 이후 '근대미술'로 분류되는 신고전주의·낭만주의·사실주의·인상주의·후기인상주의·신인상주의·상징주의가 등장했어요. '현대미술'은 야수파·입체파·추상미술·초현실주의·표현주의·팝아트 등이 있어요.

알쏭달쏭 어휘 풀이

- ◆ **혹평**: 가혹하게 비평함.
- ◆ **산업혁명**: 18세기 후반부터 약 100년 동안 유럽에서 일어난 생산 기술의 혁신과 그에 따른 사회 조직의 큰 변화.
- ◆ **묘사하다**: 어떤 대상이나 사물, 현상 따위를 언어로 서술하거나 그림을 그려서 표현하다.

✏️ 다음 빈칸에 알맞은 말을 쓰세요.

　　□□주의는 빛과 색에 집중하는 미술사조로, 산업혁명의 시대 변화 속에 태어났다.

✏️ 이 글을 통해 알 수 있는 내용에 ○, 알 수 없는 내용에 ×표 하세요.

- 반 고흐는 그림 속에 화가의 감정을 담아서 후기 인상주의 대표 화가로 꼽힌다. (　)
- 인상주의라는 말은 비평가의 혹평에서 시작되었다. (　)
- 미술은 시대의 상황과 무관하게 변화해 왔다. (　)

✏️ 생각해 보기

인상주의는 당시 시대의 변화에서 어떤 영향을 받아 탄생했나요?

국립중앙박물관 굿즈, 없어서 못 팔아요

까치 호랑이 배지, 반가사유상 미니어처, 취객 선비 3인방 변색 잔 세트…. 모두 국립중앙박물관에서 없어서 못 파는 인기 상품들이에요. 온라인 예약 판매를 시작하면 금세 다 팔리고, 박물관 문을 열기 전부터 줄을 서기도 한다고 해요.

〈케이팝 데몬 헌터스〉 덕에 유명세

〈호랑이와 까치(작호도)〉 종이에 채색, 조선 시대

요즘 가장 인기 있는 상품은 까치 호랑이 배지예요. 8월에 10차 예약 판매를 했는데 4개월을 더 기다려야 받을 수 있다고 해요. 중고 거래 사이트에서도 돈을 더 주고 거래될 정도로 인기가 많지요. 이 배지는 우리나라 전통 민화인 〈작호도(鵲虎圖)〉에서 영감을 받아 2024년 출시된 제품인데 뒤늦게 주목을 받았어요. 2025년 6월 넷플릭스에서 공개된 애니메이션 영화 〈케이팝 데몬 헌터스〉에 나오는 까치와 호랑이 캐릭터와 꼭 닮았기 때문이에요. 덕분에 작품 속 캐릭터에 서씨와 더피라는 이름도 생겼어요. 해외에서도 사고 싶어 하는 사람들이 많다고 해요.

'뮷즈' 브랜드 론칭하며 사업 확장해

박물관 굿즈가 이렇게 인기를 얻게 된 것은 2020년부터예요. 삼국시대 불상인 반가사유상 미니어처가 처음 나왔을 때, 방탄소년단(BTS) RM이 소셜미디어(SNS)에 사진을 올려 해외 팬들 사이에서 큰 화제가 되었어요. 이런 호응에 힘입어 2022년 국립박물관이 기획·생산·판매하는 굿즈 브랜드인 '뮷즈(뮤지엄+굿즈)'를 론칭하게 되었지요. 해마다 새로운 아이디어를 공모해서 전통문화를 현대적으로 바꾼 참신하고 실용적인 상품들을 선보이고 있어요.

연간 관람객 역대 최다 기록 경신 예상

굿즈가 잘 팔리는 만큼 전시 관람객도 크게 늘었어요. 2025년 1~9월 관람객은 약

432만 명인데 이대로라면 연간 관람객이 역대 최다 기록을 넘을 거라고 해요. 뮷즈 매출도 2022년 113억 원에서 2024년 213억 원으로 2배나 늘었어요. 전시와 굿즈를 연계하기도 해요. '광복 80주년, 다시 찾은 얼굴들' 전시에서 현존하는 가장 오래된 태극기인 '데니 태극기'를 공개했는데, 이를 본떠 만든 키링도 큰 인기를 얻었지요.

똑똑한 배경지식

굿즈(Goods)

'상품, 제품'이라는 뜻이지만, 어떤 콘텐츠나 인물·브랜드·작품 등을 기념하거나 소장하기 위해 만들어진 관련 상품을 뜻하는 말이 되었어요. 대표적으로 연예인 관련 소품 등이 있지요. 키링·스티커·엽서·인형 등 다양한 형태로 만들어져요.

알쏭달쏭 어휘 풀이

- **민화**: 소박하고 파격적이며 익살스럽게 그린 실용적인 옛 그림.
- **론칭**: 새로운 제품이나 서비스를 시장에 처음으로 공개하고 출시하는 일.
- **경신**: 기록 경기에서 종전의 기록을 깨뜨림.

✏️ **다음 빈칸에 알맞은 말을 쓰세요.**

국립중앙박물관 ☐☐가 큰 인기를 끌며 관람객과 매출 모두 급증하고 있다.

✏️ **이 글을 통해 알 수 있는 내용에 ○, 알 수 없는 내용에 ×표 하세요.**

- 국립중앙박물관의 까치 호랑이 배지는 애니메이션 캐릭터와 닮아 인기를 끌었다. ( )
- 뮷즈는 국립중앙박물관이 기획한 굿즈 브랜드이다. ( )
- 국립중앙박물관의 굿즈 매출은 늘어난 반면 관람객은 줄어들었다. ( )

✏️ **생각해 보기**

굿즈 인기 증가가 국립중앙박물관에 미친 영향은 무엇일까요?

텍스트힙 열풍, 어디서 시작됐을까?

2025년 6월에 열린 서울국제도서전에 15만 명이나 되는 관람객이 다녀갔어요. 17개국 535개 회사가 참여해 1954년 시작된 이후 가장 큰 규모였어요. 그런데 문화체육관광부가 조사한 '국민독서실태조사'에 따르면 2023년에는 어른 10명 중 6명은 1년에 책을 1권도 안 읽었어요. 그런데 도서전은 왜 그렇게 붐볐을까요?

읽은 책을 SNS에 공유하는 문화가 확산되며 텍스트힙이라는 신조어도 생겼다.

SNS 인증샷 타고 퍼진 '텍스트힙'

2025년 출판 시장을 뜨겁게 달군 키워드는 '텍스트힙'이에요. 글자를 뜻하는 '텍스트(Text)'와 멋지고 세련되다는 의미로 쓰이는 '힙(Hip)'이 합쳐진 신조어지요. 글을 읽는 것 자체가 멋진 일로 여겨지고 있는 거예요. 특히 사진과 동영상을 많이 보는 10~20대에게는 오히려 텍스트가 낯설고 신선하게 느껴진다고 해요. 긴 글을 읽는 것이 쉽지 않지만 그렇기 때문에 독서가 더 특별한 취미가 된 거지요. 소셜미디어(SNS)에 각자 읽고 있는 책 인증샷을 올리는데, 그 과정에서 인기를 얻는 책도 생겨났어요. 대표적인 예로 걸그룹 아이브의 장원영이 언급한 책 《초역 부처의 말》은 상반기에만 15만 부가 팔렸어요.

한강 작가 노벨상 수상 이후 문학에도 활기

2024년 10월 한강 작가가 아시아 여성 최초로 노벨문학상을 받았어요. 그 이후 소설책의 인기가 높아지기 시작했어요. 2024년 교보문고 연간 종합 베스트셀러 1위에 오른 《소년이 온다》를 비롯하여 《채식주의자》, 《작별하지 않는다》, 《흰》 등 한강 작가의 책 4권이 10위 안에 포함됐어요. 또한 김혜순 시인이 2025년 7월에 시집 《죽음의 자서전》으로 독일 세계문화의집(HKW)이 수여하는 국제문학상을 아시아 최초로 수상하는 등 시집에도 관심이 쏠리고 있어요.

필사도 유행이에요!

필사도 꾸준히 인기를 얻고 있어요. 예스24에 따르면 필사 관련 도서는 2023년 113종에서 2024년 181종으로 늘었어요. 2025년 상반기에만 180종이 새롭게 출간됐어요.

이렇듯 책에 대한 관심이 높아지면서 출판 시장도 커지고 있어요. 교보문고·예스24·영풍문고·알라딘 같은 큰 서점들의 2024년 매출액은 전년보다 4.1% 증가했어요.

똑똑한 배경지식

텍스트힙(Text Hip)
'텍스트(Text, 글)'와 '힙(Hip, 멋있다)'의 조합으로 만들어진 신조어예요. 책을 읽는 것이 지적이고 세련된 일이며 멋진 행동이라는 의미를 담고 있어요. 단순히 공부나 정보 습득을 위해서 독서하는 것이 아니라, 책을 읽고 느끼고 공유하는 것이 문화적으로 세련된 행동이라는 인식을 담고 있어요.

알쏭달쏭 어휘 풀이

- **신조어**: 새로 생긴 말.
- **인증샷**: 어떤 행동이나 순간을 증명하려고 찍는 사진.
- **필사**: 책의 내용을 따라 씀.

✏️ 다음 빈칸에 알맞은 말을 쓰세요.

2025년 ☐☐☐☐ 열풍으로 출판 시장이 활기를 띠고 있다.

✏️ 이 글을 통해 알 수 있는 내용에 ○, 알 수 없는 내용에 ×표 하세요.

- 2023년 조사에 따르면 우리나라 국민 모두가 1년에 책을 1권도 읽지 않았다. ( )
- 젊은이들 사이에서 SNS에 독서 인증샷을 올리는 것이 유행하고 있다. ( )
- 필사 관련 도서 출간이 꾸준히 늘고 있다. ( )

✏️ 생각해 보기

텍스트힙이라는 단어가 생길 만큼 독서의 인기가 높아진 이유는 무엇일까요?

'러닝 크루', 달리기 인기 최고조

2025년 6월부터 서울 곳곳에 '러닝 순찰대'가 달리고 있어요. 달리다가 범죄나 위급 상황을 보면 바로 스마트폰 앱을 통해 경찰에 신고함으로써 동네를 지키는 시민 참여형 순찰 활동이에요. 달리기 인기가 어느 정도이기에, 이런 아이디어가 나왔을까요?

서울 시내에서 열린 마라톤 대회. 러닝 인구가 늘면서 마라톤 대회도 늘고 있다.

MZ 취향에 딱! '러닝 크루' 등장

2023년 기안84가 마라톤에 도전하는 과정을 담은 예능 프로그램이 큰 인기를 끌었어요. 코로나19 팬데믹 동안 집 안에서 지내다가 이제 야외 활동을 즐기게 되면서 달리기의 인기가 더 높아졌어요. 무리 지어 달리는 사람들을 뜻하는 '러닝 크루(Running Crew)'라는 단어가 널리 퍼진 것도 그즈음이에요. 러닝 크루는 소셜미디어(SNS)를 통해 시간과 장소를 정해 함께 달리는 모임이에요. 건강과 재미를 함께 챙기는 '헬시 플레져(Healthy Pleasure)' 트렌드에도 맞아 MZ세대 사이에서 인기가 높아요.

가성비는 옛말? 러닝 산업 성장

달리기는 운동화 한 켤레만 있으면 할 수 있는 운동이라서 '가성비' 운동이었지만 이제는 달라졌어요. 달리기를 하는 사람들은 러닝화 종류에 따라 기록이 달라지고 부상 위험도 낮출 수 있다고 해요. 땀을 빨리 흡수하고 건조시키는 기능을 갖춘 옷도 챙겨 입고, 달리기 속도와 심장 박동수를 측정하는 스마트 기기를 사용하기도 해요. 그래서 러닝 산업이 커지고 있어요. 시장 조사업체 유로모니터에 따르면 국내 운동화 시장 규모는 2021년 2조 7761억 원에서 2023년 3조 4150억 원으로 크게 성장했어요.

러닝 문화 자리 잡으려면 배려 필요해

러닝 크루가 늘면서 걷는 사람들이나 주민들과 갈등이 생기기도 해요. 여럿이 뭉쳐 큰 소리로 구령을 외치며 달리는 게 통행에 방해가 되고 시끄럽다는 거예요. 그래서 서울에서는 구별로 관련 규칙을 만들었어요. 서초구는 반포종합운동장에서 5인 이상 모여서 달리는 것을 제한했어요. 송파구도 석촌호수 주변에서 3인 이상 달리기를 자제하라고 했고, 성북구도 성북천에서 한 줄로 달리라고 요청하고 있어요. 다른 사람들을 배려할 수 있어야 달리기가 생활체육으로 자리 잡을 수 있을 거예요.

똑똑한 배경지식

헬시 플레져(Healthy Pleasure)
건강과 즐거움을 동시에 추구하는 트렌드를 말해요. 몸에 좋은 것만을 추구하기보다 심리적 만족과 행복도 함께 챙기려는 것이 특징이에요. 코로나19 팬데믹 이후 더욱 주목받고 있으며, 특히 MZ세대를 중심으로 퍼지고 있어요.

알쏭달쏭 어휘 풀이

- **순찰대**: 여러 곳을 돌아다니며 사정을 살피는 목적으로 조직된 부대나 경찰대.
- **트렌드**: 현재 사람들이 많이 따르거나 앞으로 확산될 가능성이 있는 변화.
- **측정하다**: 길이·무게·속도 등을 재다.

✏️ 다음 빈칸에 알맞은 말을 쓰세요.

☐☐☐가 건강과 재미를 동시에 추구하는 문화로 자리 잡으며 산업 규모도 커지고 있다.

✏️ 이 글을 통해 알 수 있는 내용에 ○, 알 수 없는 내용에 ×표 하세요.

- 러닝 순찰대는 달리면서 범죄나 위급 상황을 신고하는 시민 참여 활동이다. (   )
- 달리기의 인기로 러닝화·운동복 등 관련 산업이 성장하고 있다. (   )
- 서울의 각 지자체에서 러닝 크루의 단체 달리기를 적극 권장하고 있다. (   )

✏️ 생각해 보기

달리기가 사회에 미치는 긍정적인 영향은 무엇일까요?

프로야구, 역대 최다 관중 동원!

한국 프로야구가 신기록 행진을 이어 가고 있어요. 2025년 9월 27일 누적 관중 수 1200만 명을 돌파했어요. 1982년 프로야구가 시작된 이래 44년 만에 최다 기록이에요. 국내 모든 스포츠를 통틀어도 한 시즌에 1200만 명 넘게 경기장을 찾은 건 처음이에요.

관람객으로 꽉 찬 서울 잠실의 야구장.

꼴찌였던 한화가 전반기 1등!

2025년 프로야구 인기의 비결 중 하나는 바로 한화 이글스예요. 한화 이글스는 33년 만에 2025년 전반기 1위를 차지하면서 한화 팬들을 끌어모았어요. 미국 메이저리그에서 활약하던 류현진 선수가 다시 한화로 돌아왔고 외국인 투수들의 성적도 좋았어요. 올 시즌 개장한 대전 한화생명 볼파크에서 열린 홈경기 73회 중 62회가 매진될 만큼 열기가 뜨거웠어요. SSG 랜더스, 삼성 라이언즈 등 상위권 경쟁도 치열해 보는 재미를 더했어요. 매 경기가 끝날 때마다 순위가 엎치락뒤치락 했지요.

젊은 여성 팬들이 더 많이 찾아요

프로야구가 흥행하게 된 또 다른 이유는 20~30대 여성 팬들 덕분이에요. 예전에는 관중 대부분이 40~50대 남성이었는데 최근, 온라인 예매 사이트 티켓링크에 따르면 2025년 5월까지 예매한 사람 중 여성이 57.8%로 남성(42.2%)을 앞질렀어요. 그중에서도 20~30대 여성 비율은 전체의 38.3%나 돼요. 야구 티켓 가격은 구장이나 좌석별로 차이는 있지만 8,000원부터 8만 8,000원까지 다양해서 저렴하게 즐길 수도 있지요.

SNS와 예능으로 새로운 야구팬 생겨나

소셜미디어(SNS)를 타고 퍼져 나간 영상도 새로운 야구팬을 끌어들였어요. 과거에 프로야구 경기 방송을 관리하던 '통신·포털 컨소시엄'은 경기 영상을 퍼트리는 것을 엄격하게 관리해 왔어요. 그러나 2024년 온라인 동영상 서비스(OTT)를 제공하는 티빙이 야구 중계를 시작하면서부터는 40초 미만의 짧은 영상을 자유롭게 올릴 수 있게 했어요. 짧은 영상에 익숙한 젊은 층을 중심으로 다양한 야구 영상이 쏟아졌지요. 또한 은퇴한 선수들이 나와서 야구를 하는 예능 프로그램 〈최강야구〉와 유튜브 〈불꽃야구〉도 인기가 많아요. 이런 콘텐츠는 야구를 더 재미있게 즐길 수 있게 돕고 있어요.

똑똑한 배경지식

한국 프로야구 리그
1982년에 시작된 우리나라 최고의 야구 리그예요. 현재는 10개 구단이 참가하고 있고 정규 시즌과 포스트 시즌을 거쳐 우승팀을 뽑아요. 기아 타이거즈는 광주, 롯데 자이언츠는 부산 등 각 야구팀은 특정 지역을 연고지로 하고 있어요. 해당 지역에 거주하는 사람들이 특히 더 많은 응원을 보낸답니다.

알쏭달쏭 어휘 풀이

◆ **전반기**: 한 시기를 반씩 둘로 나눈 것의 앞쪽 기간.
◆ **홈구장**: 운동 경기에서 그 팀의 근거지에 있는 경기장.
◆ **중계**: 극장, 경기장 등 방송국 밖에서의 실황을 방송국 중간에서 연결하여 방송하는 일.

✏️ **다음 빈칸에 알맞은 말을 쓰세요.**

2025년 한국 프로 ☐☐는 역대 최대 관중을 끌어들이며 큰 인기를 얻고 있다.

✏️ **이 글을 통해 알 수 있는 내용에 ○, 알 수 없는 내용에 ×표 하세요.**

- 한화 이글스는 33년 만에 2025년 전반기 1위를 차지했다. ( )
- 2025년 프로야구의 예매율은 남성보다 여성이 높았다. ( )
- 40초 이상의 긴 프로야구 경기 영상도 SNS에 자유롭게 올릴 수 있다. ( )

✏️ **생각해 보기**

프로야구 인기가 높아지면 어떤 점이 좋을까요?

극장에서 낮잠 자실 분 구해요!

"극장에서 낮잠 자실 분 구합니다." 2025년 3월 메가박스 강남점에서 진행한 이벤트 문구예요. 이 영화관은 최근에 의자를 전부 편안한 리클라이너로 바꿨어요. 점심시간 2시간 동안 1,000원만 내면 이 의자에서 낮잠을 잘 수 있는 기회를 만들어서 사람들을 극장에 끌어모은 거예요. 주변 직장인들과 학생들에게 인기가 많아서 모두 매진됐대요.

영화 관람객이 줄어들자, 영화관들은 다양한 마케팅으로 손님 끌기에 나섰다.

영화관의 관객 수가 줄고 있어요

영화관 입장권 통합 전산망에 따르면 2025년 연간 관객 수는 1억 명이 채 되지 않을 것으로 예상돼요. 코로나19 팬데믹으로 관객 수가 줄었던 2020~2021년을 제외하면, 1억 명에 미치지 못하는 것은 2004년 이후 처음이에요. 이유는 유튜브·넷플릭스 등 다양한 온라인 동영상 서비스(OTT)가 출시되면서 관객 수가 급격히 줄기 시작했어요. 방송통신위원회에 따르면 OTT 이용률은 2018년 42.7%였는데 2024년에는 79.2%로 늘었어요. 영화 한 편의 티켓값 1만 5,000원이면 OTT는 한 달 동안 볼 수 있어서 점차 극장에 가지 않게 된 것이지요.

야구 보고 공연 보고… 영화관의 변신

영화관은 다시 사람들을 끌어모으기 위해 여러 방법을 찾고 있어요. CGV는 2024년부터 프로야구 경기 중계를 보여 주고 있어요. 일요일마다 전국 60개 극장에서 경기를 중계해 야구팬들이 찾아오지요. 음악팬들이 응원봉을 들고 영화관을 찾기도 해요. 2024년 8월 개봉한 영화 〈임영웅: 아임 히어로 더 스타디움〉은 35만 명이나 되는 사람들이 보러 와서 역대 공연 실황 영화 1위에 올랐어요.

롯데시네마와 메가박스 손잡아

영화관에 오는 사람이 줄어들자 영화 시장에도 변화가 생겼어요. 영화관 2, 3위인 롯데시네마와 메가박스는 2025년 5월에 합병하기로 했어요. 두 회사가 합치면 영화관 248곳, 스크린 1,682개가 되어 1위인 CGV를 넘어서요. 영화를 제작하고 투자하는 일도 하고 있어서 영화계에 큰 변화가 생길 것으로 보여요.

똑똑한 배경지식

공연 실황 영화
연극·뮤지컬·콘서트 같은 공연을 그대로 촬영해 영화관에서 상영하는 작품이에요. 공연장의 생생한 분위기를 전달해서 직접 공연장에 가지 않아도 영화관에서 공연을 보는 느낌을 즐길 수 있어요. 방탄소년단(BTS) 공연 실황 영화가 큰 인기를 거둬 공연 실황 영화 제작이 점차 늘어나고 있어요.

알쏭달쏭 어휘 풀이

◆ **리클라이너**: 등받이가 뒤로 넘어가는 안락의자.
◆ **실황**: 실제의 상황.
◆ **합병**: 둘 이상의 기구나 단체, 나라 등이 하나로 합쳐짐. 또는 그렇게 만듦.

✏️ 다음 빈칸에 알맞은 말을 쓰세요.

영화관은 ☐☐☐ 동영상 서비스로 인해 관객이 줄어들어 다양한 시도를 하고 있다.

✏️ 이 글을 통해 알 수 있는 내용에 ○, 알 수 없는 내용에 ×표 하세요.

- 영화관 관객 수는 코로나 이후 점차 줄어들고 있다. ( )
- OTT 이용률은 2018년보다 2024년에 더 낮아졌다. ( )
- 롯데시네마와 메가박스가 합쳐져 CGV의 규모보다 더 커질 것이다. ( )

✏️ 생각해 보기

영화관 관객 수가 왜 줄어들었을까요?

'먹방' 보는 것만으로도 큰일?

한 번에 라면을 20개씩 먹는 '먹방(먹는 방송)' 유튜버 쯔양의 방송을 본 적이 있나요? 쯔양이 이렇게 많이 먹을 수 있는 이유는 우리보다 위가 훨씬 크기 때문이라고 해요. 쯔양의 위는 보통 사람보다 30~40% 정도 더 커서 보통 사람의 위는 음식을 먹으면 약 1.5리터(L) 정도 늘어나는데, 쯔양은 음식을 먹었을 때 5리터까지도 늘어날 수 있대요.

먹방을 보고 나면 과식할 확률이 올라간다.

유튜버 목숨 잃어 법으로 금지하기도

'먹방'을 따라 하면 아주 위험할 수 있어요. 먹방을 찍던 유튜버들이 목숨을 잃는 일이 있었거든요. 비만으로 인한 합병증이나 심장마비, 심지어 생방송 중에 과식으로 목숨을 잃기도 했어요. 이런 일이 발생하자 필리핀은 먹방 콘텐츠를 금지할지 검토하겠다고 했어요. 중국에서도 2020년부터 먹방 콘텐츠를 금지하고, 이를 어기면 벌금을 내게 했지요.

많이 먹으면 건강에 해로워요

음식을 너무 많이 먹으면 우리 몸에 좋지 않은 영향이 발생해요. 위가 늘어나서 파열될 수도 있고 숨쉬기도 힘들어져요. 장기들이 눌려서 피가 잘 안 통할 수도 있어요. 또 탄수화물·지방·단백질 같은 영양분을 너무 많이 섭취하면 몸속에서 지방으로 변해서 비만이 돼요. 비만 세포가 커지면 혈관이 좁아지고 각종 병에 걸릴 위험도 커지지요. 게다가 폭식을 한번 시작하면 멈추기가 힘들어요. 우리 뇌가 자꾸 더 먹기를 원하기 때문이에요. 이렇게 되면 음식에 중독될 수 있어요.

보기만 해도 살이 찐다고?

먹방은 먹는 사람뿐만 아니라 보는 사람의 건강도 해칠 수 있대요. 연세대 의대 예방

의학교실 연구팀이 연구한 결과, 매주 1차례 이상 먹방을 보는 남학생들이 살이 찔 위험이 더 높다고 발표했어요. 영국 리버풀대 연구팀의 연구 결과에서도 정크푸드 먹방을 본 어린이는 보지 않은 어린이보다 26% 더 많은 칼로리를 섭취했다고 해요. 먹방을 보는 것만으로도 식욕이 올라가 음식을 많이 먹게 될 수 있다는 거예요. 우리 몸을 위해 먹방도 적당히 보는 것이 중요해요.

똑똑한 배경지식

칼로리(Calorie, 열량)
칼로리(Cal)는 우리가 음식으로부터 얻는 에너지의 양을 나타내는 단위예요. 숨쉬기·걷기·생각하기 등 우리의 모든 활동에 에너지가 필요한데, 그 에너지의 크기를 칼로리로 계산해요. 밥을 한 공기 먹으면 약 300키로칼로리(Kcal)를 섭취하는데, 이 에너지를 사용하지 않으면 몸에 지방으로 저장돼요. 그래서 적당히 먹고 에너지를 소비하는 것이 건강에 중요해요.

알쏭달쏭 어휘 풀이

- **합병증**: 어떤 질병에 곁들여 일어나는 다른 질병.
- **파열되다**: 깨어지거나 갈라져 터지게 되다.
- **정크푸드**: 열량은 높고 영양가는 낮은 음식.

✏️ 다음 빈칸에 알맞은 말을 쓰세요.

□□ 콘텐츠를 따라 하다 건강을 해치는 경우가 있어 방송을 금지하는 국가도 있다.

✏️ 이 글을 통해 알 수 있는 내용에 ○, 알 수 없는 내용에 ×표 하세요.

- 먹방을 촬영하다가 목숨을 잃은 유튜버도 있었다. ( )
- 중국은 먹방을 법으로 금지하고 있다. ( )
- 먹방을 보면 배가 부른 느낌이 들어서 적게 먹게 된다. ( )

✏️ 생각해 보기

먹방을 자주 보면 우리 건강에 어떤 영향을 미칠까요?

'제주어' 사라질 위기에 처했대요

제주를 배경으로 한 드라마 〈폭싹 속았수다〉가 큰 인기를 얻으면서 낯선 제주어도 화제가 됐어요. '폭싹 속았수다'를 표준어로 바꾸면 '정말 고생 많으셨습니다'예요. 우리 예상과는 전혀 다른 의미가 담겨 있지요. 그렇다면 제주어는 다른 지역의 사투리와 달리 왜 이렇게 독특할까요?

제주도는 육지와 완전히 분리된 지형적 요인으로 독특한 사투리가 만들어졌다.

고어 간직한 제주어

나라에서 정한 표준어가 아닌, 특정 지역에서 쓰이는 말을 '사투리'라고 해요. 우리나라 규정에 따르면 표준어는 '교양 있는 사람들이 두루 쓰는 현대 서울말'이에요. 지역마다 억양이 다르고, 특정 지역에서 쓰이는 단어가 다른 지역에서는 쓰이지 않기 때문에 기준을 정해 둔 거예요. 그래도 다른 지역 사투리는 조금 알아들을 수 있는데 제주어는 해석이 필요할 정도로 특별해요.

제주도는 바다로 둘러싸인 섬이라는 지리적 특성을 가지고 있어요. 또한 1629년 조선 시대에는 인조의 '출륙 금지령'으로, 제주 사람들은 약 200년 동안 섬 밖으로 나갈 수 없었어요. 이로 인해 외부와의 교류가 끊겨 육지의 언어가 빠르게 변하는 동안 제주어는 '고어(오늘날은 쓰지 않는 옛날 말)'를 많이 간직한 채로 이어져 내려왔지요.

제주 청년들, 제주어 안 써

교통과 미디어가 발달하면서 최근 제주어를 쓰는 사람이 줄고 있어요. 제주 노인의 말을 제주 청소년들은 못 알아듣는 경우도 있다고 해요. 2015년 제주발전연구원 조사에서 제주 10~20대 62.7%는 제주어를 안 쓰는 것으로 나타났어요. 2010년 유네스코(UNESCO)는 제주어를 '소멸 위기 언어' 중 4단계로 분류했어요. 이는 '아주 심각하게 위기에 처한 언어'라는 뜻으로, 해당 언어를 사용하는 사람들이 사라지면 언어 자체도 사라질 위기에 놓였다는 의미예요.

언어에는 그 지역의 문화와 전통, 정체성이 담겨 있어요. 그래서 제주를 지키기 위해 제주어를 보존해야 한다는 목소리가 높아지고 있어요. 말을 보존하는 가장 좋은 방법은 평소에 자주 쓰는 거예요. 제주도교육청은 교육과정에 제주어 수업을 넣고 제주어 단어 카드를 학생들에게 제공하고 있어요. 또 '제주어모바일사전' 같은 사이트를 만들어 제주어를 쉽게 찾아볼 수 있게 했어요.

똑똑한 배경지식

소멸 위기 언어

2010년 유네스코에 따르면, 1950~2010년 사이 전 세계에서 230개 언어가 사라졌어요. 현재 쓰이는 약 7,000개 언어 중 3분의 1은 사라질 위기에 처해 있어요. 유네스코는 소멸 위기 언어를 5단계로 구분해요. ▶1단계 취약한 언어 ▶2단계 분명히 위기에 처한 언어 ▶3단계 심각한 위기에 처한 언어 ▶4단계 아주 심각한 위기에 처한 언어 ▶5단계 소멸한 언어

알쏭달쏭 어휘 풀이

- ◆ **표준어**: 한 나라에서 공용어로 쓰는 규범으로서의 언어.
- ◆ **출륙**: 배를 타고 육지를 떠나는 것.
- ◆ **정체성**: 변하지 않는 존재의 본질을 깨닫는 성질. 또는 그 성질을 가진 독립적 존재.

✏️ **다음 빈칸에 알맞은 말을 쓰세요.**

☐☐어는 고립된 지리와 역사로 독특한 고어를 간직했지만, 사라질 위기에 처해 있다.

✏️ **이 글을 통해 알 수 있는 내용에 ○, 알 수 없는 내용에 ×표 하세요.**

- 제주어는 표준어에 가까운 사투리라 쉽게 이해할 수 있다. ( )
- 조선 시대에는 제주 사람들이 섬 밖으로 나가는 것이 금지된 적이 있다. ( )
- 유네스코는 제주어를 '아주 심각한 위기에 처한 언어'로 분류하였다. ( )

✏️ **생각해 보기**

사투리를 보존하는 일이 중요한 이유는 무엇일까요?

Section 06

환경

환경 기사 읽을 때 필수 어휘 15

기후

기온·비·눈·바람과 같은 기상 상태. 또는 일정한 지역에서 여러 해에 걸쳐 나타나는 평균적인 날씨.

예문 최근 세계 곳곳의 **기후**변화가 심각해지고 있습니다.

병충해

농작물이 병과 해충으로 인하여 입은 피해.

비슷한 말 병벌레해

예문 올 여름은 기온이 너무 높아서 **병충해** 피해가 클 것으로 예상됩니다.

온실가스

지구 대기를 오염시켜 지구의 기온을 높이는 가스를 모두 이르는 말. 이산화탄소와 메탄 등의 가스.

예문 기업의 **온실가스** 배출량을 줄이기 위한 정책을 세워야 합니다.

그린피스

핵무기 반대와 환경 보호 운동을 하는 국제적인 환경 보호 단체.

예문 **그린피스**에서 고래를 보호하기 위한 운동을 벌였습니다.

미세 플라스틱

크기가 5㎜ 이하인 작은 플라스틱 조각.

예문 **미세 플라스틱**은 크기가 너무 작아서 바다·강·공기·음식 속에도 섞이고, 동물이나 사람 몸까지 들어올 수 있습니다.

생태계

어느 지역이나 환경에서 여러 생물들이 서로 어우러진 자연의 세계.

비슷한 말 생물계

예문 사람들이 도시를 개발하면서 **생태계**가 파괴되었습니다.

재생 에너지

계속 써도 줄어들지 않고 쓸 수 있는 에너지. 태양열·수력·풍력같이 자연에 있는 에너지.

예문 친환경적인 **재생 에너지**를 더욱 개발하고 보급해 나갑시다.

재해

지진·태풍·홍수·가뭄·해일·화재·전염병 등으로 인한 피해.

비슷한 말 재난, 재앙

예문 자연으로 인한 **재해**는 사람의 힘으로 막기 어렵습니다.

재활용

쓰고 버리는 물건을 다른 데에 다시 사용하거나 사용할 수 있게 함.

비슷한 말 리사이클링

예문 패션계에서 플라스틱을 **재활용**한 상품이 인기를 끌고 있습니다.

지구 온난화

지구의 기온이 높아지는 현상. 이산화탄소 같은 기체가 지구를 둘러싸서 대기의 열이 우주 공간으로 나가지 못하여 지구의 평균 기온이 올라감.

비슷한 말 온난화

예문 **지구 온난화**로 인해 빙하가 녹아 해수면이 상승합니다.

지속 가능한 발전

미래 세대의 환경을 생각하면서, 우리 세대의 생활도 함께 발전시킬 수 있는 개발.

비슷한 말 지속 가능한 성장, 지속 가능한 개발

예문 **지속 가능한 발전**을 하려면 환경을 지키는 에너지를 사용해야 합니다.

친환경

자연환경을 오염시키지 않고 그대로의 환경과 잘 어울리는 일.

비슷한 말 환경 친화

예문 환경을 생각하는 사람들이 많아지면서 **친환경** 제품이 늘어났습니다.

탄소 발자국

사람이 활동하거나 상품을 생산하고 소비하는 과정에서 발생하는 이산화탄소의 양.

예문 **탄소 발자국**을 줄이기 위해서는 우리 모두의 실천이 중요합니다.

탄소 중립

배출한 이산화탄소만큼 이산화탄소를 흡수하는 대책을 세워 실질적인 배출량을 0으로 만드는 것.

예문 우리나라는 2050년을 목표로 **탄소 중립**을 이루기 위해 노력하고 있습니다.

환경오염

자원 개발로 인해 물·흙·공기 등의 자연환경이나 생활 환경이 더러워지는 일.

비슷한 말 환경 문제

예문 바다에 그물이 버려져서 **환경오염**이 심각해졌습니다.

4월에 벚꽃비와 눈이 함께 내렸어요!

벚꽃이 활짝 핀 4월 중순, 서울에 눈이 내렸어요. 기상청에 따르면 2025년 4월 13일 서울 종로구 송월동 대표 관측소에는 최고 0.6㎝의 눈이 쌓였어요. 기상 기록이 시작된 1907년 이후 4월 중순에 눈이 내린 건 118년 만에 처음 있는 일이었어요. 20℃를 넘나들던 봄 날씨는 하루아침에 강풍과 우박을 동반한 겨울 날씨로 변했지요.

4월에 눈이 내려 벚꽃 위에 쌓였다.

하루아침에 15도 뚝, 겨울 날씨

기상청에 따르면 2025년 4월 13일 아침의 최저기온은 전국 0.1~6.7℃였다고 해요. 전날 낮 기온은 14.3~24.7℃였는데, 하루 만에 대부분 지역이 15℃ 이상 뚝 떨어진 거예요. 서울은 아침 기온이 1.1℃까지 급락해 체감 온도는 영하의 날씨가 됐어요. 4월에 내린 눈의 양으로 보더라도 1931년 4월 6일(2.3㎝)에 이어 역대 2번째로 많은 양이었어요. 강원 산간 지방에는 3~8㎝의 눈이 쌓이기도 했어요. 소셜미디어(SNS)에는 "신기하다", "이상하다"며 벚꽃과 눈이 함께 떨어지는 풍경 사진들이 올라왔지요.

극도로 찬 공기 한반도 덮쳐

기상청은 북쪽에서 내려온 저기압이 한반도를 지나가며 날씨가 급변한 것이라고 설명했어요. 이런 봄철의 변덕스러운 날씨는 '절리저기압'이라는 특이한 날씨 현상 때문이에요. 원래 서쪽에서 동쪽으로 빠르게 불던 '제트기류'가 힘을 잃고 약해져 흔들리면서 이런 일이 발생했어요. 이 흔들림이 커서 북극 근처의 차가운 공기가 우리나라 쪽으로 내려와서, 따뜻했던 날씨를 하루아침에 겨울처럼 바꿔 버린 거죠.

지구 온난화가 이상 날씨 만들어

그런데 과학자들은 이런 이상한 날씨 현상이 지구 온난화와 관련이 있다고 해요. 절리저기압은 자연적으로 발생하기도 하지만, 차가워야 할 북극의 기온이 따뜻해지면서 제트기류의 움직임을 더 강하게 흔들 수 있어요. 그러면 북극의 차가운 공기가 남쪽으로 더 쉽게 내려올 수 있지요. 오스트리아 그라츠대 베게너 기후 및 국제 변화 센터 연구팀은 기후변화가 절리저기압 현상을 더 강하게 만들뿐 아니라 자주 만들 수도 있다고 분석했어요.

똑똑한 배경지식

절리저기압(Cut-off Low)
산이나 해안처럼 지형의 영향으로 생기는 저기압 현상이에요. 공기가 지형을 따라 흐르다가 한곳에 모이면 그 자리에서 공기가 위로 올라가 저기압이 만들어져요. 이렇게 생긴 저기압은 일반적인 저기압보다 크기가 작고 오래가지 않지만, 비나 눈이 내리게도 해요.

알쏭달쏭 어휘 풀이

- **우박**: 공중에 있던 큰 물방울들이 갑자기 찬 기운을 만나 얼어서 떨어지는 얼음덩어리.
- **저기압**: 기압이 주변보다 낮은 곳. 기온이 낮아지고 구름이 만들어져서 날씨가 흐려짐.
- **제트기류**: 상공 약 10㎞에서 서에서 동으로 부는 초속 25m 이상의 강풍.

✏️ 다음 빈칸에 알맞은 말을 쓰세요.

2025년 4월 우리나라에 눈이 내린 것은 ☐☐저기압과 지구 온난화 때문이다.

✏️ 이 글을 통해 알 수 있는 내용에 ○, 알 수 없는 내용에 ×표 하세요.

- 2025년 4월 서울에 벚꽃이 떨어질 때 눈이 함께 내렸다. ( )
- 절리저기압은 제트기류가 강해져서 생기는 현상이다. ( )
- 지구 온난화는 절리저기압이 자주 발생하도록 영향을 줄 수 있다. ( )

✏️ 생각해 보기

지구 온난화는 이상 기온에 어떤 영향을 미칠까요?

대형 산불, 왜 이렇게 많이 날까?

2025년 3월 말 경북 의성, 경남 산청, 울산 울주, 충남 홍성 등에서 동시에 산불이 발생했어요. 이 불이 강한 바람을 타고 인근 지역으로 번지며 걷잡을 수 없이 커졌지요. 불이 완전히 진화되기까지 일주일이나 걸렸어요. 이 산불로 31명이 숨지고 54명이 부상을 입을 만큼 엄청난 인명 피해

경북 의성 산불로 전소된 집.

가 발생했어요. 10만 4,000헥타르(서울 면적의 약 1.7배)의 산림이 불타고, 국가 유산과 전통 사찰, 도로 같은 공공시설도 700여 건이나 파괴됐어요. 산불로 인한 피해액은 1조 818억 원이나 됐어요.

기후변화가 산불 더 키워

이렇게 산불이 발생하는 건 안타깝게도 대부분 사람 탓이에요. 산림청에 따르면, 우리나라에서 나는 산불은 90%가 사람들이 부주의해서 생긴다고 해요. 2025년 3월 의성 산불 역시 성묘객이 묘지를 정리하다 불이 번져 시작됐어요.

그런데 산불이 대형 화재로 번지는 이유는 우리나라에 산이 많기 때문이에요. 우리나라는 국토의 70% 이상이 산지라서 한번 불이 나면 숲을 타고 빠르게 확산되거든요. 또 소나무 같은 침엽수가 많아서 불에 더 잘 타지요. 침엽수는 송진이 있어 불이 더 잘 붙어요. 침엽수는 활엽수처럼 겨울에 잎이 지지 않고 남아 있어 불에 더 잘 타기도 하고요.

전문가들은 최근 발생하는 산불이 크게 번지는 이유로 기후변화를 꼽고 있어요. 겨울이 짧아지고 봄철이 앞당겨지면서 건조한 기후가 일찍 찾아왔거든요. 이로 인해 산불이 일어난 횟수는 비슷하지만 대형 산불로 번질 가능성은 더 높아졌어요. 우리나라뿐 아니라 미국과 호주는 2~3개월이던 화재 주의 기간이 6개월 이상으로 확대됐어요. 기후변화로 폭염, 극심한 가뭄, 강풍이 강한 날씨가 길어졌기 때문이에요.

산불을 막으려면 어떻게 해야 할까

우리가 더 조심하면 산불을 줄일 수 있어요. 산에서는 절대 불을 사용하지 않아야 해요. 또 드론이나 위성으로 숲을 계속 지켜보면서 불이 나는 즉시 빨리 끌 수 있도록 준비해야 해요. 그리고 숲에 다양한 종류의 나무를 심으면 불이 퍼지는 속도를 줄일 수 있어요. 대형 진화 헬기나 물 폭탄 드론 같은 진화 장비를 미리 준비하는 것도 중요해요.

똑똑한 배경지식

기후변화

지구의 평균 기온이 점점 상승하면서 장기간에 걸쳐 진행되는 기상 변화를 말해요. 기후변화의 원인은 자연적인 요인과 인위적인 요인이 있는데, 인간의 활동으로 생기는 인위적인 요인은 삼림 파괴, 산업화로 인한 온실가스 증가 등이 있어요. 기후변화는 사람들의 건강, 식량 생산, 생태계에도 큰 영향을 주기 때문에 전 세계가 함께 해결해야 할 문제예요.

알쏭달쏭 어휘 풀이

◆ **진화**: 불이 난 것을 끔.
◆ **침엽수**: 바늘처럼 가늘고 길며 끝이 뾰족한 잎을 가진 나무.
◆ **송진**: 소나무나 잣나무에서 나오는 끈적끈적한 액체.

✏️ 다음 빈칸에 알맞은 말을 쓰세요.

최근에는 ☐☐☐☐로 인해 대형 산불이 더 많아졌으므로 주의를 해야 한다.

✏️ 이 글을 통해 알 수 있는 내용에 ○, 알 수 없는 내용에 ×표 하세요.

- 2025년 3월 우리나라 여러 지역에서 동시에 대형 산불이 발생했다. ( )
- 우리나라 산불의 주요 원인은 대부분 자연적인 발화 때문이다. ( )
- 기후변화로 인해 대형 산불이 더 많이 발생하고 있다. ( )

✏️ 생각해 보기

기후변화로 인한 대형 산불을 줄이기 위해 어떻게 해야 할지 생각해 보세요.

바나나를 못 먹을 수 있다고요?

바나나는 인류에게 밀·쌀·옥수수에 이어 4번째 중요한 식량 작물로 꼽혀요. 우리에게 이렇게 중요한 바나나가 사라질 수도 있대요. 영국 일간지 〈가디언〉은 2025년 5월 자선 단체 크리스천 에이드의 환경 보고서에 따르면 바나나가 멸종할 수 있다고 보도했어요. 도대체 바나나에 무슨 일이 생긴 걸까요?

바나나 농장. 바나나는 쉽게 볼 수 있지만 키우기 까다로운 과일이다.

바나나는 지구의 기후변화가 힘들어요

기후변화에 관한 정부 간 협의체(IPCC)의 6차 평가보고서(2021년)에 따르면 2081~2100년 지구의 평균 기온은 지금보다 1.9~5.2℃ 상승하고, 강수량은 5~10% 증가한다고 해요. 전 지구 평균 해수면 온도와 높이도 상승할 것으로 예상하고요. 영국의 보고서에 따르면 이러한 기후변화로 인해 2080년까지 중남미 바나나 재배 지역 가운데 3분의 2(66%)가 더 이상 바나나를 재배할 수 없는 환경으로 바뀔 수 있대요. 또 과테말라·코스타리카·콜롬비아 등 주요 바나나 재배국들의 수확량도 크게 줄어들 거라고 해요.

바나나는 성장 조건이 아주 까다로운 과일이에요. 15~35℃의 온도, 75~85%의 습도가 필요해요. 날이 너무 덥거나 추워도 안 되고 물이 너무 적거나 많아도 안 되지요. 그런데 지구가 점점 뜨거워지고, 비가 너무 많이 오거나 너무 안 오는 등 날씨가 자꾸 변해서 바나나가 살기 힘들어지고 있어요. 지구가 더워지면서 곰팡이 균이 많아져 바나나를 병에 걸리게도 하지요.

모두 같은 바나나만 먹는 것도 문제!

우리가 먹는 바나나는 대부분 '캐번디시 바나나'라는 품종의 바나나예요. 전 세계 사람들이 모두 이 한 품종만 먹어요. 이 품종만 대량 생산이 가능하기 때문이에요. 하지만 캐번디시 바나나는 트로피칼 레이스4(TR4)라는 변종 파나마병에 내성이 없어 한순간 멸종할 수 있다고 해요. 이것 말고도 야생에 다양한 바나나가 있지만 대량 생산이 거의 이뤄지지 않고 있어요. 영국 큐왕립식물원 소속 과학자들이 병충해에 강한 '마다가스카르 바나나'를 발견했지만 캐번디시 바나나에 비해 크기가 작고 씨가 있어서 널리 판매되지 않고 있지요.

똑똑한 배경지식

병충해

병충해는 해충과 병원균으로 인해 농작물이 피해를 입는 것을 말해요. 해충은 잎과 줄기, 열매를 갉아 먹고, 병원균은 곰팡이·세균·바이러스 형태로 들어와 작물을 시들게 만들어요. 병충해는 수확량을 크게 줄이고 농작물의 품질도 떨어뜨려요. 그래서 병충해를 막거나 관리하는 방법을 연구하거나, 병충해에 강한 품종을 개발하는 등의 노력을 하고 있어요.

알쏭달쏭 어휘 풀이

- **멸종**: 생물의 한 종류가 아주 없어짐.
- **해수면**: 바닷물의 표면.
- **품종**: 농작물과 가축을 분류하는 최종 단계의 이름.

✏️ **다음 빈칸에 알맞은 말을 쓰세요.**

주요 식량인 바나나가 지구의 ☐☐☐☐로 인해 사라질 수도 있다.

✏️ **이 글을 통해 알 수 있는 내용에 ○, 알 수 없는 내용에 ×표 하세요.**

- 2080년까지 중남미 바나나 재배지의 절반 이상이 사라질 수 있다. ( )
- 바나나는 어떤 기후에서도 잘 자라서 키우기 쉬운 튼튼한 과일이다. ( )
- 우리가 먹는 바나나는 대부분 같은 품종이다. ( )

✏️ **생각해 보기**

기후변화가 바나나에 어떤 영향을 미칠까요?

러브버그 급증, 산 까맣게 뒤덮어

인천 계양구 계양산 산책로가 러브버그(Lovebug)라는 곤충 떼로 뒤덮였어요. 러브버그가 급격히 늘면서, 산책로가 마치 아스팔트를 깐 듯 검게 보였어요. 2025년 6월 30일 인천 계양구청에 따르면 같은 달 23일부터 27일까지 닷새 동안 러브버그 관련 민원만 359건이 접수됐어요. 소셜미디어(SNS)에는 러브버그의 사체로 까맣게 뒤덮인 계양산 사진이 올라왔어요. 인천뿐 아니라 서울시 역시 러브버그 관련 민원이 2025년 9,296건으로 2024년 4,418건의 2배를 넘겼다고 밝혔어요.

2025년 6월 러브버그로 까맣게 뒤덮인 서울 북한산 정상.

2022년부터 수도권 집중 발생

러브버그의 정식 이름은 '붉은등우단털파리'예요. 주로 암컷과 수컷이 짝을 지어 함께 다니는 모습이라 러브버그라는 귀여운 이름이 붙었지요. 하지만 이름과는 달리 두 마리가 같이 붙어 날아다니는 모습이 귀엽지만은 않아요. 게다가 사람에게 위험을 느끼지 않아 가까이 다가가도 피하지 않아요. 원래는 우리나라에서 보기 힘든 곤충이었는데, 2022년부터 갑자기 많이 보이기 시작했어요. 전문가들은 러브버그가 갑자기 늘어난 이유가 기후변화 때문일 것으로 생각해요. 지구가 점점 더워지고 습해지면서 따뜻한 곳을 좋아하는 러브버그가 살기 좋은 환경이 되었기 때문이에요. 도시의 뜨거운 열기와 자연 환경이 파괴된 것도 원인으로 꼽아요. 러브버그뿐 아니라 농작물에 피해를 주는 꽃매미·매미나방 등 해충도 여름철에 자주 나타나고 있어요.

해충 아니라 살충제 사용은 안 돼

다행히 러브버그는 모기처럼 사람을 물거나 병을 옮기지 않아요. 해충으로 분류되지 않기 때문에 살충제로 방역을 할 수 없어요. 살충제를 뿌리면 다른 곤충이나 동물들에게도 피해를 줄 수 있기 때문이에요. 현재로서는 러브버그를 최대한 피하는 방법을 활용해야 해요. 러브버그는 축축한 곳을 싫어하기 때문에 물을 뿌리면 다른 곳으로 날아가요. 외출할 때 어두운 색 옷을 입으면 밝은 색을 좋아하는 러브버그가 덜 달라붙어요. 그리고 집에 불빛을 많이 켜 두면 러브버그가 몰려들 수 있으니 필요 없는 불은 꺼 두는 게 좋아요. 방충망을 미리 점검해 두는 것도 도움이 돼요. 러브버그의 몸에는 산성이 있어 차량을 부식시키기도 하니까 만약 사체가 남아 있다면 휴지로 잘 닦아야 해요.

똑똑한 배경지식

러브버그

1㎝ 크기가 조금 안 되는 파리과의 곤충으로, 정식 명칭은 붉은등우단털파리예요. 러브버그라는 이름은 날아다닐 때도 암수가 쌍으로 다니는 모습에서 붙은 별명이에요. 주로 중앙아메리카와 미국 남동부 해안 지역에서 발견되며 생존 기간은 약 3~5일 정도예요.

알쏭달쏭 어휘 풀이

- **사체**: 동물의 죽은 몸.
- **방역**: 감염병이 발생하거나 유행하는 것을 미리 막는 일.
- **살충제**: 사람과 가축, 농작물에 해가 되는 벌레를 죽이거나 없애는 약.

✏️ 다음 빈칸에 알맞은 말을 쓰세요.

기후변화로 인해 ☐☐☐☐가 급증하며 큰 불편을 주고 있다.

✏️ 이 글을 통해 알 수 있는 내용에 ○, 알 수 없는 내용에 ×표 하세요.

- 러브버그는 주로 암컷과 수컷이 붙어 다니는 곤충이다. ( )
- 기후변화가 러브버그 증가의 한 원인이다. ( )
- 러브버그는 사람을 물고 병을 옮기는 해충이다. ( )

✏️ 생각해 보기

러브버그가 갑자기 늘어난 이유는 무엇일까요?

예쁜 꽃, 왜 뽑아 버리는 거예요?

혹시 여름에 길거리나 강가에서 노란색 코스모스처럼 생긴 꽃을 본 적 있나요? 이 꽃의 이름은 큰금계국이에요. 그런데 2025년 5~6월 일본 효고현의 다카라즈카시와 산다시 등에서는 이 꽃을 제거하는 작업을 했다고 해요. 뿌리째 뽑아 가위로 잘라 쓰레기봉투에 버리라고 지시까지 내려왔어요. 왜 그런 걸까요?

길에 피어 있는 큰금계국.

큰금계국은 어떤 꽃일까?

큰금계국은 매년 5~8월 들판과 하천, 도로 화단에서 자주 눈에 띄는 노랗고 탐스러운 꽃이에요. 코스모스를 닮아 '노란 코스모스'라고도 불리는데, 코스모스가 가을에 피는 것과 달리 여름에 핀다는 게 특징이에요. 이 꽃은 원래 우리나라 꽃이 아니에요. 북미 지역이 원산지이지만 국내에는 1950~60년대에 도로 조경을 위해 처음 들여 왔지요. 1988년 서울올림픽 조경 사업으로 급격히 확산됐다는 얘기도 있어요. 문제는 큰금계국은 여러해살이 식물로, 한번 자리를 잡으면 좀처럼 죽지 않고 번식력도 강하다는 거예요.

번식력 강해 생태계 교란종 지정 논의

매년 여름 낙동강 해평습지가 온통 노랗게 큰금계국의 밭이 되는 것도 이런 이유 때문이에요. 환경 단체들은 큰금계국의 번식력이 너무 강해서 토종 식물을 밀어내고 점점 확산될 수 있으니 큰금계국을 생태계 교란종으로 지정해야 한다고 해요. 2018년 환경부 국립생태원은 생태계 위해성 평가 결과 2등급 외래 식물로 지정했어요. 2등급은 뚜렷한 위해성은 확인되지 않았으나 지속적인 관찰이 필요한 생물을 뜻해요.

가을철 핑크뮬리도 외래종

가을에 분홍색으로 물드는 핑크뮬리는 색감이 예뻐서, 넓게 자라고 있는 곳은 사진

명소로 사람들에게 인기예요. 이 핑크뮬리도 큰금계국처럼 다른 나라에서 온 식물이에요. 미 중서부가 원산지인 벼과의 여러해살이 식물로, 마른 땅에서도 잘 자라고 번식력도 무척 강해요. 그래서 우리나라의 토종 생태계를 위협할 가능성이 있어 관심을 가지고 지켜보고 있지요.

똑똑한 배경지식

외래 식물

원래 그 지역에 살던 것이 아니라 다른 나라나 지역에서 들어온 식물을 말해요. 이 식물들은 새로운 환경에 잘 적응하면 빠르게 퍼질 수 있어 토착 식물과 경쟁하게 돼요. 때로는 생태계 균형을 무너뜨리고, 토종 식물의 서식을 위협하기도 해요.

알쏭달쏭 어휘 풀이

- ◆ **원산지**: 동식물이 맨 처음 자라난 곳.
- ◆ **조경**: 경치를 아름답게 꾸밈.
- ◆ **위해성**: 생명이나 재산, 환경 등에 해를 끼칠 가능성 또는 정도.

✏️ 다음 빈칸에 알맞은 말을 쓰세요.

큰금계국은 번식력이 강한 ☐☐ 식물로 토종 생태계를 위협해 관리가 필요하다.

✏️ 이 글을 통해 알 수 있는 내용에 ○, 알 수 없는 내용에 ×표 하세요.

- 일본에서는 큰금계국 제거 작업을 진행했다. ( )
- 큰금계국은 우리나라 토종 식물이다. ( )
- 큰금계국은 여러해살이 식물로 번식력이 강하다. ( )

✏️ 생각해 보기

외래 식물이 토종 식물에 끼치는 영향은 무엇일까요?

모기가 살기 더 좋아졌다고요?

'처서가 지나면 모기 입도 삐뚤어진다'는 속담도 이제 옛말이 되어 버렸어요. 예전에는 처서가 지나면 더위도 한풀 꺾이고 모기도 사라졌는데 요즘은 가을에도 모기가 많아요. 도대체 왜 이렇게 모기가 많을까요?

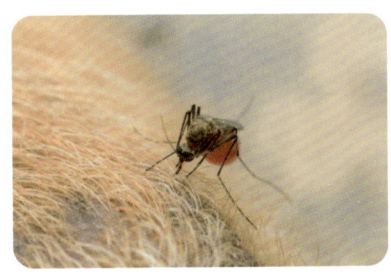

동물 피를 빨아 먹고 있는 모기.

기후변화로 봄가을에도 극성!

모기는 25~27℃ 정도에서 알에서 성충이 돼요. 그래서 '여름 해충'으로 여겨졌지만, 32℃가 넘으면 너무 더워서 활동이 줄어들어요. 요즘은 기후변화 탓에 기온이 올라서 한여름보다는 봄과 가을에 모기가 훨씬 많아졌어요. 서울시는 매년 5~10월 모기가 얼마나 많은지 쾌적·관심·주의·불쾌 네 단계로 '모기 예보'를 해 줘요. 그런데 집 안에 들어오는 모기가 하루 5~10마리인 불쾌 단계가 2016년에 12회에서 2025년 31회로 늘어났어요.

무서운 병을 옮기는 모기

모기의 피해는 단순히 밤잠을 방해하고, 물리면 가렵게 만드는 것에서 끝나지 않아요. 모기는 여기저기 돌아다니면서 피를 빨기 때문에 병을 옮길 수 있어요. 일본뇌염·말라리아·뎅기열 등 모기가 옮기는 질병만 50개가 넘지요. 2023년 83개국에서 2억 6300만 명의 말라리아 환자가 발생했고, 59만 7,000명이 목숨을 잃었어요. 이를 포함해서 모기가 옮기는 질병으로 매년 100만 명이나 되는 사람들이 사망한대요. 그래서 모기는 세상에서 가장 위험한 동물로 꼽히기도 해요.

물리지 않는 것이 최고!

질병관리청에서 알려 주는 모기 예방 수칙을 꼭 기억하고 실천해 보세요. 집 안에 있는 방충망에 구멍이 나지 않았는지 점검하고, 고인 물은 모기가 알을 낳을 수 있기 때문에 버려야 해요. 야외 활동을 할 때는 모기가 좋아하는 어두운색보다는 밝은색 긴 옷을 입고 모기 기피제를 뿌려야 해요. 또한 냄새로 사람을 찾아내기 때문에 잘 씻고, 향이 진한 향수나 화장품은 피하는 게 좋아요.

똑똑한 배경지식

절기

절기는 시간을 측정하는 단위 중 하나로, 1년을 24등분하여 계절의 변화를 예측했어요. 예로부터 농사와 생활에 도움이 되도록 사람들이 정해 놓았어요. 절기 중 하나인 '처서'는 여름 더위가 물러가고 가을이 시작되는 시기로 보통 8월 말이에요. '동지'는 밤이 가장 길고 낮이 가장 짧은 날로 12월 말경이며, 이날 팥죽을 쑤어 먹는 풍습이 있어요. 절기를 알면 자연의 변화를 알 수 있지요.

알쏭달쏭 어휘 풀이

- **처서**: 이십사절기의 하나로 곧 더위가 지나갈 걸로 보았다. 양력 8월 23일경.
- **수칙**: 행동이나 절차에 관하여 지켜야 할 사항을 정한 규칙.
- **기피제**: 곤충이나 작은 동물을 쫓기 위해 쓰는 약.

✏️ **다음 빈칸에 알맞은 말을 쓰세요.**

　　□□□□로 인해 모기가 여름뿐만 아니라 봄과 가을에도 많아졌다.

✏️ **이 글을 통해 알 수 있는 내용에 ○, 알 수 없는 내용에 ×표 하세요.**

- 모기는 32℃ 이상일 때 가장 활발하게 활동한다. ( )
- 모기는 지구상에서 가장 위험한 동물로 꼽힌다. ( )
- 모기는 밝은색 옷보다 어두운색 옷을 더 좋아한다. ( )

✏️ **생각해 보기**

요즘 모기가 봄과 가을에 더 많이 나타나는 이유는 무엇일까요?

제주 남방큰돌고래를 지켜 주세요!

제주 앞바다에 살던 새끼 남방큰돌고래 종달이를 알고 있나요? 2023년 종달이는 낚싯줄에 걸린 채 발견됐어요. 그때 제주도와 해양수산부, 제주돌고래긴급구조단이 힘을 합쳐 종달이의 입부터 꼬리까지 감싼 낚싯줄을 잘라냈지만, 너무 단단히 감겨 있어 모두 잘라내지는 못했지요. 그런데 종달이가 2025년 6월 또 다른 낚싯줄에 걸린 채 사람들에게 목격됐어요. 시민단체들은 안타깝게도 종달이가 사망한 것으로 추정하고 있어요.

제주 바다를 헤엄치는 제주남방돌고래.

왜 제주 앞바다 돌고래들이 자꾸 죽을까?

종달이가 살던 제주 서귀포시 대정읍 앞바다는 남방큰돌고래들이 주로 서식하는 곳이에요. 그런데 사람들이 이곳에서 낚시를 하고 남은 장비들을 바닷가에 그대로 버리고 떠나는 일이 많아요.

또한 돌고래를 가까이에서 보려고 다가가는 '돌고래 관광' 선박들도 큰 위협이 돼요. 해양환경단체인 핫핑크돌핀스에 따르면, 대정읍 일대에는 하루에도 20~30차례씩 관광선들이 돌고래 무리에게 너무 가까이 간다고 해요. 이렇게 배들이 계속 접근하면 돌고래들은 큰 스트레스를 받아요. 지느러미를 다칠 수 있고 출산율도 줄어들 수 있지요. 특히 제주에 사는 남방큰돌고래는 개체 수가 100~110마리 정도밖에 남지 않은 멸종위기 동물이에요. 그런데도 돌고래를 위협하는 행동들이 줄어들지 않고 있어요.

제주의 남방큰돌고래를 위협하는 것은 이뿐만이 아니에요. 제주 곳곳에서 무분별한 개발을 하면서 돌고래들이 사는 바다까지 훼손하고 있어요. 대정읍 앞바다에는 해상풍력발전단지 개발 계획이 추진되다가 취소되기도 했어요.

이제 바다 전체를 보호해야

해양환경단체는 남방큰돌고래를 보호하려면 돌고래가 사는 바다 전체를 지켜야 한다고 말해요. 지금은 해양수산부에서 대정읍 신도리 해역 일부(2.36㎢)만을 해양보호구역으로 지정해 보호하고 있어요. 하지만 이제 선박을 이용한 돌고래 관광이나 돌고래 서식지 주변에서의 낚시를 규제해야 한다고 주장해요.

똑똑한 배경지식

제주 남방큰돌고래
제주 남방큰돌고래는 제주도 서귀포시 대정읍 앞바다에서 주로 서식해요. 사람들과 가까운 바닷가 근처에서 살고, 세계적으로도 드문 종류예요. 하지만 개체 수가 약 100~110마리밖에 남지 않아 멸종 위기에 놓여 있어, 해양수산부가 해양 보호 생물로 지정했어요.

알쏭달쏭 어휘 풀이

◆ **추정**: 미루어 생각하여 판정함.
◆ **서식하다**: 생물 따위가 일정한 곳에 자리를 잡고 살다.
◆ **출산율**: 일정 기간에 태어난 생명체가 전체 개체에 차지하는 비율.

✏️ 다음 빈칸에 알맞은 말을 쓰세요.

해양수산부는 제주 남방큰돌고래를 보호하기 위해 일부 지역을 ☐☐☐☐☐☐으로 지정했다.

✏️ 이 글을 통해 알 수 있는 내용에 ○, 알 수 없는 내용에 ×표 하세요.

● 제주 남방큰돌고래는 멸종 위기종이다. ( )
● 사람들의 돌고래 관광은 돌고래들에게 스트레스를 줄 수 있다. ( )
● 제주 바다 전체가 해양보호구역으로 지정되어 있다. ( )

✏️ 생각해 보기

제주 남방큰돌고래의 생명이 위험에 처한 이유를 써 보세요.

코뿔소가 왜 거꾸로 매달려 있지?

검은코뿔소가 헬리콥터에서 내린 긴 줄에 친친 감겨 대롱대롱 매달려 하늘을 날아요. 아프리카 사바나 초원에 사는 거대한 코뿔소가 왜 이런 특별한 방법으로 이동했을까요? 검은코뿔소는 국제자연보전연맹(IUCN)이 분류한 심각한 멸종 위기종에 속하는 '위급' 단계의 동물이에요. 무게가 최대 1,400kg에 달할 정도로 거대하고, 일반 코뿔소와 달리 뿔이 2개나 달려

동물 보호소에 있는 뿔이 잘린 코뿔소.

있어요. 그런데 코뿔소의 뿔이 부를 과시하는 장식품으로 쓰여 아주 비싸게 팔리고 있어요. 또한 이 뿔이 암을 치료하는 데 효과가 있다는 잘못된 소문 때문에 검은코뿔소를 노리는 밀렵꾼들이 많아요. 그래서 동물보호단체가 검은코뿔소를 밀렵꾼들이 올 수 없는 안전한 곳으로 옮기기 시작한 거예요. 그런데 왜 하필 헬리콥터로 옮겼을까요?

코뿔소도 누워야 편해요

처음에는 코뿔소를 트럭에 태워 옮겼어요. 하지만 좁은 트럭 안에서 네 다리로 서서 무거운 몸을 버티다 보니 관절에 무리가 간다는 사실이 드러났어요. 그런데 헬리콥터에 매달려 이동하면 코뿔소들이 편하게 여긴다고 해요. 코뿔소를 마취제로 잠재운 뒤 거꾸로 매달면 몸이 곧게 펴지면서 공기가 들어가는 통로가 활짝 열린대요. 실제로 연구 결과, 거꾸로 매달린 코뿔소의 혈중 산소 수치가 더 높게 나왔어요. 또한 옆으로 눕히거나 세우려면 시간이 오래 걸려 엄청난 마취제를 투여해야 하는데, 거꾸로 매달아 가는 것은 빨리 준비할 수 있어서 마취제도 줄일 수 있지요.

밀렵을 멈춰야 해요

남아프리카공화국 넬슨만델라대 연구팀이 크루거국립공원 주변 야생동물 보호구역 11곳을 조사한 결과 2017~2023년 발생한 코뿔소 밀렵은 1,985건이나 된다고 해요. 2017~2021년에 밀렵을 막기 위해 쓴 비용은 7400만 달러(약 1050억 원)나 됐지요. 그

래서 뿔을 미리 잘라 버리자는 주장까지 나왔어요. 하지만 뿔을 잘라 낸 코뿔소마저 밀렵하려는 사람들도 있다고 해요. 밀렵을 멈추지 않는 한 코뿔소는 계속해서 헬리콥터에 매달리게 될 거예요.

똑똑한 배경지식

멸종 위기종 단계

국제자연보전연맹에서는 지구에서 사라지거나 사라질 위험에 처한 생물들을 조사해 멸종 위기 동물 목록을 만들었어요. 적색 목록이라고도 해요. 그중에서 멸종 위기종은 그 수가 감소해 멸종으로 가고 있는 생물로 위급·위기·취약 단계에 속해요.

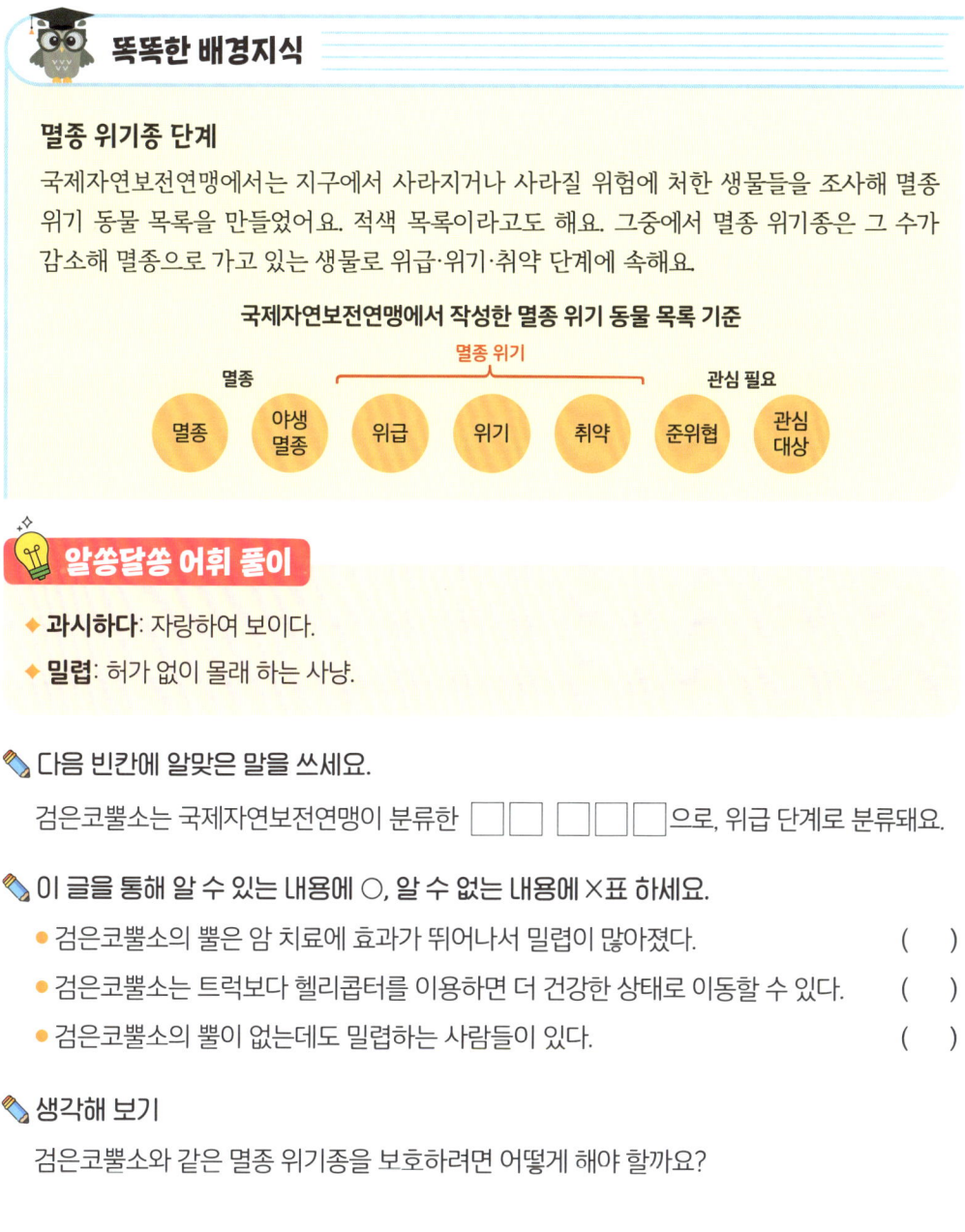

국제자연보전연맹에서 작성한 멸종 위기 동물 목록 기준

멸종 / 멸종 위기 / 관심 필요
멸종 · 야생멸종 · 위급 · 위기 · 취약 · 준위협 · 관심대상

알쏭달쏭 어휘 풀이

◆ **과시하다**: 자랑하여 보이다.
◆ **밀렵**: 허가 없이 몰래 하는 사냥.

✎ 다음 빈칸에 알맞은 말을 쓰세요.

검은코뿔소는 국제자연보전연맹이 분류한 ☐☐ ☐☐☐으로, 위급 단계로 분류돼요.

✎ 이 글을 통해 알 수 있는 내용에 ○, 알 수 없는 내용에 ×표 하세요.

- 검은코뿔소의 뿔은 암 치료에 효과가 뛰어나서 밀렵이 많아졌다. ( )
- 검은코뿔소는 트럭보다 헬리콥터를 이용하면 더 건강한 상태로 이동할 수 있다. ( )
- 검은코뿔소의 뿔이 없는데도 밀렵하는 사람들이 있다. ( )

✎ 생각해 보기

검은코뿔소와 같은 멸종 위기종을 보호하려면 어떻게 해야 할까요?

까마귀가 사람을 공격한다고요?

우리 속담 중에는 까마귀가 등장하는 게 많아요. '까마귀가 형님 하겠다', '까마귀 고기를 먹었다', '까마귀 날자 배 떨어진다'처럼 관련 속담이 많은 것을 보면 우리 주변에서 오래전부터 함께 살아왔다는 것을 알 수 있지요. 그런데 요즘에는 까마귀가 너무 가까이 다가와서 우리를 놀라게 하고 있어요!

서식지가 줄어들며 도시로 온 까마귀들.

번식기 까마귀는 예민해요

까마귀는 원래 숲에 사는 야생 동물이에요. 하지만 지금은 공원이 늘어서 도시에도 많아졌어요. 도시에 많이 사는 것은 성체의 몸길이가 57㎝나 되는 큰부리까마귀인데 까마귀 중에 제일 크지요.

까마귀들은 음식물 쓰레기를 뒤져 어지럽히기도 하고, 몸집이 큰 탓에 전선에 앉기만 해도 정전을 일으키기도 해요. 요즘에는 '도시 폭력배'라는 별명도 생겼어요. 까마귀에게 습격을 당해 머리를 다치는 사람이 늘었거든요. 그래서 환경부는 '국민 행동 요령'을 발표했어요. 큰부리까마귀는 번식기인 3~7월에 예민해지기 때문에 이때는 둥지 근처를 피해야 해요. 만약 지나가야 한다면 양산과 모자로 머리를 가려야 해요. 또 까마귀를 향해 팔이나 막대를 휘두르면 더 공격받기 쉬워요. 특히 둥지에서 떨어진 새끼를 구하려고 다가가면 바로 부모 까마귀의 공격을 받게 될 수 있으니 가까이 다가가면 안 돼요.

너구리·멧돼지도 도심에 나타나요

우리 가까이에 나타나는 야생 동물은 까마귀만이 아니에요. 국립생물자원관에 따르면, 서울 강서구·양천구·구로구 등에는 야생 너구리가 무리 지어 산다고 해요. 너구리는 보통 사람을 공격하지 않지만 번식기인 3~9월에는 어미 너구리가 예민해지니 조심해야 해요. 또 광견병을 옮길 수 있어서 너구리와 가까이하지 않는 게 안전하지요. 멧돼지가 도시에 나타났다는 뉴스도 자주 나와요. 2023년 서울에서만 멧돼지 때문에 소방관이 649번이나 출동했다고 해요. 사람이 다칠 수도 있어 포획하기도 해요.

하지만 서식지가 줄어들어 어쩔 수 없이 우리 가까이 다가온 동물들을 없애는 것만이 답은 아니에요. 동물들과 함께 공존하려는 노력이 필요하지요.

똑똑한 배경지식

야생 동물
자연에서 스스로 살아가는 동물들을 말해요. 호랑이·사슴·독수리·돌고래처럼 다양한 환경에 살면서 먹이를 찾고 번식해요. 이들은 생태계 안에서 먹이사슬의 한 부분을 이루며, 자연의 균형을 유지하는 데 매우 중요한 역할을 해요. 만약 야생동물이 사라지면 생태계가 무너지고, 사람의 삶에도 큰 영향을 줄 수 있어요.

알쏭달쏭 어휘 풀이

- ◆ **번식기**: 동물이 새끼를 치는 시기.
- ◆ **광견병**: 감염된 동물에게 물리면 생길 수 있는 바이러스성 질환.
- ◆ **공존**: 서로 도와서 함께 존재함.

✏️ **다음 빈칸에 알맞은 말을 쓰세요.**

서식지가 줄어든 ☐☐ ☐☐이 도심에 자주 나타나면서 안전한 공존이 중요해지고 있다.

✏️ **이 글을 통해 알 수 있는 내용에 ○, 알 수 없는 내용에 ×표 하세요.**

- 까마귀는 옛날부터 집 근처에서 기르던 새이다. ( )
- 까마귀는 번식기에 더 예민해져서 사람을 공격할 수 있다. ( )
- 야생 동물이 서식지가 줄어들자 사람 가까이 다가오고 있다 ( )

✏️ **생각해 보기**

우리가 야생 동물을 지키며 공존하는 방법에는 무엇이 있을지 생각해 보세요.

먹다 남은 약, 함부로 버리지 마세요

약은 아플 때 우리 몸을 낫게 해 주는 고마운 존재예요. 병원에서 처방받을 수 있는 약도 있고, 갑자기 아플 때를 대비해 집에 미리 준비해 두는 상비약도 있지요. 그런데 약의 유통기한이 지났거나 변질되면 어떻게 처리해야 할까요?

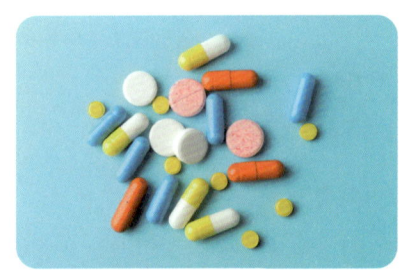

남은 약들을 버릴 때는 주의해야 한다.

약은 유해 폐기물이에요

약은 잘 복용하는 것만큼이나 잘 버리는 것도 중요해요. 폐의약품은 유해 폐기물이기 때문이에요. 먹다 남은 약은 쓰레기나 음식물 쓰레기와 함께 버리면 안 돼요. 하수구나 변기에 흘려보내는 것도 안 되지요. 아무렇게나 버리면 약 성분들이 물과 땅으로 흘러들어 가 생태계를 오염시키고 큰 혼란을 줄 수 있어요. 실제로 캐나다의 한 호수에 피임약 성분인 합성 에스트로겐을 7년간 흘려보냈더니 물고기들이 암컷으로 변하거나 제대로 번식하지 못하는 일이 벌어지기도 했어요.

우리나라도 마찬가지예요. 국립환경과학원이 2024년 4월까지 4대강 130곳을 조사한 결과, 진통제인 트라마돌, 당뇨병 치료제인 시타글립틴 등 19종의 의약물질이 나왔어요. 우리가 사용하는 물에 폐의약품 성분이 남아 있다는 거예요. 약으로 오염된 물을 마시거나 오염된 흙에서 자라난 과일과 채소를 먹는다면, 사람도 좋지 않은 영향을 받을 수밖에 없을 거예요.

먹다 남은 약, 이렇게 버려요

그렇다면 폐의약품은 어떻게 처리해야 안전할까요? 폐의약품은 주민센터·보건소·약국 등에 비치된 전용 수거함에 버려야 해요. 알약은 포장지에서 내용물을 분리한 뒤 버리고, 가루약이나 물약같이 특수 용기에 담긴 약은 포장지를 제거하지 않고 그대로 버려요. 이렇게 모인 폐의약품들은 환경부에서 정한 전용 소각로에서 처리돼요.

최근에는 우체통에도 폐의약품을 버릴 수 있게 됐어요. 주민센터·보건소·건강보험공

단 지사에서 나눠주는 전용 회수 봉투에 약을 넣고 밀봉해 가까운 우체통에 넣으면 돼요. 전용 봉투가 없어도 일반 종이봉투나 비닐봉지를 밀봉해 '폐의약품'이라고 적은 뒤 넣어도 되지요. 약마다 유통기한이 다르니 설명서나 유통기한 등을 잘 확인하고 버리는 것이 좋아요.

똑똑한 배경지식

유해 폐기물

유해 폐기물은 사람이나 환경에 해로운 물질이 포함된 폐기물을 말해요. 폐의약품·폐건전지·폐형광등·유독화학물질 등이 여기에 포함돼요. 이런 폐기물을 일반 쓰레기와 함께 버리면 토양과 수질을 오염시키고 생물에도 피해를 줄 수 있어요. 특히 폐의약품은 변기나 하수구에 버릴 경우 하천으로 흘러들어 가 수생 생물을 해치고, 결국 사람에게도 피해를 줘요.

알쏭달쏭 어휘 풀이

- **변질되다**: 성질이 달라지거나 물질의 질이 변하다.
- **폐의약품**: 사용하지 않았거나 유통기한이 지난 약으로, 폐기해야 하는 의약품.
- **피임약**: 인위적으로 임신을 피하기 위해 쓰는 약.

✏️ 다음 빈칸에 알맞은 말을 쓰세요.

☐☐☐☐은 유해폐기물로 환경을 오염시킬 수 있어 올바르게 버려야 한다.

✏️ 이 글을 통해 알 수 있는 내용에 ○, 알 수 없는 내용에 ×표 하세요.

- 폐의약품을 하수구에 버리면 생태계를 오염시킬 수 있다. ( )
- 가루약은 포장지에서 분리한 뒤 전용 수거함에 버려야 한다. ( )
- 폐의약품은 전용 봉투에 담아 우체통에 버릴 수 있다. ( )

✏️ 생각해 보기

폐의약품은 왜 함부로 버리면 안 될까요?

바닷속 산호초는 왜 하얗게 죽었을까?

무더운 여름뿐만 아니라 이제 사계절 내내 필수품이 된 선크림이 지구를 해칠 수 있다는 사실, 알고 있나요? 미국 하와이대 연구진에 따르면 전 세계에서 매년 1만 4,000톤(t)의 선크림이 바다로 흘러들어 간다고 해요. 이 선크림에는 다양한 성분이 들어 있어요. 그중에 옥시벤존이라는 성분이 있는데 자외선을 흡수해 열로 내보내는 역할을 해요. 그래서 우리 피부가 자외선에 노출되지 않도록 도와주지요. 그런데 이 성분이 산호에게는 큰 피해를 입혀요. 어린 산호를 죽게 하고 기형을 만들기도 한대요. 산호가 하얗게 죽는 백화현상을 일으키기도 하지요.

죽어서 하얗게 변한 바닷속 산호초.

'바다의 열대우림' 산호초

산호초는 따뜻하고 깨끗한 바닷속에서 작은 산호들이 오랜 시간 동안 모여 만든 단단한 석회질 구조예요. 바닷속 동물의 25% 정도가 이 주변에 살기 때문에 '바다의 열대우림'으로 불리지요. 미국 스미소니언 국립자연사박물관은 "산호초는 해양 생물들을 보호할 뿐만 아니라 음식·약물·관광업 일자리까지 다양한 혜택을 준다"며, 경제적 가치가 1년에 300억~1720억 달러(약 42조~245조 원) 정도라고 했어요.

옥시벤존이 들어간 선크림은 불법!

하와이섬의 산호초는 56%가 백화현상을 보이고 있어 심각한 상황이에요. 산호초가 파괴되는 것을 막기 위해 2018년 하와이주에서 특별한 법이 만들어졌어요. 산호초를 해치는 옥시벤존 같은 성분이 들어간 선크림을 사고팔지 못하게 하는 법이에요. 태국도 마찬가지예요. 2021년부터 모든 해양 국립공원에서 산호초에 피해를 주는 선크림을 쓰지 못하게 했지요. 이런 선크림을 바르면 벌금을 내야 해요.

요즘에는 화장품 회사들이 옥시벤존 같은 성분을 넣지 않은 선크림을 만들고 있어요. 이 성분이 없어도 자외선을 차단할 수 있는 선크림을 만들 수 있거든요. '무기자차' 선크림이 바로 그런 선크림이에요. 우리가 무심코 바르는 선크림이 바다 생태계를 위협할 수 있으니 현명한 소비를 하는 것이 좋겠지요?

똑똑한 배경지식

산호초

산호초는 따뜻하고 맑은 바다에서 사는 산호들이 오랜 시간 동안 모여 만들어진 단단한 석회질 구조예요. 이곳은 수많은 물고기·갑각류·조개류 등 다양한 해양 생물들이 살아가는 중요한 서식지지요. 하지만 최근 지구온난화로 인한 수온 상승, 해양 오염 등으로 산호초가 점점 사라지고 있어 심각한 환경 문제로 떠오르고 있어요.

알쏭달쏭 어휘 풀이

◆ **백화현상**: 바닷물 온도가 높아지거나 오염되었을 때 산호가 하얗게 변하고 죽어 가는 현상.
◆ **기형**: 동식물에서 정상의 형태와는 다른 것.
◆ **생태계**: 생물과 그들이 사는 환경이 서로 영향을 주고받으며 균형을 이루는 자연의 체계.

✏️ **다음 빈칸에 알맞은 말을 쓰세요.**

선크림의 옥시벤존이라는 성분 때문에 바다의 산호초가 ☐☐ 현상을 보이고 있다.

✏️ **이 글을 통해 알 수 있는 내용에 ○, 알 수 없는 내용에 ×표 하세요.**

- 선크림에 들어 있는 옥시벤존은 산호초뿐 아니라 사람 피부에도 좋지 않다. ( )
- 하와이와 태국은 옥시벤존이 들어간 선크림의 판매나 사용을 금지하고 있다. ( )
- 무기자차 선크림에는 옥시벤존이 없어 산호초에 피해를 주지 않는다. ( )

✏️ **생각해 보기**

산호초를 보호하려면 어떻게 해야 할까요?

페트병 생수, 얼리지 마세요!

우리 주변에는 플라스틱으로 만들어진 물건들이 정말 많아요. 환경단체 그린피스와 충남대학교 연구팀은 2020년 1년 동안 우리 국민 1명이 생수 페트병 109개, 플라스틱 컵 102개, 비닐봉지 533개, 플라스틱 배달 용기 569개를 사용했다는 조사 결과를 발표했어요. 무게로 따지면 19kg, 전 국민이 쓴 걸 다 합치면 87만 3,833톤(t)이나 돼요.

생수병을 얼리면 미세 플라스틱 배출이 많아진다.

코끼리 살리려고 만든 플라스틱

19세기 중반 무렵에는 당구공을 코끼리 상아로 만들었어요. 상아는 점점 부족해지고 코끼리 밀렵이 심해지자 당구공 회사에서 상금을 걸고 이를 대체할 방법을 찾았어요. 이때 개발된 게 바로 플라스틱이에요. 플라스틱은 이후 점차 여러 종류로 개발되어 이제는 가정에서는 물론, 주사기나 인공관절 등 의료 분야부터 우주 산업까지 다양한 곳에 쓰이게 되었지요.

플라스틱이 환경과 인간을 아프게 해요

플라스틱은 이렇게 편리한 물질이지만 잘 썩지 않아 문제예요. 경제협력개발기구(OECD)는 2000년 1억 5600만 톤 정도이던 플라스틱 폐기물이 2040년에는 3억 5300만 톤으로 늘어날 거라고 예측하고 있어요. 이 가운데 재활용되는 건 9% 정도예요. 나머지는 태우거나 묻는데, 그 과정에서 생태계로 흘러들어 가요. 버려진 플라스틱은 계속 잘게 쪼개지는데, 이렇게 눈에 보이지 않을 정도로 작아진 플라스틱을 미세 플라스틱이라고 불러요. 미국 컬럼비아대 지구연구소는 생수 1리터(L)에 플라스틱 알갱이가 11만~37만 개나 들어 있다고 해요. 서울시 보건환경연구소는 공기 1㎥에 플라스틱 알갱이 71개가 발견됐다고 발표했어요. 우리가 물만 마시고 숨만 쉬어도 우리 몸속으로 플라스틱이 들어올 수 있다는 거예요.

미세 플라스틱, 최대한 피해요

미세 플라스틱이 우리 몸에 얼마나 나쁜지에 대해서는 아직 더 많은 연구가 필요하지만, 전문가들은 될 수 있으면 피하는 게 좋다고 말해요. 플라스틱을 얼리거나 전자레인지에 돌리면 미세 플라스틱이 나올 수 있어요. 그러니 페트병에 든 생수를 얼려 마시거나, 배달 음식 용기를 여러 번 다시 사용하면 안 돼요.

똑똑한 배경지식

미세 플라스틱
크기가 5㎜ 미만인 작은 플라스틱 알갱이를 말해요. 플라스틱은 자연에서 잘 분해되지 않아 바다·강·토양 등에 쌓이고, 일상생활에서 우리 몸속에 들어가 건강에 해를 끼칠 수 있어요. 현재 지구 환경을 위협하는 주요 오염 물질 중 하나예요.

알쏭달쏭 어휘 풀이

- **상아**: 코끼리의 엄니. 위턱에 나서 입 밖으로 길게 뻗어 있다.
- **대체하다**: 다른 것으로 대신하다.
- **미세**: 분간하기 어려울 정도로 아주 작음.

✏️ 다음 빈칸에 알맞은 말을 쓰세요.

☐☐☐☐은 편리하지만 잘 썩지 않아 환경과 우리 건강에 해를 줄 수 있다.

✏️ 이 글을 통해 알 수 있는 내용에 ○, 알 수 없는 내용에 ×표 하세요.

- 플라스틱은 처음에 코끼리를 보호하려는 의도로 만들어졌다. ( )
- 플라스틱은 자연에서 쉽게 분해된다. ( )
- 페트병에 든 생수를 얼려 마시면 미세 플라스틱이 생길 수 있다. ( )

✏️ 생각해 보기

미세 플라스틱을 줄이기 위해 우리가 할 수 있는 일은 무엇일까요?

텀블러와 에코백, 환경에 도움 되나?

텀블러와 에코백은 환경을 지키는 좋은 물건이라고 알려져 있어요. 일회용 종이컵이나 플라스틱 컵 대신 텀블러를 사용하는 것, 비닐봉지나 종이 쇼핑백처럼 한 번 쓰고 버리는 것들 대신 에코백을 장바구니로 활용하는 것이 환경을 지키는 일이라고 생각하지요. 그런데 텀블러와 에코백 사용이 정말 환경에 도움이 될까요?

텀블러와 에코백은 오래 사용해야만 환경에 도움이 된다.

텀블러 1,000회, 에코백 19년 이상 써야

환경부에 따르면 텀블러와 에코백을 잘못 사용하면 오히려 환경에 더 나쁠 수 있어요. 왜냐하면 텀블러와 에코백을 만들거나 버릴 때는 일회용 컵이나 비닐봉지를 만들거나 버릴 때보다 훨씬 많은 에너지가 필요하기 때문이에요. 그래서 환경보호 효과를 내려면 적어도 플라스틱 텀블러는 17회, 세라믹 텀블러는 39회, 스테인리스 텀블러는 1,000회 이상 사용해야 해요. 에코백은 길게는 19년을 매일 써야 한다고 해요.

리바운드 효과, 환경 위한 행위가 환경 해쳐

하지만 예쁜 에코백을 발견하면 새로 사고 싶어져요. 텀블러를 선물 받으면 한두 달 쓰다가 다른 새 텀블러를 쓰게 되지요. 아예 쓰지 않고 보관만 하는 텀블러도 늘었어요. 이와 비슷한 경우로 '에너지 고효율'이라고 쓰인 가전제품을 구매하면 환경에 도움이 되지만, 가전을 1개 쓰다가 10개로 늘리면 실제 전기 사용량은 줄어들지 않아요. 연비가 좋은 친환경 차를 타지만, 연료비가 싸다는 이유로 차를 더 오래 타서 결과적으로는 에너지를 더 많이 사용하는 경우가 생길 수도 있어요. 이렇게 환경을 위한 행위가 오히려 환경에 악영향을 미치는 현상을 환경 '리바운드 효과'라고 해요. 환경부는 "다회용품을 오래 사용하지 않거나 보관만 하면 일회용품보다 더 큰 환경오염을 일으킨다"고 말해요.

하나를 오래 쓰는 것이 중요해

환경을 지키고 싶다면 텀블러와 에코백을 많이 사는 대신 하나를 오랫동안 써야 해요. 지금 당장 우리 집 텀블러와 에코백이 몇 개나 있는지 살펴보고, 필요한 것만 챙기고 나머지는 주변 사람들과 나눠 쓰는 것도 좋아요. 가지고 있는 텀블러와 에코백을 오랫동안 꾸준히 쓰고 일회용품 사용을 줄이면 탄소 발자국을 줄일 수 있을 거예요.

똑똑한 배경지식

리바운드 효과(Rebound Effect)
리바운드 효과는 기술이 발전해서 에너지 효율이 좋아졌는데도 실제로는 에너지 소비가 줄지 않거나 오히려 늘어나는 현상을 말해요. 예를 들어 에너지 효율이 좋은 에어컨을 사면 전기를 덜 쓸 것 같지만, 전기 요금이 덜 나올 것 같은 마음에 더 자주 사용해서 총 전기 소비는 늘 수 있어요.

알쏭달쏭 어휘 풀이

- **에너지 고효율**: 같은 일을 하면서도 더 적은 에너지를 사용하는 것.
- **친환경**: 자연환경을 오염하지 않고 자연 그대로의 환경과 잘 어울리는 일.
- **탄소 발자국**: 사람이 일상생활에서 배출하는 이산화탄소의 양.

✏️ 다음 빈칸에 알맞은 말을 쓰세요.

친환경 차라고 더 오래 탄다면 환경 ☐☐☐☐ 효과로서, 환경에 악영향을 줄 수 있다.

✏️ 이 글을 통해 알 수 있는 내용에 ○, 알 수 없는 내용에 ×표 하세요.

- 텀블러는 1~2회만 사용하더라도 일회용 컵보다 환경에 더 좋다. ( )
- 에코백을 만드는 데는 비닐봉지보다 더 많은 에너지가 들어간다. ( )
- 리바운드 효과는 친환경 기술이 오히려 환경에 나쁜 영향을 주는 현상이다. ( )

✏️ 생각해 보기

학생으로서 환경을 위해 할 수 있는 행동을 생각해 보세요.

'전자 쓰레기장'이 되어 버린 태국

2025년 5월, 태국 방콕 항구의 한 컨테이너를 열자 전자 폐기물 238톤(t)이 무더기로 쏟아져 나왔어요. 컨테이너 안에는 오래된 스마트폰·컴퓨터·냉장고 등 전자기기에서 떼어 낸 회로기판이 빼곡히 쌓여 있었지요. 모두 미국에서 불법으로 수입한 전자 폐기물이었어요.

태국 한 지역에 쌓여 있는 전자 폐기물.

왜 쓰레기를 수입할까요?

전자기기 회로기판에는 금·은·팔라듐·구리처럼 값나가는 금속들이 붙어 있어요. 이 금속을 재활용하기 위해 분리 작업을 해요. 그런데 개발도상국에서는 이 금속들을 저렴하게 얻기 위해서 안전 규정을 무시한 채 작업하는 업체가 많다고 해요. 이 업체들은 플라스틱으로 된 회로기판을 그대로 불에 태우는데, 이 과정에서 몸에 해로운 가스와 물질이 흘러나와 공기와 토양을 오염시키지요. 이곳에서 일하는 사람들에게 병을 일으키기도 해요.

중국 전자 폐기물 수입 금지 여파가 주변국 향해

영국 BBC 보도에 따르면, 특히 태국은 최근 몇 년간 미국이나 유럽 같은 선진국의 '전자 쓰레기장'이 되고 있다고 해요. 2018년 중국이 해외 전자 폐기물 수입을 금지하자, 갈 곳 잃은 쓰레기들이 중국 주변의 동남아시아 국가로 향하게 된 거예요. 환경 단체 '태국의 땅'에 따르면 한해에 3,000톤이던 태국의 전자 폐기물 양은 중국에서 수입 금지를 한 이후 20배 늘어서 6만 톤이 되었다고 해요. 태국의 한 폐기물 공장 근처에서는 농작물들이 꽃도 피우지 못하게 되었대요. 태국 정부도 최근 전자 폐기물 수입을 금지했지만 여전히 불법으로 수입하고 있어요.

전자 폐기물 계속 늘어 2030년 8200만 톤

국제연합(UN) 보고서에 따르면 전자 폐기물은 현재 매년 6000만 톤이나 버려지는

데, 2030년에는 8200만 톤으로 늘어날 전망이에요. 그런데 안전하게 수거되어 재활용된 폐기물은 22%밖에 되지 않아요. 대부분의 국가들에는 전자 폐기물을 해외에 버리는 것을 금지하는 법이 있지만 중고 전자 제품이라고 속여 개발도상국에 버리기도 한대요. 그래서 어떤 국가에서는 전자기기를 만들어 파는 대기업들이 쓰레기가 된 전자기기를 다시 거두어들이도록 하는 법을 검토하고 있어요.

똑똑한 배경지식

전자 폐기물
더는 사용하지 않거나 고장 나서 버려진 컴퓨터·휴대전화·텔레비전 등 전자 제품을 말해요. 이런 폐기물에는 납·수은 같은 몸에 해로운 물질이 포함되어 있어 환경오염과 건강 문제를 일으킬 수 있어요. 금·은·구리 같은 유용한 자원도 들어 있어 재활용도 중요해요. 올바르게 분리 배출해서 재활용하는 것이 환경 보호와 자원 절약에 도움이 돼요.

알쏭달쏭 어휘 풀이

- **컨테이너**: 화물 수송에 주로 쓰는, 쇠로 만들어진 큰 상자.
- **개발도상국**: 산업의 근대화와 경제 개발이 선진국에 비하여 뒤처진 나라.
- **회로기판**: 전자 부품들을 연결하고 지지해주는 판.

✏️ **다음 빈칸에 알맞은 말을 쓰세요.**

　□□ 폐기물이 늘어나면서 개발도상국이 선진국의 '전자 쓰레기장'이 되고 있다.

✏️ **이 글을 통해 알 수 있는 내용에 ○, 알 수 없는 내용에 ✕표 하세요.**

- 회로기판에는 금·은·구리와 같은 가치 있는 금속이 포함되어 있다. （　）
- 중국이 전자 폐기물 수입을 금지하자, 전자 폐기물은 동남아시아 국가로 향했다. （　）
- 태국은 최근 들어 전자 폐기물 수입을 완전히 허용하고 있다. （　）

✏️ **생각해 보기**

전자 폐기물을 줄이기 위해 우리는 어떤 노력을 해야 할까요?

'우주 쓰레기' 지구로 떨어져요

2025년 2월 19일 새벽, 독일·스웨덴·영국의 어두컴컴한 밤하늘에 갑자기 번쩍이는 빛이 나타났어요. 사람들은 '미사일 공격일까?', '우주선일까?' 하고 걱정했지만 알고 보니 빛의 정체는 가로 1.5m, 세로 1m 크기에 무게가 4톤(t)이나 되는 '우주 쓰레기'였어요. 폴란드 우주청(POLSA)은 이날 "스페이스X사의 '팰컨 9' 로켓의 부서진 조각이 떨어졌다"고 발표했어요.

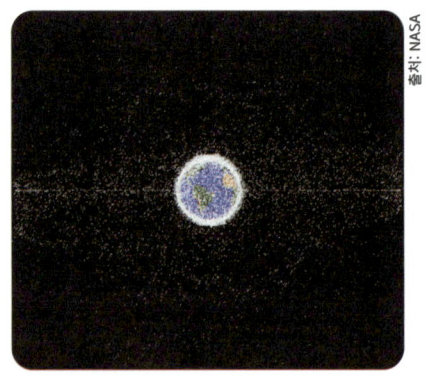
미국 항공우주국이 지구 주위에 있는 우주 파편을 시뮬레이션한 그림.

총알보다 빠른 우주 흉기, 우주 쓰레기

유럽 우주국(ESA)의 〈우주 환경 보고서 2025〉에 따르면 현재 지구 궤도를 떠돌고 있는 크기 10㎝가 넘는 우주 쓰레기는 약 5만 4,000개나 된다고 해요. 이들은 총알보다 10배 빠른 초속 약 7㎞로 지구를 돌고 있어요. 훨씬 작은 1~10㎝ 크기 쓰레기는 120만 개나 된다는 분석도 있어요. 이런 작은 쓰레기도 인공위성이나 우주선에 큰 충격을 줄 수 있지요.

우주 쓰레기, 많아진 이유는?

일론 머스크가 이끄는 미국 우주 산업 기업 스페이스X의 위성 통신망 '스타링크'처럼 세계 각국에서는 새로운 위성들을 우주로 많이 보내고 있어요. 스타링크 사업으로 현재 지구 궤도를 도는 위성은 6,700기나 되는데, 지구 궤도의 전체 인공위성(약 1만 2,000기)의 약 60%나 돼요. 스타링크는 통신위성을 4만 기 넘게 발사할 계획이에요. 다 필요가 있다지만 우주 쓰레기를 늘리는 결과를 가져오지요.

얼마나 위험할까

사람들은 이러다 우주가 온통 쓰레기로 뒤덮일까 봐 걱정하고 있어요. 1978년 미국

항공우주국(NASA)의 도널드 케슬러 박사는 우주 쓰레기들이 서로 부딪혀 끝없이 폭발하는 '우주 재난 시나리오'를 얘기한 적이 있어요. 이런 최악의 상황을 케슬러 증후군이라고 불러요. 팰컨 9처럼 커다란 조각은 큰 피해를 줄 수도 있지요. 과학자들은 이를 막기 위해 부서진 조각을 더 먼 곳으로 밀어내거나 일정 기간이 지나면 아예 대기권 안으로 끌어오는 방법을 연구하고 있어요.

똑똑한 배경지식

케슬러 증후군(Kessler Syndrome)
우주 쓰레기가 엄청나게 늘어나 지구 궤도 전체를 뒤덮게 될 것이라고 예측한 미국 항공우주국의 과학자 도널드 케슬러의 주장을 말해요. 케슬러는 이런 충돌이 계속되면 우주에 쓰레기가 너무 많아져 위성이나 우주선이 안전하게 움직이기 어려워지고, 결국 우주 탐사도 할 수 없으며 인공위성도 이용할 수 없을 거라고 했어요.

알쏭달쏭 어휘 풀이

- **인공위성**: 지구 둘레를 돌도록 로켓을 이용하여 쏘아 올린 인공의 장치.
- **통신위성**: 대륙 간이나 원거리 사이의 전파 통신의 중계에 쓰는 인공위성.
- **대기권**: 지구를 둘러싸고 있는 대기의 범위.

✏️ **다음 빈칸에 알맞은 말을 쓰세요.**

☐☐ 쓰레기가 점점 늘어나며 인공위성과 지구에 큰 위협이 되고 있다.

✏️ **이 글을 통해 알 수 있는 내용에 ○, 알 수 없는 내용에 ×표 하세요.**

- 우주 쓰레기는 초속 약 7㎞의 빠른 속도로 지구를 돌고 있다. ( )
- 스타링크는 더 이상 위성을 발사하지 않겠다고 발표했다. ( )
- 우주 쓰레기가 많아지면 충돌로 인한 연쇄 폭발이 일어날 수 있다. ( )

✏️ **생각해 보기**

우주 쓰레기를 줄이려면 어떻게 해야 할까요?

생명의 땅으로 다시 태어난 DMZ

6.25 전쟁 이후 70년 넘게 사람의 발길이 닿지 않은 비무장지대(DMZ)는 자연의 보물 창고가 되었어요. 황조롱이·수달·산양 같은 동물들이 이곳에서 지내고 있지요. 민간인통제선(민통선) 이북 지역과 DMZ에는 개발이 거의 없어 동식물들에게는 천국이 됐어요.

사람이 다닐 수 없어 동식물들의 보금자리가 된 비무장지대.

생태계의 보고가 된 DMZ

2024년 12월 24일 경기도와 경기환경에너지진흥원은 4~11월 김포·고양시 비무장지대 일대의 생태 환경 모니터링 결과를 발표했어요. 이 조사에서 멸종위기 야생 동물 3종(저어새·큰기러기·붉은배새매)과 천연기념물 6종(원앙·황조롱이·저어새·매·붉은배새매·소쩍새)이 비무장지대에 살고 있다는 것을 확인했어요. 특히 알락도요·쇠오리·가마우지·뻑뻑도요·노랑눈썹솔새·물레새·북방검은머리쑥새 등 조류 7종과 천연기념물인 매는 새로 발견됐어요. 2022년 조사에서도 멸종위기 야생생물인 수달·삵·새호리기·어름치 등이 발견됐어요. 수달은 천연기념물이자 멸종위기 1급 동물인데, 야생 수달이 사는 하천이나 강은 생물 다양성이 건강한 곳이라고 해요. 국립생태원의 동식물 조사에서도 구렁이(멸종위기 2급), 산양(멸종위기 1급) 등이 확인됐어요. 이 가운데 산양은 2020년 기준 전국 개체수가 약 2,000마리 정도로 빠르게 감소하고 있는데 이곳에서 자리를 잡고 살고 있어 반가운 소식이었지요.

동물뿐 아니라 희귀 식물도 비무장지대에 자리를 잡고 자라고 있어요. 산림청에서 지정한 희귀 식물인 멸종위기종 선제비꽃·눈향나무, 위기종 긴잎꿩의다리·웅굿나물·삼지구엽초, 취약종 쑥방망이 등이 이곳에 자라고 있다고 해요.

국립생태원에 따르면 2019년 기준 비무장지대에 서식 중인 멸종위기종은 약 102종으로, 국내 멸종위기종 267종의 40% 정도가 이곳에 터전을 잡고 있다고 해요.

세계문화유산 등재 논의도

이처럼 비무장지대가 생태계의 보고로 남아 있는 만큼 해당 지역의 문화유산을 보존하기 위해 남북 공동으로 세계문화유산에 등재해야 한다는 목소리도 있어요. 하지만 북한은 2020년에 비무장지대를 세계문화유산으로 등재하는 것은 우리를 분단국가에서 영원히 벗어나지 못하게 만드는 것이라며 반대했어요.

똑똑한 배경지식

비무장지대(DMZ; Demilitarized Zone)
6.25 전쟁 이후 휴전할 때, 남·북한은 휴전선으로부터 남북으로 각각 2㎞씩은 병력을 배치하지 않기로 했어요. 이 지역이 바로 비무장지대예요. 이곳은 민간인이 출입할 수 없어요. 1953년에 설치된 이후로 사람들의 출입이 통제되었던 만큼 환경 오염이 거의 없어서 멸종 위기에 처해 있는 동식물도 많이 살고 있어요.

알쏭달쏭 어휘 풀이

- **민간인통제선**: 비무장지대 외곽에 설치된 통제 구역의 경계선.
- **분단국가**: 하나의 민족 또는 국가가 정치적·이념적 갈등으로 인해 둘 이상의 국가로 나뉘어 존재하는 상태의 국가.

✏️ 다음 빈칸에 알맞은 말을 쓰세요.

□□□ 지대는 멸종위기 동식물의 서식지이자 생태계의 보고가 되었다.

✏️ 이 글을 통해 알 수 있는 내용에 ○, 알 수 없는 내용에 ✕표 하세요.

- 6.25 전쟁 이후 비무장지대는 동물들이 살기 어려운 환경이 되었다. ( )
- 비무장지대에서 저어새·수달·산양 등 멸종위기 야생동물이 발견되었다. ( )
- 북한은 비무장지대의 세계문화유산 등재를 반대했다. ( )

✏️ 생각해 보기

비무장지대의 생태계를 보호하기 위해 어떻게 해야 할까요?

답안

Section 01. 경제

경제 001
테슬라 꺾은 중국 전기차의 비밀은?
- **빈칸 채우기** 전기차
- **O×답안** ○ × ○
- **×답안 해설** (2) 현재 전기차는 일반 자동차에 비해 주행 거리가 짧은 것이 불편한 점이에요.
- **생각해 보기 예시 답안** 전기차가 친환경 자동차가 되려면 전기를 친환경 발전 방식으로 만들어야 해요. 또 배터리를 만들 때 환경 오염을 줄이고 수명이 다한 배터리를 재활용하는 기술도 중요해요.

경제 002
석유값은 왜 매일 달라질까요?
- **빈칸 채우기** 원유
- **O×답안** ○ ○ ×
- **×답안 해설** (3) 석유 수출국들은 석유값이 떨어질 때 생산량을 줄여서 가격이 더 떨어지지 않게 조절해요.
- **생각해 보기 예시 답안** 원유 가격은 수요와 공급, 경제 상황, 국제 정세 등에 영향을 받아요. 사람들이 기름을 많이 필요로 하면 석유 가격이 오르고, 적게 사용하면 가격이 내리지요. 전쟁이나 경제 위기처럼 특별한 상황이 생기면 가격이 크게 오르내리기도 해요.

경제 003
2026년 최저임금은 얼마일까요?
- **빈칸 채우기** 최저임금
- **O×답안** ○ ○ ×
- **×답안 해설** (3) 최저임금은 모든 사람에게 똑같이 적용돼요.
- **생각해 보기 예시 답안** 최저임금을 사람이나 업종에 따라 다르게 정하면 업무 능력을 떨어트릴 수 있어요. 또 계층 간 갈등이 생기거나, 다른 사회적 약자에게도 낮은 임금을 적용하자는 주장이 나올 수 있어요.

경제 004
나도 세금을 낸다고요?
- **빈칸 채우기** 세금
- **O×답안** × ○ ○
- **×답안 해설** (1) 초등학생도 물건을 살 때 물건값에 포함되어 있는 부가가치세를 내요.
- **생각해 보기 예시 답안** 세금이 잘못 쓰이면 꼭 필요한 곳에 쓰지 못할 수 있어요. 예를 들어 학교나 병원을 짓는 비용이 부족해지거나 도로를 만드는 비용이 부족해질 수도 있지요. 또 어려운 사람들을 도와줄 수 있는 돈이 부족해질 수도 있어요. 그래서 우리가 낸 세금이 어떻게 쓰이는지 관심을 갖고 지켜봐야 해요.

경제 005
'민생 회복 소비 쿠폰' 우리도 받았어요!
- **빈칸 채우기** 경제 또는 경기
- **O×답안** ○ × ○
- **×답안 해설** (2) 연매출이 30억 원이 넘는 백화점이나 대형 마트에서는 '민생 회복 소비 쿠폰'을 사용할 수 없어요.
- **생각해 보기 예시 답안** '민생 회복 소비 쿠폰'은 주로 동네 가게나 시장처럼 매출이 작은 곳에서만 사용할 수 있기 때문에, 어려움을 겪고 있는 작은 가게 상인들에게 큰 도움이 돼요. 소비가 늘면 경제가 활기를 되찾을 수 있을 거예요.

경제 006
동네에서만 쓸 수 있는 화폐가 있다?
- **빈칸 채우기** 지역화폐
- **O×답안** × ○ ○
- **×답안 해설** (1) 지역화폐는 특정 지역에서만 사용할 수 있어요.
- **생각해 보기 예시 답안** 우리 동네 경제를 살리기 위해서는 지역화폐를 사용하거나 전통시장이나 동네 가게를 자주 이용해야 해요. 또 우리 동네에 있는 유명한 명소를 홍보해서 관광을 활성화하면 다른 지역의 사람들이 오기 때문에 경제가 살아날 수 있어요.

경제 007
은행이 사라지고 있어요!
- **빈칸 채우기** 은행
- **O×답안** × ○ ○
- **×답안 해설** (1) 은행은 점차 줄어들어 2017년에 6,972곳이던 은행이 2025년에는 5,535곳이 되었어요.
- **생각해 보기 예시 답안** 은행 영업점이 모두 사라지면 온

라인으로 해결할 수 없는 일이 생겼을 때 당황하게 될 거예요. 모든 은행 거래가 온라인을 통해 이뤄지니, 해킹이나 보이스피싱 같은 범죄에 노출될 위험도 커져요.

경제 008
스마트폰, 혹시 내 얘기 듣고 있니?

빈칸 채우기 개인 정보

O× 답안 × ○ ○

× 답안 해설 (1) 실제로 기업들이 스마트폰의 음성 명령 기능을 이용해 사람의 대화를 녹음해 문제가 되었어요.

생각해 보기 예시 답안 개인 정보 유출을 막기 위해서는 비밀번호를 주기적으로 바꾸고, 공공 와이파이 이용을 조심해야 해요. 개인 정보는 믿을 수 있는 곳에만 입력하고 백신 프로그램을 사용하는 것도 중요해요.

경제 009
SKT, 내 유심 정보가 유출됐어요!

빈칸 채우기 보안

O× 답안 ○ ○ ×

× 답안 해설 (3) 2023년 LG유플러스에서는 총 26개 항목의 개인 정보가 불법 거래 사이트로 유출되는 사고가 있었고, 2012년에는 KT의 해킹 사고로 830만여 명의 개인 정보가 유출되기도 했어요.

생각해 보기 예시 답안 비밀번호를 복잡하게 만들고 자주 바꿔야 해요. 모르는 사람이 보낸 링크를 누르지 않아야 해요. 또 무료 와이파이처럼 보안이 약한 곳에서는 중요한 정보를 사용하지 않는 것이 좋아요.

경제 010
비트코인 1개가 1억 7000만 원?

빈칸 채우기 비트코인

O× 답안 × ○ ○

× 답안 해설 (1) 비트코인은 정부가 만들어 내는 명목화폐와 달리, 정부의 간섭이 없는 디지털 가상화폐예요.

생각해 보기 예시 답안 비트코인은 정부에서 발행하는 화폐처럼 계속해서 만들어 낼 수 없고 2100만 개만 만들 수 있기 때문에 가치가 높아요. 또 블록체인 기술로 안전하게 보관되기 때문에 믿을 수 있어요.

경제 011
만 원으로 점심을 못 먹는대요!

빈칸 채우기 환율

O× 답안 × ○ ○

× 답안 해설 (1) 간단한 음식의 값도 많이 올랐어요.

생각해 보기 예시 답안 정부는 수입품 세금을 낮추거나 농가에 보조금을 주어 돕거나, 농산물 유통 구조를 간단하게 만들어 물가 안정을 도와야 해요.

경제 012
순살 치킨이 비싸질 거라고요?

빈칸 채우기 조류독감

O× 답안 ○ ○ ×

× 답안 해설 (3) 정부에서 다시 조류독감에 걸리지 않은 닭들을 수입하기로 했어요. 또한 우리나라에는 미리 수입한 닭고기가 있기 때문에 가격에 크게 영향을 미치지 않을 거예요.

생각해 보기 예시 답안 브라질 닭은 우리나라에서 키우는 닭보다 더 싸게 더 많은 고기를 얻을 수 있기 때문이에요. 브라질의 사료와 인건비가 우리나라보다 저렴하거든요.

경제 013
다이소 화장품, 왜 인기 많을까요?

빈칸 채우기 매출

O× 답안 × ○ ○

× 답안 해설 (1) 다이소의 매출은 2023년 대비 14.7% 늘었어요.

생각해 보기 예시 답안 다이소 화장품은 광고비를 줄이고 대량생산을 하고 소용량 포장을 해서 가격이 저렴해요. 그래서 경기가 안 좋을 때 가성비 있는 물건을 사려는 사람들에게 큰 인기를 끌고 있어요.

경제 014
망고 빙수, 비싸도 잘 팔려요

빈칸 채우기 경기 또는 경제

O× 답안 ○ × ○

× 답안 해설 (2) 스몰 럭셔리는 상대적으로 적은 비용을 들여 사치하는 것을 말해요.

생각해 보기 예시 답안 스몰 럭셔리는 사람들이 큰돈을 쓰지 않고도 특별한 기분을 느끼는 소비를 말하는데, 호텔 망고 빙수는 비교적 적은 비용으로 호텔 분위기를 즐길 수 있어서 스몰 럭셔리를 원하는 사람들에게 인기를 끌고 있어요.

경제 015
나도 '당근' 할 수 있나요?
빈칸 채우기 중고
O×답안 ○×○
×답안 해설 (2) 중고 거래는 물건을 사고파는 약속이므로 계약에 해당돼요.
생각해 보기 예시 답안 사람이 많고 CCTV가 설치된 곳에서 거래하고, 부모님이나 친구와 함께 가는 것이 좋아요. 또, 물건값은 그 자리에서 직접 주고받고, 너무 저렴한 물건은 사지 않아요.

경제 016
왜 배민과 티빙이 손을 잡았을까요?
빈칸 채우기 고객
O×답안 ○×○
×답안 해설 (2) 배민의 사용자 수는 쿠팡이츠의 2배 정도나 많아요.
생각해 보기 예시 답안 배민의 경쟁사인 쿠팡이츠가 빠르게 성장하고 있기 때문에, 배민은 더 많은 혜택을 제공해 고객을 지키려고 티빙과 협력했어요. 티빙은 배민을 통해 신규 가입자를 끌어모을 수 있어요.

경제 017
폭염 속, 몰캉스가 떴다!
빈칸 채우기 몰캉스
O×답안 ×○○
×답안 해설 (1) 몰캉스는 무더위를 피해 실내 쇼핑몰에서 놀이와 외식, 문화생활을 즐기는 현상을 말해요.
생각해 보기 예시 답안 폭염으로 실외 활동이 줄고, 시원한 실내 공간을 찾는 사람들이 늘어났어요. 또한 에어컨 같은 냉방기기도 많이 사용해서 전기 소비량도 늘어났어요.

Section 02. 국제

국제 001
우리나라는 과연 선진국일까요?
빈칸 채우기 선진국
O×답안 ○○×
×답안 해설 (3) 국제 주식 지수에서 영국에서는 선진국으로 분류되지만 미국에서는 신흥국으로 분류되고 있어요.
생각해 보기 예시 답안 선진국은 국민 모두가 좋은 교육을 받을 수 있는 나라예요. 국민 모두가 아플 때 치료를 받을 수 있어야 해요. 차별 없이 평등한 기회를 갖는 나라예요. 깨끗한 환경을 지키는 나라예요. 민주주의의 자유와 권리가 존중되는 나라예요.

국제 002
전 세계에서 불티나게 팔리는 불닭볶음면!
빈칸 채우기 콘텐츠
O×답안 ○×○
×답안 해설 (2) 〈이상한 변호사 우영우〉에는 김밥을 먹는 장면이 나와서 김밥 열풍이 불었어요.
생각해 보기 예시 답안 내가 외국 친구에게 꼭 소개하고 싶은 K푸드는 떡볶이예요. 왜냐하면 떡볶이는 우리나라 길거리 음식의 대표 주자로, 매콤하고 달콤한 맛이 한번 먹으면 자꾸 생각나게 만들거든요. 외국인 친구들도 맛보면 우리나라 문화를 더 잘 이해할 수 있을 것 같아요.

국제 003
러시아-우크라이나 전쟁, 3년째 접어들어
빈칸 채우기 미국
O×답안 ×○○
×답안 해설 (1) 우크라이나 드론으로 러시아의 전투기가 공격을 받았어요.
생각해 보기 예시 답안 전쟁을 멈추기 위해서는 두 나라가 서로 대화를 많이 해야 해요. 다른 나라들이 평화롭게 이야기할 수 있는 자리를 만들어 도울 수 있어요. 전쟁으로 얻는 것보다 잃는 것이 많다는 점을 깨달을 수 있게요.

국제 004
세계에서 무기를 가장 많이 파는 나라는?
`빈칸 채우기` 전쟁
`O×답안` ○ ○ ×
`×답안 해설` (3) 우리나라는 전 세계 무기 수출국 9위예요.
`생각해 보기 예시 답안` 무기를 많이 사고파는 일은 나라의 안보와 경제에는 도움이 될 수 있지만, 전쟁 위험을 높이고 평화를 깨트릴 수도 있어요.

국제 005
이란 핵 시설 제거한 트럼프
`빈칸 채우기` 망치
`O×답안` ○ × ○
`×답안 해설` (2) 이란의 포르도라는 핵 시설은 깊은 산속, 지하 80미터 아래에 있어서 아무도 공격할 수 없다고 생각했어요.
`생각해 보기 예시 답안` 이스라엘이 이란의 핵무기에 위협을 느끼자, 미국은 우방국인 이스라엘을 도와주기 위해 이란의 핵 시설을 공격하게 되었어요.

국제 006
다시 살아나는 아르헨티나 경제
`빈칸 채우기` 물가
`O×답안` ○ × ○
`×답안 해설` (2) 말레이 대통령은 정부 조직과 예산을 줄여 물가 상승을 막으려고 노력했어요.
`생각해 보기 예시 답안` 물가가 상승하면 같은 돈으로 살 수 있는 물건의 양이 줄어들어 생활비 부담이 커져요. 생활에 꼭 필요한 생필품 가격도 올라서 일상생활이 불편해질 수 있어요.

국제 007
관광객들로 몸살 앓는 일본
`빈칸 채우기` 오버투어리즘
`O×답안` ○ ○ ×
`×답안 해설` (3) 일본의 일부 현지인들은 일상생활이 불편하여 관광객이 덜 오기를 바라요. 그 결과 자작나무 관광지의 나무를 베어 버리거나 후지산 배경 앞에 가림막을 세우기도 했어요.
`생각해 보기 예시 답안` 다양한 관광지를 소개해서 관광객이 특정한 지역에만 몰려들지 않도록 해요. 관광객들도 현지인들이 불편하지 않도록 질서를 잘 지키고, 자연을 훼손하지 않아야 해요.

국제 008
중국, 공무원도 허리띠를 졸라매고 있어요
`빈칸 채우기` 침체
`O×답안` ○ × ○
`×답안 해설` (2) 코로나 이후 중국의 국내총생산 수치는 하락하고 있어요.
`생각해 보기 예시 답안` 부동산 시장이 침체되고, 사람들이 그로 인해 물건을 많이 사지 않기 때문이에요. 또한 요즘은 외국 회사들이 중국에서 떠나면서 외국에서 들어오는 투자금도 줄어들었어요.

국제 009
트럼프 관세 전쟁, 어디까지일까요?
`빈칸 채우기` 관세
`O×답안` ○ × ×
`×답안 해설` (2) 트럼프는 관세를 높여 무역의 적자를 해소하고 자국의 공장과 일자리를 늘리고자 해요.
(3) 이번 관세 정책으로 우리나라의 주요 수출품인 철강, 알루미늄, 세탁기 등 가전제품에 추가로 25%의 세금을 붙이겠다고 했어요.
`생각해 보기 예시 답안` 관세가 높아지면 우리나라 물건이 미국에서 더 비싼 값에 팔리게 되고, 우리나라 물건을 미국인들이 덜 사게 될 거예요. 우리나라 회사들의 물건이 적게 팔려서 수익이 낮아질 수 있고, 일자리가 줄어들 수도 있어요.

국제 010
APEC, 경주에 특별한 사람들이 모인대요
`빈칸 채우기` APEC
`O×답안` ○ × ○
`×답안 해설` (2) APEC에서 나눈 합의는 정상들의 약속이기 때문에 중요하지만 법처럼 강제성을 띄지는 않아요.
`생각해 보기 예시 답안` APEC과 같은 국제 기구는 여러 나라가 협력해 경제 문제를 해결하고 나라 간의 갈등을 줄이기 때문에 중요해요.

국제 011
위기의 하버드 유학생들
빈칸 채우기 하버드
O×답안 ×○○
×답안 해설 (1) 트럼프 정부는 외국 유학생을 줄이라고 대학에 요구했어요.
생각해 보기 예시 답안 국가가 대학 운영에 어느 정도 관심을 가지는 것은 필요하지만, 지나친 개입은 대학의 자율성과 학문의 자유를 해칠 수 있어 좋지 않다고 생각해요. 대학은 다양한 사람들의 의견과 연구가 자유롭게 이루어져야 하기 때문이에요.

국제 012
미국 공식 언어, 영어가 아니었어요?
빈칸 채우기 공식
O×답안 ○×○
×답안 해설 (2) 영국이나 호주는 영어를 널리 쓰고 있지만 법으로 영어를 공식 언어로 정하지는 않았어요.
생각해 보기 예시 답안 우리나라에서 영어를 공식 언어로 정하면 국제 경쟁력이 높아지고 영어 교육 부담이 줄어들 수 있어요. 하지만 한글 사용이 줄어들고, 영어에 익숙하지 않은 사람들이 불편할 수 있어요.

국제 013
새로운 교황이 탄생했어요
빈칸 채우기 선출
O×답안 ×○○
×답안 해설 (1) 콘클라베를 진행할 때 굴뚝에서 흰 연기가 나오면 교황이 선출되었다는 뜻으로, 투표가 끝났다는 의미예요.
생각해 보기 예시 답안 전 세계 가톨릭 신자가 14억 명이 넘을 만큼 많아졌고, 다양한 지역과 환경 속에서 가톨릭 신자가 살고 있어요. 다양한 나라에서 교황이 선출되면 더 많은 사람의 목소리를 대신할 수 있어요.

국제 014
개를 호랑이처럼 염색했다고요?
빈칸 채우기 동물
O×답안 ○×○
×답안 해설 (2) 동물 보호 단체는 동물들에게 사람에게 쓰는 염색을 사용할 경우 화상을 입을 수도 있다고 했어요.
생각해 보기 예시 답안 [찬성] 동물원은 사람들이 동물을 직접 보고 배울 수 있어 교육에 도움이 되고, 또 멸종 위기 동물을 보호하는 역할도 할 수 있어요. [반대] 동물원이 동물에게 좁고 불편해서 스트레스를 줘요. 그리고 동물들이 자유롭게 살지 못해요.

국제 015
구글 지도, 우리나라 길은 왜 헤맬까?
빈칸 채우기 지도
O×답안 ○○×
×답안 해설 (3) 외국인들이 한국 여행할 때 가장 불편한 점으로 교통, 관광 안내, 디지털 정보 접근을 꼽았어요.
생각해 보기 예시 답안 [찬성] 고정밀 지도를 제공하면 구글 지도 서비스가 정확해져 외국인 관광객과 국민 모두 편리해져요. [반대] 국가 안보와 보안시설 보호를 위해 고정밀 지도를 쉽게 넘겨 주면 위험할 수 있어요. 또한 우리나라가 오랜 시간과 비용을 들여 만든 데이터를 해외 기업에 공짜로 제공하는 것은 불공평하다고 생각해요.

국제 016
미국 Z세대는 팁에 돈을 덜 쓴다?
빈칸 채우기 팁
O×답안 ○○×
×답안 해설 (3) 우리나라는 음식값에 봉사료를 포함하도록 하고 있어, 팁을 강요하는 것이 불법이에요.
생각해 보기 예시 답안 미국처럼 팁을 주는 문화가 생긴다면 서비스 종업원의 생계에는 도움이 될 수 있지만, 소비자에게는 내야 할 돈이 늘어서 부담이 될 수 있어요. 원래 우리나라는 문화적으로 팁을 주지 않았기 때문에 불편하게 생각하는 사람들이 많을 거예요.

Section 03. 사회

사회 001
비상계엄이 뭐예요?

빈칸 채우기 비상계엄

O×답안 ○ ○ ×

×답안 해설 (3) 비상계엄은 헌법에서 정한 때에 선포할 수 있어요.

생각해 보기 예시 답안 비상계엄은 전쟁이나 경찰의 힘만으로는 질서를 유지할 수 없는 사회적 혼란이 있을 때 선포할 수 있어요.

사회 002
헌법재판소, 대통령 탄핵 결정!

빈칸 채우기 헌법

O×답안 × ○ ○

×답안 해설 (1) 헌법재판소의 9명의 재판관 중에서 6명 이상이 찬성해야 대통령을 파면시킬 수 있어요.

생각해 보기 예시 답안 헌법은 나라의 가장 중요한 법으로, 국민의 권리와 자유를 지키고 나라의 기본 원칙을 정해 놓은 법이에요. 헌법재판소는 그런 중요한 문제를 판단하는 곳이라서 신중한 결정이 필요해요. 그래서 9명의 재판관 중 6명 이상이 찬성해야 해요. 여러 사람의 의견을 모아 최대한 공정하게 결정하려는 거예요. 한 사람이나 소수의 의견이 아닌, 더 많은 사람의 생각이 반영될 수 있어요.

사회 003
나라마다 대통령 뽑는 방법이 달라요

빈칸 채우기 직선제

O×답안 ○ × ○

×답안 해설 (2) 우리나라는 5년 단임제로, 대통령 임기는 5년이며 임기를 마친 이후 다시 대통령 후보로 나올 수 없어요.

생각해 보기 예시 답안 [직선제] 저는 직선제가 더 민주적이라서 좋다고 생각해요. 왜냐하면 직선제는 국민이 직접 투표로 대통령을 뽑기 때문에, 국민의 뜻이 선거에 바로 반영되기 때문이에요. 간선제는 대표가 뽑기 때문에 국민의 의견과 다른 결과가 나올 수도 있어요. [간선제] 저는 간선제가 더 좋다고 생각해요. 좀 더 전문성이 있는 대표들이 뽑기 때문에 정치가 더 안정적일 수 있어요.

사회 004
대통령은 어디에서 일하나요?

빈칸 채우기 청와대

O×답안 ○ ○ ×

×답안 해설 (3) 프랑스의 대통령이 머무는 엘리제궁은 매년 6월과 9월, 두 차례 시민에게 공개돼요.

생각해 보기 예시 답안 청와대는 오랫동안 대통령이 일하고 머물던 상징적인 장소이기 때문에 청와대를 이용하는 것이 국민들에게 익숙해요. 또한 대통령이 청와대에 살면서 일하면 집과 집무실을 오가기도 편리하지요.

사회 005
포괄적 차별금지법, 18년 만에 제정될까?

빈칸 채우기 포괄적

O×답안 × ○ ○

×답안 해설 (1) 포괄적 차별금지법을 제정하자는 논의는 2007년에 시작됐지만 서로 다른 의견을 가진 사람들이 있어서 지금까지 통과되지 못했어요.

생각해 보기 예시 답안 포괄적 차별금지법은 모두가 평등하게 존중받을 권리가 보장돼요. 능력이 있어도 나이가 많거나 학력이 낮다고 고용되지 못하는 경우가 사라져서 능력에 따라 직업을 구할 수 있게 돼요. 또한 특정 종교를 갖고 있다고 배척되거나 장애가 있다고 차별하는 것이 금지되니 좀 더 존중받는 사회가 될 거예요.

사회 006
'쉬었음' 청년이 늘고 있어요

빈칸 채우기 경제활동인구

O×답안 ○ × ○

×답안 해설 (2) 실제 일자리가 자신이 원하는 일자리와 맞지 않아서, '적합한 일자리가 없어서' 쉬었다는 답변이 38.1%로 가장 많았어요.

생각해 보기 예시 답안 경제적으로 불안할 뿐만 아니라, 오랫동안 일을 하지 않으면서 심리적으로 외롭고 우울해지기도 해요.

사회 007
미래 직업, '네오 블루칼라'가 인기예요

빈칸 채우기 블루
O×답안 × ○ ○
×답안 해설 (1) Z세대는 사회적 인식보다 연봉을 더 중요하게 생각하기 때문에 높은 연봉의 블루칼라를 선호해요.
생각해 보기 예시 답안 꾸준히 일할 수 있는 직업을 갖기 위해서는 새로운 기술을 배우고, 문제를 해결하는 능력과 창의력을 키우는 것이 중요해요. 또한 사람들과 잘 소통하고 협력하는 능력도 꼭 필요해요. 무엇보다 다양한 경험과 공부를 하며 내가 무엇을 좋아하고 잘하는지 알아야 해요.

사회 008
고교학점제가 전면 시행됐어요

빈칸 채우기 학점제
O×답안 ○ × ○
×답안 해설 (2) 고교학점제에서는 학생들이 각자 진로에 따라 다른 과목을 선택해서 들어요.
생각해 보기 예시 답안 고교학점제는 학생들이 대학처럼 자신이 원하는 과목을 골라 듣고 학점을 쌓아 졸업하는 제도예요. 이 제도를 통해 학생들은 자신의 진로나 적성에 맞는 과목을 선택할 수 있어, 더 집중해서 공부할 수 있고 다양한 진로를 탐색하는 데 도움이 될 거예요.

사회 009
이제 학교에서 휴대전화를 못 쓴다고요?

빈칸 채우기 휴대전화 또는 스마트폰
O×답안 ○ × ○
×답안 해설 (2) 국가인권위원회는 2014년에는 학교가 휴대전화를 수거하는 것이 학생의 인권을 침해하는 행위라고 했지만, 2024년에는 의견을 바꿔서 인권 침해가 아니라고 했어요.
생각해 보기 예시 답안 학생들이 수업 시간에 스마트폰을 사용하면 집중력이 떨어지고 수업에 방해가 돼요. 또 나쁜 콘텐츠를 보게 되거나 사이버 폭력 같은 문제가 생길 수도 있어요.

사회 010
브레이크 없는 자전거가 있다고요?

빈칸 채우기 픽시
O×답안 ○ ○ ×
×답안 해설 (3) 도로교통법상 브레이크가 없는 자전거는 자전거가 아니어서 단속할 수 없었지만, 사망 사고까지 발생하자 경찰은 법률을 다시 검토해서 브레이크가 없는 픽시 자전거를 단속하기로 했어요.
생각해 보기 예시 답안 브레이크 없는 픽시 자전거는 빨리 멈추기 어려워서 보행자나 차량과 충돌할 위험이 커요. 속도도 빨라서 크게 다칠 수 있기 때문에 무척 위험해요.

사회 011
한밤중에는 스쿨존에서 과속해도 될까요?

빈칸 채우기 스쿨존
O×답안 ○ × ○
×답안 해설 (2) 스쿨존이 도입된 이후 교통사고가 줄어들어 스쿨존이 중·고등학교 근처까지 확대될 예정이에요.
생각해 보기 예시 답안 [찬성] 어린이가 없는 시간에 속도 제한을 풀면 차가 덜 막히고, 불필요한 단속이 줄어들 거예요. [반대] 운전자들이 헷갈려 오히려 사고가 날 수 있고, 학교 주변에는 아이들이 항상 다닐 수 있어요.

사회 012
인형 뽑기, 너도 해 봤니?

빈칸 채우기 중독
O×답안 × ○ ○
×답안 해설 (1) 기사에 따르면 인형 뽑기는 2010년대에도 유행했어요.
생각해 보기 예시 답안 인형을 뽑을 수 있을 것처럼 설계되었고, 잘 안 뽑히다가 뽑으면 도파민이 분비되기 때문에 기분이 좋아서 계속하게 돼요.

사회 013
요즘 10대들, 외모가 고민이에요

빈칸 채우기 외모
O×답안 ○ × ○
×답안 해설 (2) '2025 청소년 통계'에 따르면, 우리 청소년들은 '공부(32.7%)'가 가장 고민이라고 했어요.

생각해 보기 예시 답안 외모 강박으로 인해 자존감이 낮아지고 우울해질 수 있어요. 외모 강박이 생기면 사람을 만나는 것을 피하게 되고, 무리한 다이어트나 성형 수술을 하기도 해요.

사회 014
우리나라는 부유한데 왜 행복 순위는 낮죠?
빈칸 채우기 행복
○× 답안 ○ × ○
× 답안 해설 (2) 국제연합 조사 결과, 우리나라 사람들이 느끼는 행복도는 2024년 52위에서 2025년 58위로 전년보다 순위가 낮아졌어요.
생각해 보기 예시 답안 행복해지려면 나 자신을 소중히 여기고, 좋아하는 사람들과 함께하는 시간이 필요해요. 또한 건강을 지키고, 남과 비교하지 않으며 내가 좋아하는 일을 할 때 행복을 느낄 수 있어요.

사회 015
세계 최초, 루게릭병 전문 요양병원 생기다
빈칸 채우기 루게릭병
○× 답안 × ○ ○
× 답안 해설 (1) 루게릭병은 근육 등 신체는 약해지지만 정신은 또렷한 병이에요.
생각해 보기 예시 답안 '아이스버킷 챌린지'는 얼음물을 뒤집어쓰거나 기부하는 릴레이 캠페인이에요. 루게릭병에 대해 널리 알리면서 기부도 할 수 있어요.

사회 016
크보빵은 안 먹겠어요!
빈칸 채우기 재해
○× 답안 ○ × ○
× 답안 해설 (2) 해당 식품 회사는 산업 재해 사고가 날 때마다 사과문을 내고 안전에 투자하겠다고 했지만 실제 근무 환경은 크게 달라지지 않았다고 해요.
생각해 보기 예시 답안 산업 재해가 일어나지 않게 하려면 회사와 근로자 모두가 안전을 위해 노력해야 해요. 회사는 안전 장비를 충분히 갖추고, 노동자들이 안전 교육을 잘 받을 수 있도록 해야 해요. 그리고 너무 오래 일하지 않도록 적절한 휴식 시간도 꼭 줘야 해요. 근로자들도 안전 수칙을 잘 지켜야 해요.

사회 017
무안 공항 비행기 추락 사고 진실은?
빈칸 채우기 버드
○× 답안 ○ × ○
× 답안 해설 (2) 무안 공항의 로컬라이저는 단단한 콘크리트 둔덕으로 이루어져 있어 사고를 키웠어요.
생각해 보기 예시 답안 무안국제공항 사고를 통해서 자연적인 위험 발생을 피하는 것도 중요하지만, 공항의 설계가 얼마나 중요한지, 평소에 관리 감독이 얼마나 중요한지도 알 수 있었어요.

Section 04. 과학

과학 001
희토류가 뭐예요?

`빈칸 채우기` 희토류

`○×답안` ○○×

`×답안 해설` (3) 현재 희토류가 가장 많이 생산되는 나라는 중국이에요.

`생각해 보기 예시 답안` 희토류는 이름으로 보면 희귀한 광물을 말하는 것 같지만 실제로는 지구 곳곳에 널리 퍼져 있어요. 그런데 방사능을 가진 우라늄이나 토륨과 섞여 있어 쉽게 채굴할 수 없지요. 그래서 일부 지역에서만 채굴하다 보니 희토류라고 부르게 되었어요.

과학 002
소행성, 달에 충돌할 수 있다고?

`빈칸 채우기` 달

`○×답안` ×○○

`×답안 해설` (1) 2024 YR4가 지구와 충돌할 확률이 1.2~3.1%까지 늘어났다가 추가 관측에서 0.004~0.3%까지 낮아졌어요.

`생각해 보기 예시 답안` 소행성이 지구에 충돌하면 큰 폭발이 일어날 거예요. 생활 터전이 파괴되고, 먼지로 인해 지구 기온이 내려갈 수 있어요. 그러면 생태계에 큰 피해를 줄 수 있어요. 심한 경우 인류 전체가 위협받을 수도 있어요.

과학 003
한국이 함께 만든 우주 망원경, 스피어엑스!

`빈칸 채우기` 스피어엑스

`○×답안` ○×○

`×답안 해설` (2) 스피어엑스는 분광 관측 기술을 이용해 빛을 102가지 색깔로 나누어 분석해요.

`생각해 보기 예시 답안` 우주를 관측하면 우주의 기원과 진화를 이해하고, 생명체가 사는지도 탐색할 수 있어요. 또 지구에 영향을 줄 수 있는 천체나 현상을 미리 파악해 대비할 수도 있어요.

과학 004
우주 다녀왔더니 폭삭 늙었어요

`빈칸 채우기` 중력

`○×답안` ×○○

`×답안 해설` (1) 수니와 부치는 원래 8일간 우주에 머무를 예정이었으나 우주 비행선에 문제가 발생해 286일간 국제우주정거장에 머무르게 되었어요.

`생각해 보기 예시 답안` 우주 기술이 발달해 빠른 속도로 오랫동안 여행하면 시간 지연 효과로 우주인의 시간은 더 느리게 흐를 거예요. 그래서 지구로 돌아왔을 때 지구에서는 훨씬 더 많은 시간이 지나 있을 수 있어요.

과학 005
3D 프린팅, 우주선까지 만든다고요?

`빈칸 채우기` 3D 프린팅

`○×답안` ○×○

`×답안 해설` (2) 3D 프린팅은 전 세계적으로 활용되고 있어 시장 규모가 더 늘어날 것이라고 전망해요.

`생각해 보기 예시 답안` 몸이 불편한 사람들의 신체 일부를 만들어 주고 싶어요. 특별한 기술로 누군가를 도울 수 있다면 뿌듯할 것 같아요.

과학 006
챗GPT가 그린 그림이 문제라고요?

`빈칸 채우기` GPT

`○×답안` ○○×

`×답안 해설` (3) 챗GPT로 이미지 하나를 만드는 데 단어 100개 미만의 짧은 텍스트로 질문할 때 드는 전력의 10배가 들어요.

`생각해 보기 예시 답안` AI가 발달하면서 많은 정보를 빠르게 처리할 수 있어요. 그림이나 영상 제작처럼 복잡했던 작업도 AI로 쉽게 만들 수 있게 됐어요. 하지만 저작권 침해 문제가 발생할 수 있어요. 사람의 일자리를 위협할 수 있어요. 또 전기와 자원을 많이 사용해 환경에 부담이 될 수 있어요.

과학 007
챗GPT 위협하는 중국 딥시크

`빈칸 채우기` 인공지능

`○×답안` ○×○

`×답안 해설` (2) 챗GPT를 개발하는 데 들어간 비용은

약 1억 달러(1455억 원) 정도인데, 딥시크 R1 개발에 투자한 돈은 558만 달러(약 81억 원)에 불과했어요.

생각해 보기 예시 답안 우리나라가 인공지능(AI) 산업을 키우려면 AI 교육과 인재 양성에 힘쓰고, 기업과 연구 환경을 적극 지원해야 해요. 또한 기술과 데이터를 공유하고 법과 제도를 정비해 AI가 안전하고 널리 활용되도록 해야 해요.

과학 008
내 방에서 노트르담 대성당 볼 수 있어요

빈칸 채우기 디지털

O×답안 × O O

×답안 해설 (1) 단순히 입체(3D)로 만든 모형이 아니라 실시간으로 정보를 주고받으면서 가상 모델에 연동해서 작동해요.

생각해 보기 예시 답안 학교 건물을 똑같이 가상으로 만들면 화재나 지진 같은 재난 상황에서 어떻게 대피할지 미리 연습할 수 있어요. 그러면 학교를 더 안전하게 만들 수 있다고 생각해요. 이집트 피라미드나 인도 타지마할처럼 직접 가 보기 힘든 곳에 있는 건축물을 자세히 들여다보고 싶을 때 온라인을 통해 접해 볼 수 있어요.

과학 009
유전자 가위의 두 얼굴

빈칸 채우기 유전자

O×답안 O O ×

×답안 해설 (3) 대부분의 나라에서는 인간 배아를 활용한 유전자 조작 기술 연구를 법적으로 금지하고 있어요.

생각해 보기 예시 답안 [찬성] 유전자 가위 기술은 유전병과 난치병을 치료해 많은 생명을 살릴 수 있습니다. 또한 식량 문제를 해결하고 삶의 질을 높이는 데 큰 도움이 됩니다. [반대] 유전자를 마음대로 바꾸면 차별과 불평등 같은 사회 문제가 생길 수 있습니다. 또한 예기치 못한 부작용이나 윤리 문제도 있어 위험합니다.

과학 010
내 몸 지켜 주는 작은 생명체, 미생물

빈칸 채우기 미생물

O×답안 O × O

×답안 해설 (2) 기분을 좋게 하는 세로토닌이라는 호르몬의 90% 이상은 뇌가 아니라 장에서 만들어져요.

생각해 보기 예시 답안 장내 미생물은 기분을 좋게 하는 세로토닌을 만들어 뇌에 신호를 보내요. 그래서 미생물 균형이 깨지면 우울하거나 불안한 기분이 생길 수 있어요.

과학 011
숏폼 때문에 '뇌 썩음' 진짜일까?

빈칸 채우기 뇌

O×답안 O × O

×답안 해설 (2) 숏폼 영상을 자주 보면 뇌의 해마를 쓰지 않게 되어 기억력·학습력·사고력 등이 나빠질 수 있어요.

생각해 보기 예시 답안 숏폼 영상은 자극적인 장면만 짧게 잘라서 보여 주기 때문에 뇌의 기억과 학습을 담당하는 해마가 잘 사용되지 않아요. 뇌가 잘 사용되지 않다 보면 퇴화되어서 기억력과 학습력, 사고력이 점점 나빠질 수 있어요.

과학 012
아침으로 시리얼, 이제 그만!

빈칸 채우기 저속노화

O×답안 O O ×

×답안 해설 (3) 저속노화를 위해 어른뿐만 아니라 어린이도 꾸준히 식습관을 관리해 주는 것이 좋아요.

생각해 보기 예시 답안 시리얼은 설탕과 정제된 곡물이 많이 들어 있어 건강에 좋지 않아요. 이런 음식은 혈당을 급격히 올렸다가 떨어뜨리는 혈당 스파이크를 일으키고, 노화를 빨리 오게 할 수 있어요.

과학 013
당류 제로 과자는 먹어도 좋을까요?

빈칸 채우기 인공감미료

O×답안 O × O

×답안 해설 (2) 인공감미료는 설탕보다 단맛이 강하면서도 열량이 거의 없어요.

생각해 보기 예시 답안 설탕 섭취를 줄이기 위해서는 우선 가공식품이나 음료를 많이 먹지 않아야 해요. 간식으로 과자나 음료 대신 신선한 과일과 채소를 먹는 것이 좋아요. 식사할 때도 가공식품보다 제철 식재료와 통곡물 위주로 먹는 것이 좋아요.

과학 014
남을 도우면 내 몸이 건강해져요
빈칸 채우기 헬퍼스 하이
O×답안 O × O
× 답안 해설 (2) 엔도르핀은 우리를 기쁘고 행복하게 만들어 주는 물질이며, 우리 몸을 건강하게 해 줘요.
생각해 보기 예시 답안 친구가 힘든 일에 처했을 때 도와주거나, 속상해할 때 말을 걸어 위로해 줘요. 길에 떨어진 쓰레기를 줍거나 길을 분리수거를 잘해서 환경을 지키는 것도 누군가를 돕는 일이라고 할 수 있어요.

과학 015
귀찮은 초파리, 어디서 생겨나나요?
빈칸 채우기 초파리
O×답안 × O O
× 답안 해설 (1) 초파리는 알에서 번식해요.
생각해 보기 예시 답안 초파리는 크기가 작고, 키우기 쉽고, 빠르게 자라서 여러 세대를 빨리 관찰할 수 있기 때문에 실험실에서 많이 연구해요. 또 사람과 유전자가 약 60%가 비슷해서 유전학 연구에 큰 도움이 돼요.

과학 016
일기예보는 왜 자꾸 틀릴까요?
빈칸 채우기 일기예보
O×답안 O O ×
× 답안 해설 (3) 최근 들어 장마가 끝나고 갑자기 많은 비가 오기도 해서 기상청은 2009년부터 장마 기간을 발표하지 않고 있어요.
생각해 보기 예시 답안 최근에는 지구 온난화로 인해 기후변화가 심해져서 전 세계적으로 기상 예측이 더 어려워졌어요.

과학 017
재생에너지 때문에 전기요금이 올라요?
빈칸 채우기 재생
O×답안 × O O
× 답안 해설 (1) 경제협력개발기구(OECD) 국가의 가정용 전기요금 평균을 100이라고 했을 때, 우리나라는 54 정도로 저렴한 편이에요.
생각해 보기 예시 답안 재생에너지는 환경오염이 적고, 계속 쓸 수 있다는 장점이 있어요. 하지만 날씨에 따라 전기를 잘 만들지 못할 때도 있고, 설치 비용이 많이 드는 단점도 있어요.

Section 05. 문화

문화 001
뮤지컬 〈어쩌면 해피엔딩〉 토니상 6관왕!

빈칸 채우기 토니상

O×답안 O × O

×답안 해설 (2) 〈어쩌면 해피엔딩〉은 한국어 버전과 영어 버전을 동시에 만들어서 한국과 미국에서 공연했어요.

생각해 보기 예시 답안 〈어쩌면 해피엔딩〉이 세계에서 인정받았기 때문에 우리나라의 다른 뮤지컬 작품들도 세계적인 관심을 받고 인기가 많아질 거예요.

문화 002
K클래식, 세계 최고로 우뚝

빈칸 채우기 클래식

O×답안 × O O

×답안 해설 (1) 조성진은 2015년에 쇼팽 콩쿠르에서 우승했어요. 2022년 반 클라이번 콩쿠르에서 우승한 사람은 임윤찬이에요.

생각해 보기 예시 답안 K클래식 연주자들의 활약으로 우리나라 음악의 국제적 위상이 높아졌어요. 세계적으로 유명한 사람이 많아지면 클래식에 대한 일반인들의 관심도 커지고, 클래식 음악가를 꿈꾸는 학생이나 젊은 음악가들에게 더 많은 기회가 열릴 수 있어요.

문화 003
영화도 음악도 성공! 〈케이팝 데몬 헌터스〉

빈칸 채우기 케이팝

O×답안 O × O

×답안 해설 (2) 이 영화를 만든 제작진은 한국계 캐나다인 감독을 비롯해 한국계 외국인들이 많아요.

생각해 보기 예시 답안 〈케이팝 데몬 헌터스〉처럼 우리나라의 독특한 문화를 담은 영화가 성공하면 전 세계에 우리나라 문화에 대한 관심을 높이고, 우리나라 문화 산업과 관광 산업 등에 긍정적인 영향을 미칠 수 있어요.

문화 004
영어 사전에 '달고나'가 실렸어요

빈칸 채우기 옥스퍼드

O×답안 × O O

×답안 해설 (1) 1976년에는 '김치' 2011년에는 '비빔밥' 등의 단어가 실렸어요. 2021년에도 여러 단어가 새로 등재됐어요.

생각해 보기 예시 답안 한국 문화가 세계에서 인기를 끌면서, 영어를 쓰는 사람들도 한국어 단어를 자주 쓰게 되었어요. 그리고 우리 음식에 대한 관심이 많아져서 앞으로도 많이 실릴 것으로 예상하고 있어요.

문화 005
〈흑백요리사〉 인기 편의점에도!

빈칸 채우기 파인다이닝

O×답안 × O O

×답안 해설 (1) 〈흑백요리사〉에는 유명한 요리사 20명과 잘 알려지지 않았지만 실력이 뛰어난 요리사 80명이 출연했어요.

생각해 보기 예시 답안 편의점과 외식 브랜드들이 〈흑백요리사〉에 출연했던 요리사들과 협업하여 새로운 제품을 출시해서 인기를 끌고 있어요.

문화 006
미쉐린 가이드, 새로운 3스타 탄생

빈칸 채우기 미쉐린 또는 미슐랭

O×답안 O × O

×답안 해설 (2) 《미쉐린 가이드》는 1900년에 프랑스 타이어 제조회사 미쉐린이 만든 여행 안내 책자예요.

생각해 보기 예시 답안 제가 아는 ○○○ 식당은 신선한 재료와 셰프의 창의적인 요리가 돋보이고, 분위기와 서비스도 훌륭해서 《미쉐린 가이드》에 추천하고 싶어요.

문화 007
버추얼 아이돌, 이제 낯설지 않아요

빈칸 채우기 버추얼

O×답안 × O O

×답안 해설 (1) 플레이브는 인공지능(AI) 기술로 만들어진 가상 아이돌이 아니라 캐릭터 뒤에 실제 사람이 움직이고 있는 버추얼 아이돌이에요.

생각해 보기 예시 답안 플레이브는 완전히 가상으로 제작된 AI 아이돌과 달리, 실제 사람이 뒤에서 캐릭터를 움직여요. 덕분에 생생한 무대 활동을 보여줄 수 있고, 팬들과의 실시간 소통도 가능하지요.

문화 008
'파산핑'이 '대박핑'으로 변신했다고요?

빈칸 채우기 주가 또는 주식

O×답안 ○ ○ ×

×답안 해설 (3) 티니핑은 국내뿐 아니라 외국계 회사에서 투자할 만큼 해외에서도 관심을 끌고 있어요.

생각해 보기 예시 답안 제작사는 캐릭터를 이용한 상품과 콘텐츠가 많이 팔려 큰 수익을 거둘 수 있어요. 투자자들이 늘어나 더 좋은 애니메이션을 만들 수도 있어요.

문화 009
초등학생, 가장 인기 있는 게임은?

빈칸 채우기 게임

O×답안 × ○ ○

×답안 해설 (1) 초등학생들이 가장 많이 이용하는 모바일 게임은 로블록스예요.

생각해 보기 예시 답안 주중에는 게임을 하지 않고, 주말이나 공휴일에 하루 1시간씩만 해요. 게임은 밤 9시 이전까지만 해요. 가족이 함께 있는 공간에서 게임을 해요. 게임할 때 채팅창에 욕설이나 개인 정보를 쓰지 않아요. 게임 아이템에 돈을 지불하지 않아요.

문화 010
인기 최고 '인상주의', 처음에는 혹평

빈칸 채우기 인상

O×답안 ○ ○ ×

×답안 해설 (3) 미술은 시대의 상황을 반영하며 변화해 왔어요.

생각해 보기 예시 답안 사진기의 등장으로 실제 풍경이나 인물을 사실적으로 묘사하는 그림들의 인기가 떨어지고 있었어요. 또한 교통이 발달하고 튜브형 물감이 발명되어, 다양한 장소에서 그림을 그릴 수 있게 되어 인상주의에 영향을 미쳤어요.

문화 011
국립중앙박물관 굿즈, 없어서 못 팔아요

빈칸 채우기 굿즈 또는 뮷즈

O×답안 ○ ○ ×

×답안 해설 (3) 국립중앙박물관의 굿즈 매출이 늘어나면서 관람객도 역대 최다 기록을 세울 전망이에요.

생각해 보기 예시 답안 굿즈의 인기가 높아지면서 국립중앙박물관의 관람객 수도 늘어났어요. 굿즈에 대한 관심이 박물관에 대한 관심으로 이어져 전통문화에 대한 인식을 높이는 데 기여할 수 있어요.

문화 012
텍스트힙 열풍, 어디서 시작됐을까?

빈칸 채우기 텍스트힙

O×답안 × ○ ○

×답안 해설 (1) 문화체육관광부가 조사한 '국민독서실태조사'에 따르면 2023년에는 어른 10명 중에 6명이 1년에 책을 한 권도 읽지 않았어요. 즉 4명은 책을 한 권 이상 읽었어요.

생각해 보기 예시 답안 젊은 세대 사이에서 책을 읽고 SNS에 올리는 문화가 퍼지며 책의 인기가 높아졌어요. 또 한강 작가의 노벨문학상 수상, 시에 대한 관심 증가, 필사 열풍도 독서 인기에 큰 영향을 주었습니다.

문화 013
'러닝 크루', 달리기 인기 최고조

빈칸 채우기 달리기

O×답안 ○ ○ ×

×답안 해설 (3) 걷는 데 방해가 되거나 시끄럽다는 주민의 불만으로 인해 서울 서초구, 송파구, 성북구는 달리기 인원수를 제한하는 등의 주의를 요구하고 있어요.

생각해 보기 예시 답안 달리기는 건강을 좋게 해 줘요. 요즘에는 러닝 크루처럼 사람들이 함께 달리며 서로 응원하는 문화도 생겼어요. 또 '러닝 순찰대'처럼 달리면서 동네를 지키는 활동도 있어서 사회에 도움이 되고 있어요.

문화 014
프로야구, 역대 최다 관중 동원!

빈칸 채우기 야구

O×답안 ○ ○ ×

×답안 해설 (3) 2024년 티빙이 프로야구를 중계하면서부터 40초 미만의 짧은 경기 영상을 SNS에 올릴 수 있게 되었어요.

생각해 보기 예시 답안 프로야구의 인기가 높아지면 지역 경제가 활발해지고, 선수들이 더 좋은 환경에서 훈련할 수 있어요. 관심이 많아지면 우리나라 스포츠의 위상도 높아질 거예요.

문화 015
극장에서 낮잠 자실 분 구해요!
빈칸 채우기 온라인

○×답안 ○×○

×답안 해설 (2) OTT 이용률은 2018년 42.7%에서 2024년 79.2%로 더 높아졌어요.

생각해 보기 예시 답안 OTT 이용자가 늘어나고, 영화관의 티켓 가격이 비싸지면서 사람들이 극장을 덜 찾게 되었어요.

문화 016
'먹방' 보는 것만으로도 큰일?
빈칸 채우기 먹방

○×답안 ○○×

×답안 해설 (3) 먹방을 보는 것만으로도 식욕이 강해져서 더 많이 먹고 비만이 될 확률이 높다는 연구 결과가 있어요.

생각해 보기 예시 답안 먹방을 자주 보면 식욕이 생겨서 나도 모르게 많이 먹게 되고 살이 찔 수 있어요. 또 자꾸 많이 먹으면 뇌가 계속 먹고 싶어져서 음식에 중독될 수도 있어요.

문화 017
'제주어' 사라질 위기에 처했대요
빈칸 채우기 제주

○×답안 ×○○

×답안 해설 (1) 제주어는 다른 지역 사투리와는 다르게 매우 독특해서 해석이 필요할 정도예요.

생각해 보기 예시 답안 사투리에는 그 지역의 문화·정체성·역사가 담겨 있어요. 사투리가 사라지는 것은 지역 고유의 문화가 일부 사라지는 것과 마찬가지예요. 다양한 문화를 존중하고 보존하기 위해 사투리를 지키려는 노력이 필요해요.

Section 06. 환경

환경 001
4월에 벚꽃비와 눈이 함께 내렸어요!
빈칸 채우기 절리

○×답안 ○×○

×답안 해설 (2) 절리저기압은 제트기류가 약해져서 생기는 현상이에요.

생각해 보기 예시 답안 지구 온난화는 전 지구 평균 기온을 상승시켜 이상 기온 현상을 자주 일으켜요. 갑자기 더워지거나 갑자기 추워지는 기후변화를 일으킬 수 있어요.

환경 002
대형 산불, 왜 이렇게 많이 날까?
빈칸 채우기 기후변화

○×답안 ○×○

×답안 해설 (2) 우리나라에서 나는 산불은 90%가 사람들의 부주의로 발생해요.

생각해 보기 예시 답안 기후변화로 인한 대형 산불을 막으려면 평소에 기후변화를 일으키는 온실가스를 줄이기 위해 노력해야 해요. 자동차 대신 대중교통을 이용하고, 에너지를 아껴 써야 해요.

환경 003
바나나를 못 먹을 수 있다고요?
빈칸 채우기 기후변화

○×답안 ○×○

×답안 해설 (2) 바나나는 기온이 너무 덥거나 추워도 안 되고 물이 너무 적거나 많아도 잘 자라지 못해요.

생각해 보기 예시 답안 기후변화로 인해 점점 더 더워지고, 비가 많이 오거나 적게 오는 일이 많아졌어요. 바나나는 너무 덥거나 추워지면, 또는 비가 너무 많거나 적게 와도 잘 자라지 못할 수 있기 때문에 우리가 주로 먹는 바나나가 멸종될 수 있어요.

환경 004
러브버그 급증, 산 까맣게 뒤덮어
빈칸 채우기 러브버그

○×답안 ○○×

×답안 해설 (3) 러브버그는 모기처럼 사람을 물거나

병을 옮기지 않아 해충으로 분류되지 않아요.

`생각해 보기 예시 답안` 기후변화로 날씨가 더워지고 습해지면서, 따뜻한 환경을 좋아하는 리브버그가 살기 좋은 조건이 되었기 때문이에요.

환경 005
예쁜 꽃, 왜 뽑아 버리는 거예요?
`빈칸 채우기` 외래

`O×답안` O×

`×답안 해설` (2) 큰금계국은 북미가 원산지인 꽃이에요.

`생각해 보기 예시 답안` 외래 식물은 토종 식물과 경쟁하며 토종 식물의 서식지를 줄일 수 있어요. 또한 생태계 균형을 깨뜨릴 수도 있어요.

환경 006
모기가 살기 더 좋아졌다고요?
`빈칸 채우기` 기후변화

`O×답안` ×○×

`×답안 해설` (1) 모기는 따뜻한 날씨를 좋아하지만 기온이 32℃ 이상으로 너무 더워지면 활동이 줄어들어요.

`생각해 보기 예시 답안` 예전에는 모기가 여름에 많이 활동했는데, 기후변화로 인해 봄과 가을이 예전보다 더 따뜻해져서 모기가 더 오래 살고 더 많이 나타나고 있어요. 반면 여름은 너무 더워져서 모기의 활동이 줄었어요.

환경 007
제주 남방큰돌고래를 지켜 주세요!
`빈칸 채우기` 해양보호구역

`O×답안` ○○×

`×답안 해설` (3) 해양수산부에서는 현재 제주 서귀포시 대정읍 신도리 해역의 일부만 해양보호구역으로 지정한 상태예요.

`생각해 보기 예시 답안` 낚시 후 낚싯줄이나 장비를 바닷가에 버리는 사람이 많고, 돌고래를 보러 배를 타고 너무 가까이 접근하기 때문이에요. 또, 무분별한 개발도 돌고래의 생명을 위협하고 있어요.

환경 008
코뿔소가 왜 거꾸로 매달려 있지?
`빈칸 채우기` 멸종 위기종

`O×답안` ×○○

`×답안 해설` (1) 검은코뿔소의 뿔이 암 치료에 효과적이라는 것은 잘못된 정보이지만 사람들이 잘못된 정보를 믿고 밀렵을 하고 있어요.

`생각해 보기 예시 답안` 멸종위기종이 사는 서식지를 보호하고, 밀렵을 해서는 안 돼요. 밀렵을 법으로 단속하고 감시해서 막아야 해요. 또 쓰레기를 줄여야 환경 오염도 줄일 수 있어서 동물들도 살기 좋아져요.

환경 009
까마귀가 사람을 공격한다고요?
`빈칸 채우기` 야생 동물

`O×답안` ×○○

`×답안 해설` (1) 까마귀는 오래전부터 우리와 공존해 왔지만 자연에서 살아가는 야생 동물이에요.

`생각해 보기 예시 답안` 야생 동물과 공존하려면 먼저 그들의 서식지를 보호해야 해요. 동물들이 쓰레기를 뒤지지 못하도록 깨끗이 관리해야 해요. 특히 번식기에는 동물들이 예민하니 가까이 가지 않는 게 중요해요.

환경 010
먹다 남은 약, 함부로 버리지 마세요
`빈칸 채우기` 폐의약품

`O×답안` ○×○

`×답안 해설` (2) 가루약은 봉지를 개봉하지 않고 그대로 버려야 해요.

`생각해 보기 예시 답안` 폐의약품을 하수구나 일반 쓰레기와 함께 버리면 약 성분이 물과 땅으로 흘러 들어가 생태계를 오염시켜요. 그러면 물고기나 다른 동물뿐만 아니라 사람에게도 해를 끼칠 수 있기 때문이에요.

환경 011
바닷속 산호초는 왜 하얗게 죽었을까?
`빈칸 채우기` 백화

`O×답안` ×○○

`×답안 해설` (1) 선크림에 들어 있는 옥시벤존은 사람의 피부를 보호하지만 산호초에 피해를 줘요.

`생각해 보기 예시 답안` 산호초를 보호하기 위해서는 옥시벤존처럼 산호초를 파괴하는 성분이 없는 무기자차 선크림을 사용하는 것이 좋아요. 또, 바다에 놀러갔을 때에 쓰레기를 버리지 않고 깨끗하게 사용해야 해요.

환경 012
페트병 생수, 얼리지 마세요!
빈칸 채우기 플라스틱
O× 답안 O × O
× 답안 해설 (2) 플라스틱은 자연에서 잘 분해되지 않아서 태우거나 묻는다.
생각해 보기 예시 답안 플라스틱을 활용한 일회용품을 적게 쓰는 것이 중요해요. 비닐봉지 대신 장바구니를 사용하고, 일회용 컵이나 빨대를 쓰지 않는 것도 도움이 돼요.

환경 013
텀블러와 에코백, 환경에 도움 되나?
빈칸 채우기 리바운드
O× 답안 × O O
× 답안 해설 (1) 환경보호 효과를 내려면 적어도 플라스틱 텀블러는 17회, 세라믹 텀블러는 39회, 스테인리스 텀블러는 최소 1,000회 사용해야 해요.
생각해 보기 예시 답안 우리가 자주 쓰는 학용품 중에는 샤프나 펜, 필통 등이 있어요. 이런 학용품을 자주 사지 않고 하나를 사서 오래 쓰면 쓰레기를 줄이고 자원을 아낄 수 있어요. 심 교체가 가능한 펜을 사용하는 것도 하나의 환경을 위한 행동이에요.

환경 014
'전자 쓰레기장'이 되어 버린 태국
빈칸 채우기 전자
O× 답안 O O ×
× 답안 해설 (3) 태국 정부는 최근 들어 전자 폐기물 수입을 전면 금지했지만 아직 불법적으로 수입하는 업체들이 있어요.
생각해 보기 예시 답안 전자 폐기물을 줄이기 위해서는 전자 제품을 오래 쓰고, 고장 났을 때는 수리해서 사용하는 노력이 필요해요. 또 버릴 때는 정해진 방법에 따라 분리 배출해야 해요. 자원 재활용이 안전하게 이루어질 수 있도록 제도적 지원도 필요해요.

환경 015
'우주 쓰레기' 지구로 떨어져요
빈칸 채우기 우주
O× 답안 O × O
× 답안 해설 (2) 스타링크는 통신위성을 4만 기 넘게 발사할 계획이라고 했어요.
생각해 보기 예시 답안 우주 쓰레기를 줄이려면 수명이 다한 위성을 안전하게 처리하고, 우주 쓰레기를 다시 안전하게 수거하는 기술을 개발해야 해요. 또한 국제적으로 우주 쓰레기 관리 법안을 만들어야 해요.

환경 016
생명의 땅으로 다시 태어난 DMZ
빈칸 채우기 비무장
O× 답안 × O O
× 답안 해설 (1) 6.25 전쟁 이후 만들어진 비무장지대는 민간인들의 발길이 닿지 않아 동물들이 살기 좋은 환경이 되었어요.
생각해 보기 예시 답안 비무장지대의 생태계를 보호하려면 앞으로도 무분별한 개발을 막아야 해요. 또 지속적인 생태 조사와 보호 대책을 마련해야 해요. 남북이 협력해서 생물 다양성을 지키기 위한 약속을 해야 해요.

올해의 시사 토픽 100
기적의 초등 신문 2026

초판 1쇄 발행 · 2025년 10월 31일
초판 3쇄 발행 · 2026년 1월 30일

지은이 · 강버들, 민경원, 이유정, 채윤경, 임소연
발행인 · 이종원
발행처 · (주)도서출판 길벗
출판사 등록일 · 1990년 12월 24일
주소 · 서울시 마포구 월드컵로 10길 56 (서교동)
대표 전화 · 02)332-0931 | **팩스** · 02)323-0586
홈페이지 · www.gilbut.co.kr | **이메일** · gilbut@gilbut.co.kr

기획 및 책임편집 · 황지영(jyhwang@gilbut.co.kr) | **편집** · 이미현 | **마케팅** · 정경원, 김진영, 최명주, 박민주, 류효정
제작 · 이준호, 손일순, 이진혁 | **영업관리** · 김명자, 심선숙, 정경화 | **독자지원** · 윤정아

디자인 · 정윤경 | **인쇄** · 대원문화사 | **제본** · 신정문화사

- 이 책은 저작권법의 보호를 받는 저작물로 이 책에 실린 모든 내용, 디자인, 이미지, 편집 구성은 허락 없이 복제하거나 다른 매체에 옮겨 실을 수 없습니다.
- 인공지능(AI) 기술 또는 시스템을 훈련하기 위해 이 책의 전체 내용은 물론 일부 문장도 사용하는 것을 금지합니다.
- 잘못 만든 책은 구입한 서점에서 바꿔 드립니다

ISBN 979-11-407-1631-9 (73300)

(길벗 도서번호 050241)

독자의 1초를 아껴주는 정성 길벗출판사

(주)도서출판 길벗 | IT단행본, 성인어학, 교과서, 수험서, 경제경영, 교양, 자녀교육, 취미실용 www.gilbut.co.kr
길벗스쿨 | 국어학습, 수학학습, 주니어어학, 어린이단행본, 학습단행본 www.gilbutschool.co.kr

제 품 명 : 기적의 초등 신문 2026
제조사명 : (주)도서출판길벗
제조국명 : 대한민국
전화번호 : 02-332-0931
주　　소 : 서울시 마포구 월드컵로 10길 56 (서교동)
제조년월 : 2025년 10월 31일
사용연령 : 8세 이상
KC마크는 이 제품이 공통안전기준에 적합하였음을 의미합니다.